プリント形式のリアル過去問で本番の臨場感！

香川県

香川誠陵中学校

2025年春受験用　解答集

本書は，実物をなるべくそのままに，プリント形式で年度ごとに収録しています。
問題用紙を教科別に分けて使うことができるので，本番さながらの演習ができます。

■　収録内容

・解答集（この冊子です）

書籍ＩＤ番号，この問題集の使い方，最新年度実物データ，リアル過去問の活用，
解答例と解説，ご使用にあたってのお願い・ご注意，お問い合わせ

・2024（令和６）年度 ～ 2020（令和２）年度　学力検査問題

JN131601

○は収録あり	年度	'24	'23	'22	'21	'20
■ 問題（県外入試）		○	○	○	○	○
■ 解答用紙		○	○	○	○	○
■ 配点						

算数に解説があります

☆問題文等の非掲載はありません

教英出版

■ 書籍ＩＤ番号

入試に役立つダウンロード付録や学校情報などを随時更新して掲載しています。
教英出版ウェブサイトの「ご購入者様のページ」画面で，書籍ＩＤ番号を入力してご利用ください。

書籍ＩＤ番号　102436

（有効期限：2025年9月30日まで）

【入試に役立つダウンロード付録】
「要点のまとめ（国語／算数）」
「課題作文演習」ほか

■ この問題集の使い方

年度ごとにプリント形式で収録しています。針を外して教科ごとに分けて使用します。①片側，②中央のどちらかでとじてありますので，下図を参考に，問題用紙と解答用紙に分けて準備をしましょう（解答用紙がない場合もあります）。

針を外すときは，けがをしないように十分注意してください。また，針を外すと紛失しやすくなりますので気をつけましょう。

① 片側でとじてあるもの　　② 中央でとじてあるもの

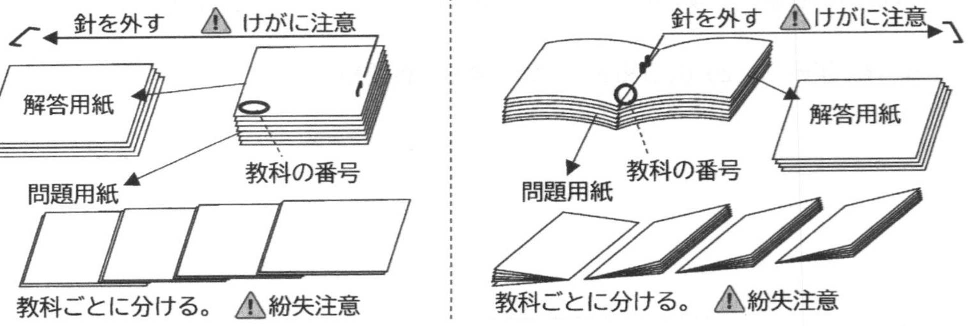

※教科数が上図と異なる場合があります。
解答用紙がない場合や，問題と一体になっている場合があります。
教科の番号は，教科ごとに分けるときの参考にしてください。

■ 最新年度 実物データ

実物をなるべくそのままに編集していますが，収録の都合上，実際の試験問題とは異なる場合があります。実物のサイズ，様式は右表で確認してください。

問題用紙	Ｂ４片面プリント
解答用紙	Ｂ４片面プリント

リアル過去問の活用

～リアル過去問なら入試本番で力を発揮することができる～

本番を体験しよう！

問題用紙の形式（縦向き／横向き），問題の配置や余白など，実物に近い紙面構成なので本番の臨場感が味わえます。まずはパラパラとめくって眺めてみてください。「これが志望校の入試問題なんだ！」と思えば入試に向けて気持ちが高まることでしょう。

入試を知ろう！

同じ教科の過去数年分の問題紙面を並べて，見比べてみましょう。

① 問題の量

毎年同じ大問数か，年によって違うのか，また全体の問題量はどのくらいか知っておきましょう。どのくらいのスピードで解けば時間内に終わるのか，大問ひとつにかけられる時間を計算してみましょう。

② 出題分野

よく出題されている分野とそうでない分野を見つけましょう。同じような問題が過去にも出題されていることに気がつくはずです。

③ 出題順序

得意な分野が毎年同じ大問番号で出題されていると分かれば，本番で取りこぼさないように先回りして解答することができるでしょう。

④ 解答方法

記述式か選択式か（マークシートか），見ておきましょう。記述式なら，単位まで書く必要があるかどうか，文字数はどのくらいかなど，細かいところまでチェックしておきましょう。計算過程を書く必要があるかどうかも重要です。

⑤ 問題の難易度

必ず正解したい基本問題，条件や指示の読み間違いといったケアレスミスに気をつけたい問題，後回しにしたほうがいい問題などをチェックしておきましょう。

問題を解こう！

志望校の入試傾向をつかんだら，問題を何度も解いていきましょう。ほかにも問題文の独特な言いまわしや，その学校独自の答え方を発見できることもあるでしょう。オリンピックや環境問題など，話題になった出来事を毎年出題する学校だと分かれば，日頃のニュースの見かたも変わってきます。

こうして志望校の入試傾向を知り対策を立てることこそが，過去問を解く最大の理由なのです。

実力を知ろう！

過去問を解くにあたって，得点はそれほど重要ではありません。大切なのは，志望校の過去問演習を通して，苦手な教科，苦手な分野を知ることです。苦手な教科，分野が分かったら，教科書や参考書に戻って重点的に学習する時間をつくりましょう。今の自分の実力を知れば，入試本番までの勉強の道すじが見えてきます。

試験に慣れよう！

入試では時間配分も重要です。本番で時間が足りなくなってあわてないように，リアル過去問で実戦演習をして，時間配分や出題パターンに慣れておきましょう。教科ごとに気持ちを切り替える練習もしておきましょう。

心を整えよう！

入試は誰でも緊張するものです。入試前日になったら，演習をやり尽くしたリアル過去問の表紙を眺めてみましょう。問題の内容を見る必要はもうありません。どんな形式だったかな？受験番号や氏名はどこに書くのかな？…ほんの少し見ておくだけでも，志望校の入試に向けて心の準備が整うことでしょう。

そして入試本番では，見慣れた問題紙面が緊張した心を落ち着かせてくれるはずです。

※まれに入試形式を変更する学校もありますが，条件はほかの受験生も同じです。心を整えてあせらずに問題に取りかかりましょう。

香川誠陵中学校

《国　語》

一　問一．ア．豊　イ．著者　ウ．限　エ．便利　オ．心構　問二．A．ウ　B．オ　C．ア　問三．イ
問四．エ　問五．ア　問六．(1)あ．情報収集　い．過去の読書体験をもとにした記憶の断片　う．読解力や思考力を高める　(2)初め…異質な知識　終わり…方に出会う　問七．イ　問八．エ
問九．初め…自己中心性　終わり…ができない　問十．ア

二　問一．ア．よけい　イ．うら　ウ．めば　エ．くろう　オ．ひめい　問二．A．ウ　B．ア　C．エ　D．イ
問三．イ　問四．ア　問五．多様性の時代　問六．エ　問七．今　問八．ウ
問九．あ．自信たっぷり　い．意識高い系　う．悪意はない　え．心配　問十．おばあちゃんはしょん
問十一．やさしかったおばあちゃんはもうこの世にはいないので、傷つけてしまったことを謝りたくても、お墓に行って謝ることしかできないから。

《算　数》

1　(1)124　(2)72　(3)0.9　(4)3.05　(5)$\frac{5}{24}$　(6)$\frac{3}{4}$　(7)$7\frac{5}{8}$　(8)$1\frac{17}{24}$

2　(1)16　(2)11　(3)7　(4)5　(5)5250　(6)8

3　(1)12　(2)10

4　(1)6　(2)19

5　(1)288　(2)ア，38.25　(3)①228　②56

《理　科》

1　(1)食物連鎖　(2)ウ　(3)イ，オ　(4)ウ　(5)ア　(6)①100　②20

2　(1)気体A…エ　気体B…ア　(2)エ　(3)④イ　⑤ア　(4)0.59
(5)分解した重ソウの重さ…1.62　固体Cの重さ…1.02

3　(1)発芽　(2)ア　(3)水　(4)イ　(5)空気　(6)イ

4　(1)ア　(2)イ　(3)222　(4)2　(5)10時48分27秒

5　(1)A．対流　B．上　(2)エ　(3)イ

《社　会》

1　問1．群馬　問2．佐渡島　問3．呼び名…輪中　記号…ウ　問4．b　問5．イ　問6．エ
問7．ア　問8．記号…イ　県名…青森　問9．(1)い　(2)エ　(3)太平洋ベルト　(4)ウ
問10．(1)G　(2)H　(3)A

2　問1．イ　問2．メコン　問3．シンガポール　問4．エ　問5．オセアニア　問6．ウ
問7．環太平洋

3　問1．a．蘇我　b．鑑真　c．最澄　問2．d．奉公　e．下剋上　f．打ちこわし　問3．エ
問4．御家人　問5．イ　問6．ア　問7．(1)イ　(2)エ　(3)イ　問8．ア　問9．カ　問10．E

4　問1．カ　問2．エ　問3．貴族院　問4．ア　問5．イ　問6．ア　問7．ウ
問8．(1)C　(2)A

1 (1) 与式＝3142－2142－876＝1000－876＝**124**

(2) 与式＝136÷17×９＝８×９＝**72**

(3) 与式＝0.72÷0.8＝**0.9**

(4) 与式＝5.6－10.2÷４＝5.6－2.55＝**3.05**

(5) 与式$=\frac{35}{52}\times\frac{13}{9}\times\frac{3}{14}=\mathbf{\frac{5}{24}}$

(6) 与式$=\frac{5}{6}-(\frac{4}{12}-\frac{3}{12})=\frac{5}{6}-\frac{1}{12}=\frac{10}{12}-\frac{1}{12}=\frac{9}{12}=\mathbf{\frac{3}{4}}$

(7) 与式$=3-\frac{5}{2}\times\frac{1}{4}+1\frac{3}{4}\times3=3-\frac{5}{8}+\frac{7}{4}\times3=3-\frac{5}{8}+\frac{21}{4}=\frac{24}{8}-\frac{5}{8}+\frac{42}{8}=\frac{61}{8}=\mathbf{7\frac{5}{8}}$

(8) 与式$=3\frac{1}{8}+2\frac{5}{6}-2\frac{1}{2}\times(\frac{2}{10}+\frac{3}{2})=3\frac{1}{8}+2\frac{5}{6}-2\frac{1}{2}\times\frac{17}{10}=3\frac{1}{8}+2\frac{5}{6}-\frac{5}{2}\times\frac{17}{10}=3\frac{1}{8}+2\frac{5}{6}-\frac{17}{4}=$ $3\frac{3}{24}+2\frac{20}{24}-4\frac{6}{24}=\mathbf{1\frac{17}{24}}$

2 (1) **【解き方】分子が１と，１を除く 24 の約数で割りきれない数の個数を答える。**

24 の約数は，１，２，３，４，６，８，12，24 である。$2=\frac{48}{24}$より，１から 48 までの数のうち，１と，１を除く 24 の約数の倍数でない数は，１，５，７，11，13，17，19，23，25，29，31，35，37，41，43，47 の **16** 個である。

(2) **【解き方】$\frac{2}{3}$の約分する前の分数は，分母と分子の差が，$\frac{23}{40}$の分母と分子の差と同じである。**

$\frac{2}{3}$の約分する前の分数の分母と分子の差は 40－23＝17 である。$\frac{2}{3}$の分母と分子の差は１だから，$\frac{2}{3}$の分子と分母に 17 をかけた数が，$\frac{2}{3}$の約分する前の分数であり，その数は$\frac{2\times17}{3\times17}=\frac{34}{51}$である。よって，求める数は，34－23＝11，51－40＝11 より，**11** である。

(3) **【解き方】１から 30 までの数のうち，素数のみのかけ算に直したとき，(２×５)がいくつ作れるかを考える。２よりも５の方が明らかに少ないから，５の数を数えればよい。その際，25＝５×５であることに注意する。**

１から 30 までの数のうち，素数のみのかけ算にすると５をふくむものは，５，10＝２×５，15＝３×５，20＝２×２×５，25＝５×５，30＝２×３×５である。５は７個だから，求める０の個数は**７**個になる。

(4) **【解き方】流水算の問題である。(上りの速さ)＝(静水での速さ)－(川の流れの速さ)，(下りの速さ)＝(静水での速さ)＋(川の流れの速さ)を利用して解く。**

Ａ町からＢ町へ下るときの速さは，10＋２＝12 より，時速 12 kmなので，かかる時間は，24÷12＝２(時間)である。Ｂ町からＡ町へ上るときの速さは，10－２＝８より，時速８kmなので，かかる時間は，24÷８＝３(時間)である。よって，往復でかかる速さは，２＋３＝**５**(時間)である。

(5) **【解き方】２人の所持金の合計は変わらないから，マコトさんとリョウさんの所持金の比の全体を５＋３＝８と７＋５＝12 の最小公倍数 24 として，比の数１あたりの金額を考える。**

マコトさんとリョウさんのはじめの所持金の比は，５：３＝15：９，マコトさんがリョウさんに 350 円あげたあとの所持金の比は７：５＝14：10 より，マコトさんがリョウさんにあげた 350 円が，比の数 15－14＝１にあたることがわかる。よって，マコトさんのはじめの所持金は，350×15＝**5250**(円)である。

(6) **【解き方】３の倍数は，各位の数を足すと３の倍数になる。**

２，４，６，７，８のうち，足すと３の倍数になる数の組み合わせは，(２，４)，(２，７)，(４，８)，(７，８)の４通りある。それぞれに２つずつの２けたの整数を作ることができるから，４×２＝**８**(通り)である。

3 (1) **【解き方】ある仕事の全体の量を1とすると，マコトさんは1日で1÷20=$\frac{1}{20}$の仕事をし，リョウさんは1日で1÷30=$\frac{1}{30}$の仕事をする。**

２人で１日にする仕事の量は$\frac{1}{20}+\frac{1}{30}=\frac{1}{12}$なので，全体の仕事を終えるのに，１÷$\frac{1}{12}$=**12**(日)かかる。

(2) (1)より，マコトさんとリョウさんが２人で３日間仕事をすると，$\frac{1}{12}\times 3=\frac{1}{4}$の仕事が終わる。つまり，アイさんとマコトさんがいっしょにした仕事は，全体の$1-\frac{1}{4}=\frac{3}{4}$である。全体の$\frac{3}{4}$の仕事を，２人で９－４＝５(日)間でしたので，１日あたりにする仕事の量は，$\frac{3}{4}\div 5=\frac{3}{20}$である。マコトさんの１日あたりにする仕事の量は$\frac{1}{20}$なので，アイさんの１日あたりにする仕事の量は，$\frac{3}{20}-\frac{1}{20}=\frac{1}{10}$である。よって，アイさんが１人だけでこの仕事をした場合，１÷$\frac{1}{10}$=**10**(日)かかる。

4 (1) 右のように，たて向きのシールをA，横向きのシール３枚をBとする。n＝６のときの並べ方は，(ＡＡＡＢ)，(ＡＡＢＡ)，(ＡＢＡＡ)，(ＢＡＡＡ)，(ＡＡＡＡＡＡ)，(ＢＢ)の**6**通りである。

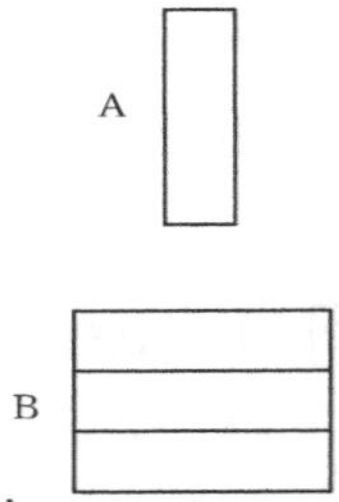

(2) n＝９のとき，①Aが９まい，②Aが６まいでBが１まい，③Aが３まいでBが２まい，④Bが３まいの並び方が考えられる。①のとき，シールのはり方は１通りである。②のとき，シールのはり方は(ＡＡＡＡＡＡＢ)，(ＡＡＡＡＡＢＡ)，(ＡＡＡＡＢＡＡ)，(ＡＡＡＢＡＡＡ)，(ＡＡＢＡＡＡＡ)，(ＡＢＡＡＡＡＡ)，(ＢＡＡＡＡＡＡ)の７通りで，③のときは(ＡＡＡＢＢ)，(ＡＡＢＢＡ)，(ＡＢＢＡＡ)，(ＢＢＡＡＡ)，(ＢＡＢＡＡ)，(ＢＡＡＢＡ)，(ＢＡＡＡＢ)，(ＡＢＡＢＡ)，(ＡＢＡＡＢ)，(ＡＡＢＡＢ)の10通りで，④のときは１通りであるので，合計で１＋７＋10＋１＝**19**(通り)である。

5 (1) 底面の直角三角形の面積は，６×８÷２＝24(㎠)，高さが12㎝の三角柱なので，体積は，24×12＝**288**(㎤)である。

(2) **【解き方】右図のように記号をおく。アとウを合わせた図形は半径30÷２＝15(㎝)の半円で，イとウを合わせた図形は，底辺30㎝，高さ21㎝の三角形である。半円も三角形もウをふくむから，半円と三角形の面積の差がアとイの面積の差である。**

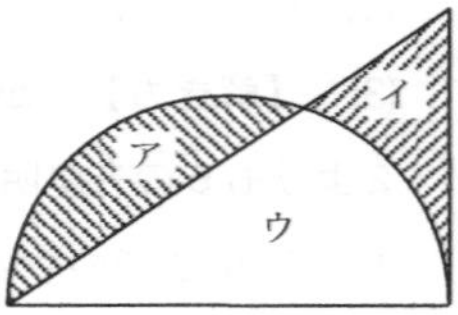

半円の面積は15×15×3.14÷２＝353.25(㎠)，三角形の面積は30×21÷２＝315(㎠)だから，**ア**が353.25－315＝**38.25**(㎠)大きい。

(3)① **【解き方】かげをつけた部分の面積の和は，円を$\frac{1}{4}$にしたおうぎ形から，正方形の面積を引いた面積である。**

正方形は，ひし形でもあるので，正方形の対角線の長さをａ㎝とすると，正方形の面積は，ａ×ａ÷２＝20×20(㎠)と表すことができる。この式を整理すると，ａ×ａ＝800である。かげをつけた部分の面積の和は，ａ×ａ×3.14÷４－20×20で表すことができ，ａ×ａ＝800なので，800×3.14÷４－20×20＝**228**(㎠)である。

② **【解き方】右の図のように，三角形を移動して考える。**

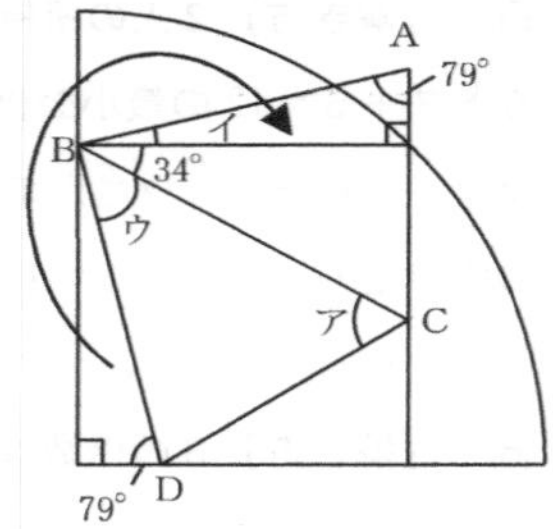

右図のイの角の大きさは，180°－79°－90°＝11°，ウの角の大きさは，90°－11°－34°＝45°である。角ＡＢＣ＝11°＋34°＝45°だから，三角形ＡＢＣと三角形ＤＢＣは合同な図形である。角ＢＤＣ＝角ＢＡＣ＝79°だから，三角形ＤＢＣの内角の和より，ア＝180°－45°－79°＝**56°**

香川誠陵中学校

《国　語》

一　問一．ア．細　イ．賛同　ウ．縮　エ．常識　オ．条件　問二．Ⅰ．エ　Ⅱ．ウ　Ⅲ．ア　問三．イ
問四．エ　問五．初め…言葉そのも　終わり…とっている　問六．イ　問七．ア　問八．ウ
問九．初め…人をひぼう　終わり…力を振るう　問十．あ．自分のことだけ考えて生きていく　い．相手の身になる力　問十一．エ

二　問一．ア．はめ　イ．あいず　ウ．あんい　エ．いがい　オ．そしつ　問二．Ⅰ．イ　Ⅱ．オ　Ⅲ．エ　Ⅳ．ア
問三．ウ　問四．エ　問五．イ　問六．エ　問七．ウ　問八．初め…点数化した　終わり…願い下げだ
問九．ア　問十．自分はメンバーになれないと言ったせいで河野女史をがっかりさせたことを申し訳なく思い、メンバー集めを手伝ってはげまそうという気持ち。　問十一．イ

《算　数》

1　(1)1197　(2)36　(3)11.1　(4)79.4　(5)$\frac{1}{4}$　(6)$\frac{2}{3}$　(7)12　(8)250

2　(1)735　(2)105　(3)$\frac{21}{35}$　(4)400　(5)22　(6)9

3　(1)810　(2)240　(3)40680

4　(1)36　(2)85　(3)25

5　(1)42　(2)①45　②15　(3)①152　②6

《理　科》

1　(1)ウ　(2)イ　(3)①イ　②イ　(4)①イ　②14　(5)ウ　(6)ア　(7)イ　(8)24

2　(1)ウ　(2)エ　(3)水酸化ナトリウム水溶液Ｂの体積…25　白色固体の量…3.0　(4)Ｘ．4.0　Ｙ．6.0　Ｚ．6.0
(5)6.4

3　(1)ふくろの名前…肺胞　血管の名前…毛細血管　(2)●…ア　○…イ　(3)イ　(4)水蒸気　(5)27

4　(1)ウ　(2)35　(3)12，4　(4)ウ，エ　(5)①ウ　②エ

5　(1)Ｃ　(2)イ，エ　(3)2　(4)190　(5)ア

《社　会》

1　問１．記号…Ｂ，Ｆ，Ｇ　都市名…松江　問２．小豆　問３．ウ　問４．カルスト　問５．エ
問６．ア　問７．(1)ウ　(2)イ　問８．(1)ア　(2)過疎　問９．(1)エ　(2)赤潮　問10．(1)Ｄ　(2)Ｉ　(3)Ａ
(4)Ｈ

2　問１．ユーラシア　問２．記号…ウ　国名…ウクライナ　問３．イ　問４．エ　問５．(1)エ　(2)ウ
問６．オ

3　問１．ａ．渡来人　ｂ．東大　ｃ．藤原頼通　問２．ｄ．オ　ｅ．イ　ｆ．ウ　問３．イ　問４．エ
問５．ア　問６．(1)エ　(2)ア　問７．(1)カ　(2)書院造　問８．カ　問９．キ　問10．Ｆ

4　問１．イ　問２．エ　問３．イ　問４．イ　問５．ウ　問６．(1)ウ　(2)ア　問７．(1)Ｃ　(2)Ｂ

1 (1) 与式$=1351-154=1197$

(2) 与式$=12\times\frac{1}{7}\times21=12\times3=36$

(3) 与式$=7.77\div0.7=11.1$

(4) 与式$=78.3+2.2\div2=78.3+1.1=79.4$

(5) 与式$=\frac{1}{12}+(\frac{3}{6}-\frac{2}{6})=\frac{1}{12}+\frac{1}{6}=\frac{1}{12}+\frac{2}{12}=\frac{3}{12}=\frac{1}{4}$

(6) 与式$=\frac{32}{51}\times\frac{17}{6}\times\frac{3}{8}=\frac{2}{3}$

(7) 与式$=6\frac{2}{5}\times(2\frac{5}{8}-\frac{3}{4})=6\frac{2}{5}\times(\frac{21}{8}-\frac{6}{8})=\frac{32}{5}\times\frac{15}{8}=12$

(8) 与式$=53\times0.1\times25+2.65\times2\times25-0.6\times25=(5.3+5.3-0.6)\times25=10\times25=250$

2 (1) **【解き方】100÷7＝14余り2より，求める和は，7×1＋7×2＋…＋7×14＝7×(1＋2＋…＋14)となる。**

1から14までの連続する整数の列を2つ使って右のような筆算が書けるから，

$$\begin{array}{r} 1+2+3+\cdots\cdots+14 \\ +)\ \ 14+13+12+\cdots\cdots+1 \\ \hline 15+15+15+\cdots\cdots+15 \end{array}$$

1から14までの連続する整数の和は，$15\times14\div2=105$

よって，求める和は，$7\times105=735$

(2) **【解き方】求める数は15と21の最小公倍数である。2つの数の最小公倍数を求めるときは，右の筆算のように割り切れる数で次々に割っていき，割った数と割られた結果残った数をすべてかけあわせればよい。**

3) 15 21
　 5 7

15と21の最小公倍数は，$3\times5\times7=105$であり，これが求める数である。

(3) $\frac{3}{5}$の分母と分子の和は8だから，分子と分母をそれぞれ，$56\div8=7$(倍)すればよいので，$\frac{3\times7}{5\times7}=\frac{21}{35}$

(4) **【解き方】2人が走った道のりの差は1分間に200－120＝80(m)ちぢまる。ジロウさんが出発したとき，タロウさんはすでに120×8＝960(m)進んでいる。**

ジロウさんがタロウさんを追いぬくのは，ジロウさんが走り始めてから，$960\div80=12$(分後)である。

よって，ジロウさんは$12\times200=2400$(m)走ったときにタロウさんを追いぬくので，B地点で折り返してから$2400-2000=400$(m)走った地点で追いぬく。

(5) **【解き方】右のような表にまとめて考える。**

	男子	女子	合計
飼っている	㋔	②	㋒
飼っていない	①		㋓
合計	㋐	㋑	48

㋐は㋑より4大きく，㋐＋㋑＝48だから，㋐の2倍は48＋4＝52である。

したがって，㋐＝52÷2＝26，㋑＝26－4＝22

また，㋒$=48\times\frac{5}{5+3}=30$(人)，㋓＝48－30＝18

㋔＝㋐－①＝26－①と表すことができ，㋔＋②＝㋒なので，26－①＋②＝30

②－①＝30－26　　①＝4　　よって，㋔＝26－4＝22だから，求める人数は22人である。

(6) **【解き方】[0]は千の位に入れられないので，千の位に入るカードは[2]または[3]となる。**

千の位のカードが[2]のとき，残ったカードは[0]，[2]，[3]だから，百の位から順に並べたときの並べ方は，百の位が3通りあり，そのそれぞれに対し十の位は残った2枚を並べるので2通りあり，そのそれぞれに対し一の位は残った1枚のカードを並べるので1通りとなる。よって，$3\times2\times1=6$(通り)となる。

千の位のカードが[3]のとき，残ったカードは[0]，[2]，[2]だから，百，十，一の位のいずれかを[0]とし，残りの位を[2]とすればよいので，3通りとなる。したがって，4けたの整数は$6+3=9$(通り)作ることができる。

3 (1) **【解き方】仕入れ値の35％増しは，仕入れ値の1＋0.35＝1.35(倍)となる。**

仕入れ値は600円だから定価は，600×1.35＝810(円)

⑵　**【解き方】145800÷810＝180(個)より，仕入れた商品の個数の75%が180個にあたる。**

求める個数は，180÷0.75＝240(個)

⑶　**【解き方】定価で売ったときの利益と，２割引きで売ったときの利益をそれぞれ考える。**

定価で売ったときの利益は，(810－600)×180＝37800(円)となる。また，定価の２割引きは810×(１－0.2)＝648(円)だから，２割引きで売ったときの利益は，(648－600)×(240－180)＝48×60＝2880(円)となる。

よって，利益は全部で，37800＋2880＝40680(円)となる。

4　⑴　**【解き方】奇数番目では黒いご石，偶数番目では白いご石が増える。１番目で黒が１＝１×１(個)，２番目で白が４＝２×２(個)，３番目で黒が９＝３×３(個)，４番目で白が16＝４×４(個)，５番目で黒が25＝５×５(個)，…と並ぶので，ｎ番目ではｎ×ｎ(個)のご石が並ぶ。**

６番目で並ぶ白いご石の数は，６×６＝36(個)

⑵　⑴と同様に考えて，７番目で並ぶ黒いご石は７×７＝49(個)である。白いご石は６番目で36個並んでいたので，ご石の総数は，49＋36＝85(個)。

⑶　**【解き方】ご石の総数の増え方の規則性を考える。**

図より，増えたご石の総数は，１番目から２番目では４個，２番目から３番目では８個，３番目から４番目では12個，４番目から５番目では16個，となっている。これは連続する４の倍数だから，ｎ番目からｎ＋１番目では４×ｎ(個)ご石の数が増えるとわかる。よって，４×□＝100だから，□＝100÷４＝25となる。

5　⑴　**【解き方】○＋●＝114°－30°＝84°であり，○：●＝２：１なので，○＝84°×$\frac{2}{3}$＝56°，●＝84°×$\frac{1}{3}$＝28°である。右図のように点Ｅをおく。**

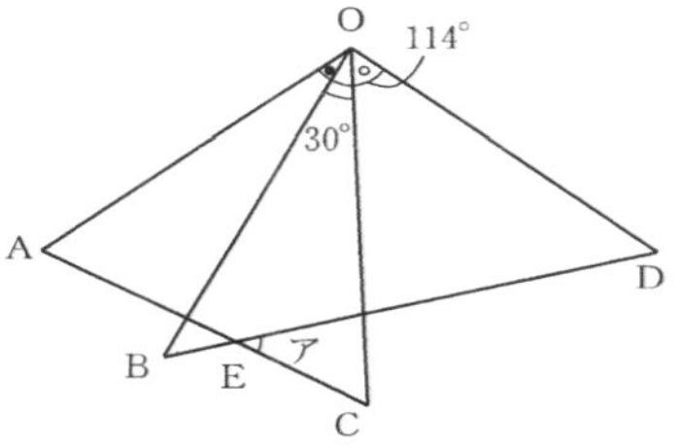

三角形ＯＢＤは，ＯＢ＝ＯＤの二等辺三角形なので，

角ＢＤＯ＝{180°－(56°＋30°)}÷２＝47°

三角形ＯＡＣは，ＯＡ＝ＯＣの二等辺三角形なので，

角ＯＡＣ＝{180°－(28°＋30°)}÷２＝61°

四角形ＯＡＥＤの内角の和より，角ＡＥＤ＝360°－(114°＋47°＋61°)＝138°となるから，ア＝180°－138°＝42°

⑵①　**【解き方】右図で同じ記号をつけた角は大きさが等しい(○＋●＝90°)。**

正方形ＡＢＣＤの面積から，図の色つきの４つの直角三角形の面積の和を引けばよい。

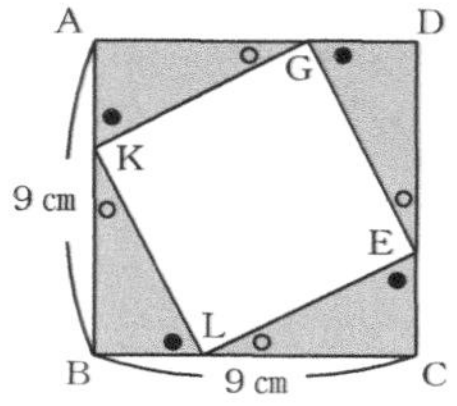

色つきの４つの直角三角形はすべて合同だから，求める面積は，

９×９－３×６÷２×４＝81－36＝45(㎠)

②　**【解き方】右のように作図する。色つき部分の面積を求めればよいので，**

正方形ＧＩＪＦの面積から，三角形ＧＭＦの面積を引けばよい。

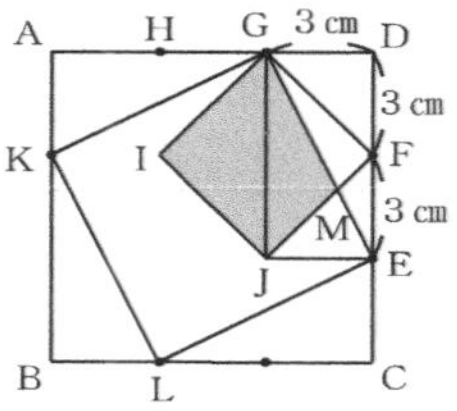

角ＧＦＤ＝角ＦＧＪ＝45°で錯角が等しいから，ＤＣとＧＪは平行である。

よって，ＧＪ＝ＤＥ＝６㎝　　正方形の面積は，(対角線)×(対角線)÷２で求められるから，正方形ＧＩＪＦの面積は，６×６÷２＝18(㎠)

また，三角形ＧＪＦの面積は，18÷２＝９(㎠)

三角形ＧＪＭと三角形ＥＦＭは同じ形の三角形だから，ＪＭ：ＦＭ＝ＧＪ：ＥＦ＝６：３＝２：１

三角形ＧＪＦと三角形ＧＭＦは，底辺をそれぞれＪＦ，ＭＦとしたときの高さが等しいから，面積の比はＪＦ：ＭＦ＝(２＋１)：１＝３：１となる。したがって，三角形ＧＭＦの面積は，

(三角形ＧＪＦの面積)$\times\frac{1}{3}=9\times\frac{1}{3}=3$(㎠)　　よって，求める面積は，18－３＝15(㎠)

⑶①　**【解き方】赤くぬった部分をこの立体の前後左右と上部から見て数える。**

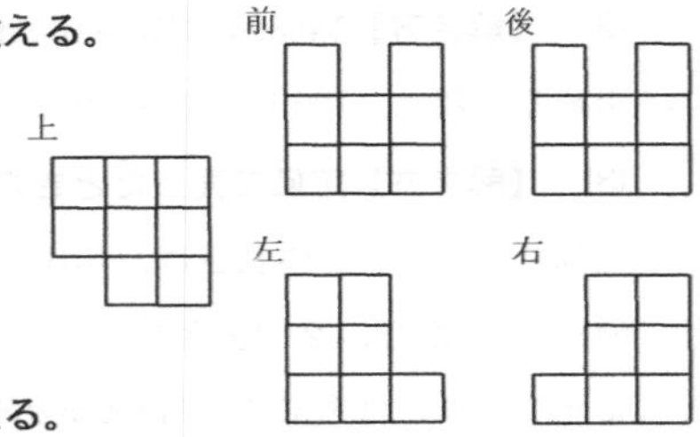

それぞれの向きからこの立体を見ると，右図のように見える。右図で見える面以外に赤くぬられた面はない。１辺の長さが２㎝の正方形が，８＋８＋８＋７＋７＝38(個)あるので，求める面積は，（２×２）×38＝152(㎠)

②　**【解き方】数えやすいように，立体を右図のように３つに分けて考える。**

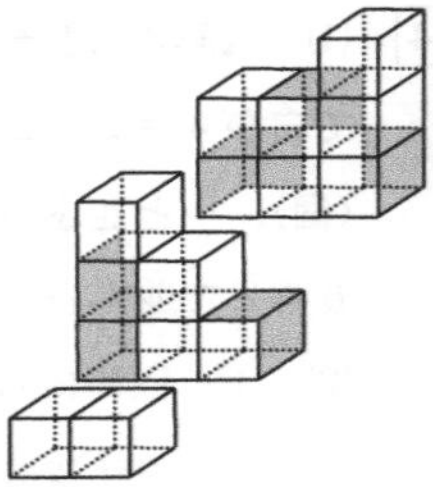

２つの面だけに色がぬられた立方体の，色をぬられた面に色をつけると，図のようになる。したがって，求める個数は６個となる。

2022 解答例 令和４年度　香川誠陵中学校

《国　語》

一　問一．ア．幼　イ．布地　ウ．大災害　エ．価値　オ．貧　問二．Ⅰ．イ　Ⅱ．エ　Ⅲ．ウ　問三．ア　問四．ウ　問五．初め…物質的な財　終わり…らないから　問六．イ　問七．初め…どんな立場　終わり…ていける力　問八．エ　問九．イ　問十．イ　問十一．あ．自分の力　い．働く力や、考える力　う．何にもかえられない大切な

二　問一．ア．めんみつ　イ．しゅうじゅく　ウ．おやかた　エ．ほそみ　オ．おおもの　問二．Ⅰ．イ　Ⅱ．ウ　Ⅲ．オ　問三．エ　問四．イ　問五．ウ　問六．あ．無限に存在　い．自然石を切り出す　う．石工の仕事　問七．A．部員不足で、夏の大会のエントリーができない状態だったこと。　B．入部した一年生の所属パートが決まらず練習に入れないこと。　問八．土砂崩れ　問九．ア　問十．ウ　問十一．初め…もし、うっ　終わり…なかった。

《算　数》

1　(1)621　(2)96　(3)1.2　(4)31.6　(5)$\frac{3}{10}$　(6)$\frac{5}{12}$　(7)$2\frac{1}{2}$　(8)4

2　(1)84　(2)1　(3)$\frac{48}{7}$　(4)15　(5)160　(6)24

3　(1)6　(2)5　(3)4

4　(1)(ア)1　(イ)8　(ウ)27　(エ)64　(オ)125　(2)15　(3)44100

5　(1)30　(2)(ア)$\frac{1}{6}$　(イ)$\frac{13}{36}$　(3)70

《理　科》

1　(1)ウ　(2)イ　(3)①ア　②イ　(4)エ　(5)ウ　(6)エ　(7)①ア　②ア　(8)1050

2　(1)イ　(2)10　(3)エ　(4)イ　(5)物質A…0.2　ホウ酸…3.0

3　(1)A．ウ　B．イ　C．エ　D．ア　(2)ウ→ア→オ→イ→エ　(3)イ　(4)ウ　(5)A．養分を受けとる　B．養分をたくわえておく

4　(1)エ　(2)ア，イ　(3)ア　(4)30　(5)57

5　(1)エ　(2)3　(3)ウ　(4)20　(5)20

《社　会》

1　問１．沖縄　問２．有明　問３．地形名…カルデラ　記号…イ　問４．(1)ウ　(2)エ　問５．記号…ウ　島名…屋久島　問６．イ　問７．ア　問８．(1)C　(2)G　(3)D　(4)A　問９．札幌　問10．湖名…サロマ　記号…ア　問11．エ　問12．ウ

2　問１．D　問２．G　問３．B　問４．エ　問５．(1)ウ　(2)ア　問６．(1)アマゾン　(2)エ

3　問１．a．ウ　b．オ　c．ア　問２．d．足利義満　e．豊臣秀吉　f．オランダ　問３．エ　問４．ウ　問５．イ　問６．(1)イ　(2)ウ　問７．(1)イ　(2)(フランシスコ＝)ザビエル　問８．(1)オ　(2)ア　問９．ウ

4　問１．ア　問２．オ　問３．エ　問４．キ　問５．ウ　問６．ア　問７．イ　問８．９

2022 算数解説　香川誠陵中学校
令和４年度

1

(1)　与式$=468+532-379=1000-379=621$

(2)　与式$=12\times13\times8\div13=12\times8=96$

(3)　与式$=3.96\div3.3=1.2$

(4)　与式$=32.4-2.4\div3=32.4-0.8=31.6$

(5)　与式$=\frac{32}{45}\times\frac{9}{8}\times\frac{3}{8}=\frac{3}{10}$

(6)　与式$=\frac{1}{2}-(\frac{4}{12}-\frac{3}{12})=\frac{6}{12}-\frac{1}{12}=\frac{5}{12}$

(7)　与式$=(4\frac{7}{8}+1\frac{5}{8})\times\frac{5}{13}=6\frac{1}{2}\times\frac{5}{13}=\frac{13}{2}\times\frac{5}{13}=\frac{5}{2}=2\frac{1}{2}$

(8)　与式$=\frac{8}{15}\times8\times\frac{3}{4}+\frac{2}{15}\div(\frac{5}{18}\times\frac{3}{5})=\frac{16}{5}+\frac{2}{15}\div\frac{1}{6}=\frac{16}{5}+\frac{2}{15}\times6=\frac{16}{5}+\frac{4}{5}=\frac{20}{5}=4$

2

(1)　20で割ると４あまる数は，20の倍数より４大きい数である。２けたの20の倍数で最も大きい数は，$20\times4=80$である。よって，求める数は，$80+4=84$

(2)　**【解き方】商の小数点以下の周期を調べる。**

$2022\div7=288.8571428\cdots$となり，小数点以下は857142の６けたの数字をくり返す。$22\div6=3$余り４だから，小数第22位は，周期の４番目の１である。

(3)　**【解き方】求める分数を$\frac{a}{b}$とすると，$\frac{35}{12}\times\frac{a}{b}$が整数になるのは，ａが12の倍数でｂが35の約数のときである。また，$\frac{21}{16}\times\frac{a}{b}$が整数になるのは，ａが16の倍数でｂが21の約数になるときである。**

$\frac{a}{b}$の値を小さくするには，ａをできるだけ小さく，ｂをできるだけ大きくすればよい。ａは12と16の公倍数で，できるだけ小さくするから，12と16の最小公倍数の48である。ｂは35と21の公約数で，できるだけ大きくするから，35と21の最大公約数の７である。48と７は互《たが》いに素だから，求める数は，$\frac{48}{7}$

(4)　**【解き方】右の線分図より，２人が２回目に出会うまでに進む道のりの和は，$1600\times3=4800$(m)であることがわかる。**

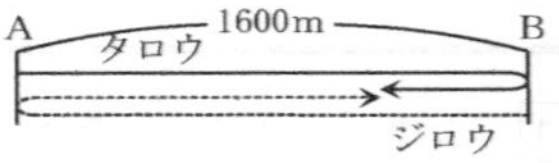

タロウさんとジロウさんが１分間に進む道のりの和は，$120+200=320$(m)だから，4800m進むまでに，$4800\div320=15$(分)かかる。

(5)　**【解き方】身長の平均を高い順に並べると，157cm，156cm，153cmとなるから，一番背の高い人は，身長の平均が157cmと156cmの両方に入っているフユさんである。**

ナツさんとフユさんの身長の和は$157\times2=314$(cm)，フユさんとハルさんの身長の和は$156\times2=312$(cm)，ハルさんとナツさんの身長の和は$153\times2=306$(cm)だから，フユさんの身長の２倍は，$314+312-306=320$(cm)になる。よって，フユさんの身長は，$320\div2=160$(cm)

(6)　**【解き方】１，２，３，４，５の中から数字を選んで３けたの偶数をつくるとき，一の位は２か４になる。**

一の位を２としたとき，残りの１，３，４，５のカードの中から２枚を選んで，百の位と十の位に数を並べると，132，142，152，312，342，352，412，432，452，512，532，542の12通りが考えられる。一の位を４としたときも12通り考えられるから，偶数は全部で，$12+12=24$(通り)

3

(1)　$200\times0.03=6$(ｇ)

(2)　**【解き方】操作Ⅰが終わったときの食塩の量を考える。**

３％の食塩水100ｇの中には$100\times0.03=3$(ｇ)の食塩がとけている。６％の食塩水200ｇの中には$200\times0.06=12$(ｇ)の食塩がとけている。この２つの食塩水を混ぜ合わせると，食塩が$3+12=15$(ｇ)とけた，$100+200=$

300（ｇ）の食塩水ができるから，濃さは，$\frac{15}{300}\times 100=5$（％）

⑶　**【解き方】⑵と同様に考える。**

容器Ａには，３％の食塩水が100ｇ残っているから，この中には100×0.03＝３（ｇ）の食塩がとけている。

容器Ｂから100ｇを取り出すとき，中にとけている食塩は，$15\times\frac{100}{300}=5$（ｇ）である。この２つの食塩水を混ぜ合わせると，食塩が３＋５＝８（ｇ）とけた，100＋100＝200（ｇ）の食塩水ができるから，濃さは，$\frac{8}{200}\times 100=4$（％）

4　⑴　**【解き方】５枚の正方形の１辺の長さは，小さい方から１㎝，３㎝，６㎝，10㎝，15㎝である。**

（ア）＝１×１＝１（㎠），（イ）＝３×３－１＝８（㎠），（ウ）＝６×６－３×３＝27（㎠），

（エ）＝10×10－６×６＝64（㎠），（オ）＝15×15－10×10＝125（㎠）

⑵　**【解き方】１×１×１は（ア）の面積，２×２×２は（イ）の面積を示している。**

１×１×１＋２×２×２＋３×３×３＋４×４×４＋５×５×５＝

１×１×１＋（３×３－１×１）＋（６×６－３×３）＋（10×10－６×６）＋（15×15－10×10）＝15×15だけが残る。

⑶　**【解き方】⑵をふまえる。問題の図からもわかる通り，１×１×１＋２×２×２＋…＋ｎ×ｎ×ｎは，１辺の長さが１からｎまでの和となる正方形の面積と等しくなる。**

１から20までの整数の和は，（１＋20）×20÷２＝210だから，

１×１×１＋２×２×２＋３×３×３＋…＋20×20×20＝210×210＝44100

5　⑴　**【解き方】右のように作図すると，四角形ＡＢＣＥは正方形，三角形ＤＣＥは正三角形になる。**

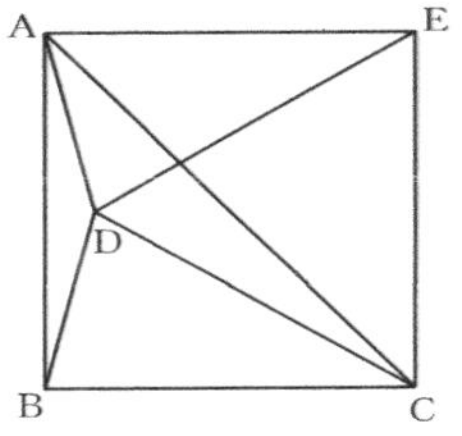

角ＤＥＣ＝60°，角ＡＥＣ＝90°だから，角ＡＥＤ＝90°－60°＝30°である。

三角形ＡＤＥは，ＡＥ＝ＤＥ，角ＡＥＤ＝30°の二等辺三角形だから，

角ＥＡＤ＝（180°－30°）÷２＝75°である。

角ＥＡＣ＝45°だから，角ア＝75°－45°＝30°

⑵（ア）　**【解き方】右のように作図すると，正六角形は６個の小さな正三角形に分けることができる。**

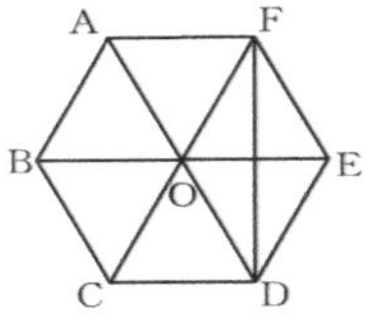

右図で，ＤＯとＥＦは平行だから，三角形ＤＥＦと三角形ＯＥＦの面積は等しい。

よって，三角形ＤＥＦの面積は，正六角形ＡＢＣＤＥＦの面積の$\frac{1}{6}$倍である。

（イ）　**【解き方】斜線部分の面積は，右図の正三角形ＦＢＤの面積から，色をつけた図形の面積を引いて考える。その際，同じ形をした三角形の対応する辺の比がａ：ｂのとき，面積比は（ａ×ａ）：（ｂ×ｂ）になることを利用する。**

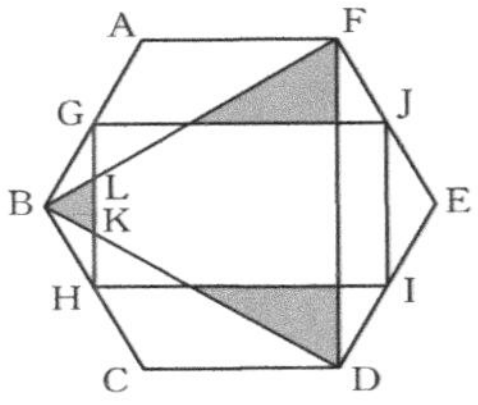

右図で，角ＧＢＬ＝角ＢＧＬ＝30°だから，三角形ＢＬＧはＢＬ＝ＧＬの二等辺三角形である。また，三角形ＢＫＬは正三角形だから，ＫＬ＝ＢＬ＝ＧＬである。

三角形ＢＨＫも二等辺三角形だから，ＨＫ＝ＫＬ＝ＬＧとなり，ＫＬ：ＧＨ＝１：３とわかる。

四角形ＧＨＩＪは長方形だから，ＧＨ＝ＪＩであり，三角形ＦＤＥと三角形ＪＩＥは同じ形だから，

ＤＦ：ＩＪ＝ＥＦ：ＥＪ＝２：１になる。よって，ＫＬ：ＤＦ＝$(\frac{1}{3}\times\frac{1}{2})$：（１×１）＝１：６になる。

正六角形ＡＢＣＤＥＦの面積を６とすると，合同な３つの三角形ＡＢＦ，ＣＤＢ，ＤＥＦの面積はそれぞれ１になるから，正三角形ＦＢＤの面積は６－１×３＝３になる。

正三角形ＢＫＬと正三角形ＦＢＤの対応する辺の長さの比は，ＫＬ：ＤＦ＝１：６だから，面積比は

（１×１）：（６×６）＝１：36になるので，正三角形ＢＫＬの面積は，$3\times\frac{1}{36}=\frac{1}{12}$になる。

残りの２つの直角三角形を合わせると，正三角形ＦＢＤの１辺の長さの半分の辺をもつ正三角形ができるから，
残りの２つの直角三角形を合わせた正三角形と正三角形ＦＢＤの面積の比は$(1\times1):(2\times2)=1:4$になる。
残りの２つの直角三角形を合わせた図形の面積は$3\times\frac{1}{4}=\frac{3}{4}$になる。
斜線部分の面積は，$3-\frac{3}{4}-\frac{1}{12}=\frac{13}{6}$と表せるから，正六角形ＡＢＣＤＥＦの面積の，$\frac{13}{6}\div6=\frac{13}{36}$(倍)

⑶ **【解き方】上から１段目，２段目，…，５段目として，それぞれの段の断面を考える。**

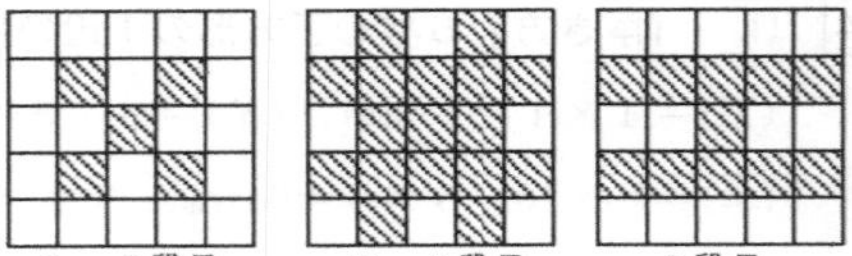

１・５段目　２・４段目　３段目

右図は，くりぬかれた小さい立方体を斜線で示したものである。
上から１段目と５段目には20個，上から２段目と４段目には８個，上から３段目には14個の立方体が残るから，くりぬいた後に残った小さい立方体は，$20\times2+8\times2+14=70$(個)である。
１個の小さい立方体の体積は$1\times1\times1=1$(㎤)だから，求める体積は，$1\times70=70$(㎤)

香川誠陵中学校

《国　語》

一　問一．ア．罪　イ．導　ウ．君臨　エ．厳密　オ．印刷　問二．Ⅳ　問三．エ　問四．ウ　問五．ウ
問六．初め…土地そのも　終わり…化的差別感　問七．ア　問八．イ　問九．ウ
問十．初め…判断を下す　終わり…偏見の濃淡　問十一．あ．書かれる　い．一定の資格づけ　う．国家のことば

二　問一．ア．せ　イ．きがま　ウ．むめい　エ．うらがわ　オ．いくじ　問二．Ⅰ．エ　Ⅱ．オ　Ⅲ．ア　Ⅳ．イ
問三．Ｂ　問四．ア　問五．イ　問六．エ　問七．ウ　問八．あ．パリ行きを宣言　い．ほったらかし
問九．初め…いつも、マ　終わり…定してきた　問十．イ　問十一．人生の選択肢はひとつではなく、自分のやりたいことがあれば年齢に関係なくチャレンジでき、これからでも何かになれる可能性があるということ。

《算　数》

1　(1)200　(2)20　(3)２　(4)９　(5)12.5　(6)21　(7)３　(8)１

2　(1)25　(2)７　(3)12　(4)1300　(5)200　(6)36.4

3　(1)10300　(2)おとな…29　こども…23　(3)30

4　ア．２　イ．３　ウ．33　エ．４　オ．28（アとイ，エとオは順不同）

5　(1)48　(2)1.6　(3)(ア)192　(イ)８

《理　科》

1　(1)ウ　(2)水　(3)カ　(4)発芽には肥料が必要ではないこと。　(5)空気〔別解〕酸素　(6)オ

2　(1)ウ　(2)360　(3)0.35ｇ　(4)180 cm^3　(5)22.23ｇ

3　(1)Ｂ／右図　(2)ウ　(3)Ｇ　(4)同じ向きに月が自分で１回転するから。　(5)Ｈ

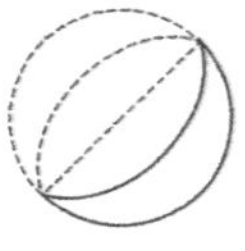

4　(1)ウ　(2)エ　(3)イ　(4)ウ　(5)ウ　(6)①１　②９

《社　会》

1　問１．Ａ．岐阜　Ｂ．三重　Ｃ．愛知　Ｄ．静岡　問２．長良　問３．エ　問４．イ　問５．(1)ウ　(2)ア
問６．イ

2　問１．ウ　問２．③　問３．ナイル　問４．インド　問５．(1)サハラ　(2)エ　問６．キ

3　問１．Ａ．鎌倉　Ｂ．関ケ原　Ｃ．オランダ　問２．ア　問３．エ　問４．(1)エ　(2)ウ　問５．(1)イ
(2)場所…ｃ　名前…種子島　問６．エ　問７．イ　問８．イ　問９．エ

4　問１．ウ　問２．ウ　問３．イ　問４．ウ　問５．ウ，エ　問６．満州　問７．Ｘ→Ｚ→Ｙ

←解答例は前のページにありますので，そちらをご覧ください。

1 (1) 与式＝255－55＝200

(2) 与式$=\frac{340\times17}{289}=20$

(3) 与式＝0.422÷0.211＝2

(4) 与式$=(\frac{217}{21}-\frac{9}{21})-(\frac{70}{21}-\frac{51}{21})=\frac{208}{21}-\frac{19}{21}=9\frac{19}{21}-\frac{19}{21}=9$

(5) 与式$=\frac{27}{56}\times\frac{14}{9}\div\frac{6}{100}=\frac{3}{4}\times\frac{100}{6}=\frac{25}{2}=12.5$

(6) 与式＝456÷19－３＝24－３＝21

(7) 与式$=\frac{27}{5}\div\{\frac{9}{10}\div(\frac{12}{10}-\frac{7}{10})\}=\frac{27}{5}\div(\frac{9}{10}\div\frac{5}{10})=\frac{27}{5}\div(\frac{9}{10}\times2)=\frac{27}{5}\div\frac{9}{5}=\frac{27}{5}\times\frac{5}{9}=3$

(8) 与式$=\frac{2}{9}\times(\frac{9}{5}+\frac{6}{5})-\frac{8}{9}\times\frac{1}{2}\times\frac{1}{2}+\frac{4}{9}\times(\frac{8}{4}-\frac{3}{4})=\frac{2}{9}\times\frac{15}{5}-\frac{2}{9}+\frac{4}{9}\times\frac{5}{4}=\frac{6}{9}-\frac{2}{9}+\frac{5}{9}=\frac{9}{9}=1$

2 (1) **【解き方】４で割って２余る数は，４の倍数よりも２大きい数となる。よって，100 以上 200 以下の整数のうち，４で割って２余る数は，102，106，…，198 である。**

102，106，…，198 は，前の数より４ずつ大きくなるから，全部で(198－102)÷４＋１＝25(個)ある。

(2) **【解き方】一の位の数だけを考えればいいので，７を何回かかけあわせていくとき，計算結果の一の位だけに７をかけることをくり返し，一の位の数の変化を調べる。**

一の位の数は，７→７×７＝49→９×７＝63→３×７＝21→１×７＝７→…，と変化するので，７，９，３，１という４つの数がくり返される。2021 回かけると，2021÷４＝505 余り１より，７，９，３，１が 505 回くり返され，次に７と続くので，一の位の数は７になっている。

(3) **【解き方】条件に合う取り出し方は，数字の和が 10 または 20 となるときである。**

和が 10 となる３個の玉の取り出し方は，(１，２，７)(１，３，６)(１，４，５)(２，３，５)の４通りある。

和が 20 となる３個の玉の取り出し方は，(１，９，10)(２，８，10)(３，７，10)(３，８，９)(４，６，10)(４，７，９)(５，６，９)(５，７，８)の８通りある。

よって，和が 10 の倍数になる取り出し方は全部で，４＋８＝12(通り)ある。

(4) **【解き方】300 円を使った後に残ったお金を⑫円とすると，残ったお金の$\frac{5}{12}$は，⑫×$\frac{5}{12}$＝⑤(円)となる。初めにもっていたお金の半分を２通りの方法で表すことで，⑤の値を求める。**

300 円を使い，さらに⑤円を使うと，初めにもっていたお金の半分より 50 円多く残るのだから，(300＋⑤)円は初めにもっていたお金の半分より 50 円少ない。よって，初めにもっていたお金の半分は，300＋⑤＋50＝⑤＋350(円)と表せる。また，⑫－⑤＝⑦(円)は，初めにもっていたお金の半分より 50 円多いのだから，初めにもっていたお金の半分は，⑦－50(円)とも表せる。このことから，⑦－⑤＝②(円)は 350＋50＝400(円)にあたるので，⑤円は 400×$\frac{⑤}{②}$＝1000(円)にあたる。したがって，求める金額は，300＋1000＝1300(円)である。

(5) **【解き方】２人で同時に出発し，一定の速さで進んでいるから，アイさんが進んだ道のりと，２人の進んだ道のりの差は，比例していることがわかる。**

学校→図書館までの道のりは，学校→図書館→学校までの道のりの半分だから，アイさんが図書館に着いたとき，２人の進んだ道のりの差は，400÷２＝200(m)である。よって，タカシさんは図書館まであと 200mの地点にいた。

(6) **【解き方】８月１日から８月 31 日までの 31 日間の最高気温の合計は，35.5×31＝1100.5(度)**
８月１日から８月 15 日までの 15 日間の最高気温の合計は，34.5×15＝517.5(度)

これより，８月 16 日から８月 31 日までの 16 日間の最高気温の合計は，1100.5－517.5＝583(度)とわかるので，求める最高気温の平均は，583÷16＝36.43…より，36.4 度である。

3 (1) 1600×３＋900×５＋500×２＝10300(円)

(2) **【解き方】52 人が全員こどもだったときの入館料の合計と，こども１人とおとな１人の入館料の差を計算することで，おとなとこどもそれぞれの人数を求める。**

52 人が全員こどもだったとすると，入館料の合計は 900×52＝46800(円)であり，実際の入館料の合計よりも 67100－46800＝20300(円)安くなる。こども１人をおとな１人におきかえると，入館料の合計は 1600－900＝700(円)高くなるから，おとなの人数は 20300÷700＝29(人)であり，こどもの人数は 52－29＝23(人)である。

(3) **【解き方】おとなの人数とこどもの人数と車の台数の比を求めれば，おとなの入館料の合計とこどもの入館料の合計と駐車場代の合計の比がわかる。入館料と駐車場代の合計に占める駐車場代の割合から駐車場代の合計を考える。**

(おとなの人数)：(こどもの人数)：(車の台数)＝３：２：$\{(3+2)\times\frac{70}{100}\div 2.8\}$＝３：２：1.25＝12：８：５

(おとなの入館料の合計)：(こどもの入館料の合計)：(駐車場代の合計)＝(1600×12)：(900×８)：(500×５)＝192：72：25　駐車場代の合計は，$173400\times\frac{25}{192+72+25}$＝15000(円)

よって，車の台数は，15000÷500＝30(台)

4 (1) **【解き方】もとの分数よりも小さい単位分数のうち，最大の数を次々にひいていく。**

$\frac{5}{6}=\frac{5\div 5}{6\div 5}=\frac{1}{1.2}$だから，$\frac{5}{6}$よりも小さい単位分数のうち，最大の数は$\frac{1}{2}$である。

$\frac{5}{6}-\frac{1}{2}=\frac{5}{6}-\frac{3}{6}=\frac{2}{6}=\frac{1}{3}$だから，$\frac{5}{6}$をエジプト分数で表すと，$\frac{1}{2}+\frac{1}{3}$となる。

(2) $\frac{5}{11}-\frac{1}{3}-\frac{1}{11}=\frac{15}{33}-\frac{11}{33}-\frac{3}{33}=\frac{1}{33}$だから，$\frac{5}{11}=\frac{1}{3}+\frac{1}{11}+\frac{1}{33}$である。

(3) (1)と同様に考える。$\frac{2}{7}=\frac{2\div 2}{7\div 2}=\frac{1}{3.5}$だから，$\frac{2}{7}$よりも小さい単位分数のうち，最大の数は$\frac{1}{4}$である。

$\frac{2}{7}-\frac{1}{4}=\frac{8}{28}-\frac{7}{28}=\frac{1}{28}$だから，$\frac{2}{7}$をエジプト分数で表すと，$\frac{1}{4}+\frac{1}{28}$となる。

5 (1) **【解き方】(四角形ＡＢＦＥの面積)＝(三角形ＡＢＤの面積)－(三角形ＤＥＦの面積)，(四角形ＣＤＦＧの面積)＝(四角形ＥＧＣＤの面積)－(三角形ＤＥＦの面積)で求められる。**

三角形ＡＢＤと四角形ＥＧＣＤは，底辺をそれぞれＡＤ，ＥＤとすると，高さが等しい。よって，その高さを□とすると，ＡＤ＝ＥＤ×２だから，三角形ＡＢＤの面積は(ＥＤ×２)×□÷２＝ＥＤ×□，四角形ＥＧＣＤの面積はＥＤ×□と表せるので，三角形ＡＢＤと四角形ＥＧＣＤは面積が等しいことがわかる。

よって，四角形ＣＤＦＧの面積は，四角形ＡＢＦＥの面積に等しく，48 cm²である。

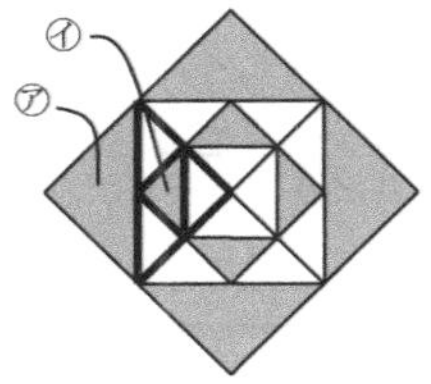

(2) **【解き方】右のように作図すると，太線で囲まれた４つの三角形の面積は等しいことがわかる。また，㋑の三角形４つで㋐の三角形１つが作れる。**

かげをつけた部分の合計は，㋐の三角形４つと㋑の三角形４つ分だから，㋐の三角形５つ分である。１番外側の正方形は，㋐の三角形８つ分である。よって，１番外側の正方形の面積は，かげをつけた部分の合計の面積の$\frac{8}{5}$＝1.6(倍)だから，求める面積は，１×1.6＝1.6(cm²)である。

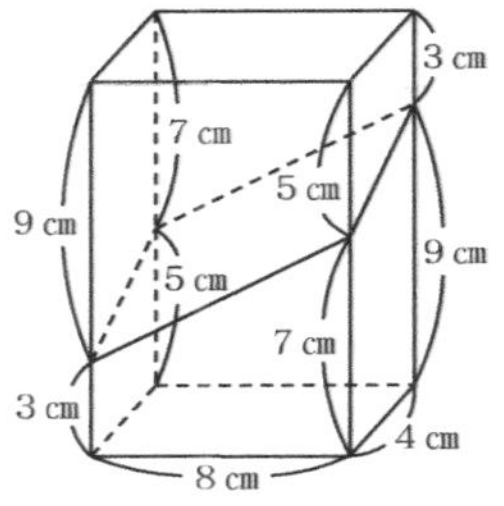

(3)(ア) **【解き方】図１の容器に入っている水の形をした立体を，右図のように２つ合わせると，縦が４cm，横が８cm，高さが３＋９＝12(cm)の直方体となる。**

求める容積は，４×８×12÷２＝192(cm³)である。

(イ) **【解き方】図２の底面積は，(５＋11)×３÷２＝24(cm²)である。**

(ア)より，水の容積は 192 cm³だから，求める水面の高さは，192÷24＝８(cm)である。

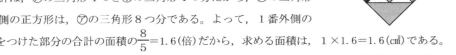

香川誠陵中学校

《国　語》

一　問一．ア．辺　イ．姿勢　ウ．領域　エ．支障　オ．誤　　問二．（Ⅱ）　　問三．エ　　問四．ウ
問五．イ　　問六．エ　　問七．ことばが絶えず変わっていること　　問八．ア　　問九．⑴ウ　⑵エ
問十．ウ　　問十一．イ

二　問一．ア．いま　イ．まぢか　ウ．どくとく　エ．かいか　オ．ろうがんきょう　　問二．Ⅰ．オ　Ⅱ．ウ
Ⅲ．ア　Ⅳ．エ　　問三．D　　問四．初め…本のページ　終わり…跡があった〔別解〕があった。
問五．イ　　問六．エ　　問七．ウ　　問八．ア　　問九．あ．殺される　い．敵兵　う．自分の死　え．巻き添えに　お．海へ逃れて溺死しよう　　問十．たとえ自分が死んでも『輝く都市』が生き延びて、そこに書いてある「輝く都市」が全部現実になり、世界中のみんなが笑って幸せに暮らせたらいいと思ったから。　　問十一．ウ

《算　数》

1　⑴2020　⑵16　⑶$\frac{1}{28}$　⑷$1\frac{1}{33}$　⑸0　⑹252　⑺$3\frac{2}{5}$　⑻57

2　⑴4　和…312　⑵20　⑶180　⑷8　⑸3，7　⑹48　⑺45

3　⑴9600　⑵900

4　⑴72　⑵92.63

5　⑴6　⑵1800　⑶82　⑷5　⑸B→B→O→C→C〔別解〕O→B→B→C→C／O→C→C→B→B

《理　科》

1　⑴エ，キ，ケ　⑵消化　⑶ア　⑷デンプン　⑸オ　⑹イ，エ，カ

2　⑴エ　⑵エ　⑶水蒸気が冷やされてできた液体の水のつぶ。　⑷イ　⑸ウ　⑹右図

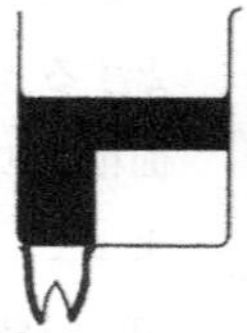

3　⑴イ　⑵ボーリング〔別解〕トレンチ　⑶イ　⑷イ　⑸ウ
⑹①速　②大きい　a．しん食　b．運ぱん

4　⑴エ　⑵ウ　⑶イ，ウ　⑷①△　②○　③△　④×

《社　会》

1　問１．A．ア　B．ウ　C．カ　D．キ　　問２．ウ　　問３．リアス　　問４．a．兵庫　b．山形　c．青森
問５．エ　　問６．イ

2　問１．A．エ　B．ア　C．オ　D．ウ　　問２．ア　　問３．イ　　問４．ア　　問５．北東　　問６．イ

3　問１．ウ　　問２．⑴エ　⑵ア　　問３．ウ　　問４．ア．寝殿　イ．藤原　ウ．清少納言　　問５．ア
問６．イ　　問７．⑴エ　⑵ア　⑶エ　　問８．A．エ　B．ウ　　問９．⑴イ　⑵エ　　問10．⑴エ　⑵エ

2020 算数解説 令和２年度 香川誠陵中学校

←解答例は前のページにありますので，そちらをご覧ください。

1
(1) 与式$=3376+632-1988=4008-1988=2020$

(2) 与式$=\frac{104\times12}{78}=16$

(3) 与式$=\frac{28}{28}-\frac{14}{28}-\frac{7}{28}-\frac{4}{28}-\frac{2}{28}=\frac{1}{28}$

(4) 与式$=\frac{36\times100\times119}{35\times99\times120}=\frac{34}{33}=1\frac{1}{33}$

(5) 与式$=100-(\frac{8}{3}+4)\times15=100-\frac{20}{3}\times15=100-100=0$

(6) 与式$=2.3\times42+37\times0.1\times42=(2.3+3.7)\times42=6\times42=252$

(7) 与式$=\frac{7}{4}\div\frac{7}{10}+(\frac{7}{3}-\frac{5}{6})\times\frac{3}{5}=\frac{7}{4}\times\frac{10}{7}+(\frac{14}{6}-\frac{5}{6})\times\frac{3}{5}=\frac{5}{2}+\frac{3}{2}\times\frac{3}{5}=\frac{5}{2}+\frac{9}{10}=\frac{25}{10}+\frac{9}{10}=\frac{17}{5}=3\frac{2}{5}$

(8) 与式$=19\times0.375+19\times2\times1.5-19\times3\times0.125=19\times0.375+19\times3-19\times0.375=19\times3=57$

2
(1) $50\div12=4$余り２だから，１から50までの整数の中に４の倍数がちょうど12個あり，この12個の整数の和は，$4+8+12+\cdots+48=4\times(1+2+3+\cdots+12)$で求められる。
１から12までの連続する整数の和は，右の筆算より，$\frac{13\times12}{2}$となるから，
$4\times(1+2+3+\cdots+12)=4\times\frac{13\times12}{2}=312$

$$\begin{array}{r} 1+2+3+\cdots\cdots+12 \\ +)\ 12+11+10+\cdots\cdots+1 \\ \hline 13+13+13+\cdots\cdots+13 \end{array}$$

(2) 右のような表にまとめて，㋐の人数を求めるとよい。
㋑$=150-70=80$(人)，㋒$=200-100=100$(人)だから，㋐$=100-80=20$(人)

		バス		合計
		使う	使わない	
電車	使う	70人		100人
	使わない	㋑	㋐	㋒
合計		150人		200人

(3) 1200mを分速200mで走ると$1200\div200=6$(分)かかる。
3km$=(3\times1000)$m$=3000$mだから，$3000-1200=1800$(m)を$16-6=10$(分)で走ったので，その速さは，分速$\frac{1800}{10}$m＝分速180m

(4) $\frac{55}{73}$の分子と分母に同じ数をたしても分母と分子の差は$73-55=18$のまま変わらないから，$\frac{7}{9}$の分子と分母の差の$9-7=2$が18になるように，分子と分母をそれぞれ$\frac{18}{2}=9$(倍)すると，$\frac{7}{9}=\frac{63}{81}$となる。
よって，分子と分母にたした数は，$63-55=8$である。

(5) ２人がいっしょに買い物に行くのは，３と５の最小公倍数が15だから，15日ごとである。15日後は，$15=7\times2+1$より，２週間と１日後だから，いっしょに買い物に行くたびに曜日は１つ後ろにずれていく。土曜日は火曜日の４つあとだから，最初に土曜日にいっしょに買い物に行くのは，$15\times4=60$(日後)である。
2020年１月８日から１月31日まで$31-7=24$(日)，２月が29日あるから，$60-24-29=7$より，求める日付は，2020年３月７日である。

(6) 各区画に右図Ｉのように記号をおき，Ａにぬる色で場合を分けて考える。Ｂ，Ｃ，Ｄ，Ｅは３色でぬらなければならないので，ＢとＤ，または，ＣとＥを同じ色にしなければならない。
したがって，Ａに赤をぬる場合は図Ⅱのように場合分けができる。①の(ⅰ)(ⅱ)(ⅲ)はすべて，残った２つの区画のぬり方が２通りずつあるから，
①の場合のぬり方は，$2\times3=6$(通り)ある。②の場合のぬり方も①と同様に６通りあるから，Ａが赤の場合のぬり方は$6+6=12$(通り)ある。
Ａが青，黄，緑の場合もそれぞれ12通りのぬり方があるので，ぬり方は全部で，$12\times4=48$(通り)

図Ｉ
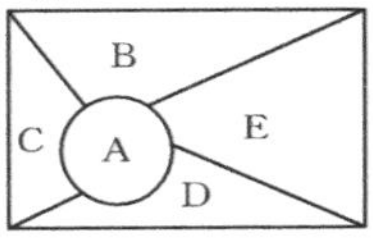

図Ⅱ　Ａが赤の場合
①ＢとＤが同じ色の場合
(ⅰ)ＢとＤが青の場合
(ⅱ)ＢとＤが黄の場合
(ⅲ)ＢとＤが緑の場合
②ＣとＥが同じ色の場合

⑺　右のように作図する。三角形ＡＢＣと三角形ＣＤＥは合同だから，ＡＣ＝ＥＣである。また，角ＡＣＢ＋角ＣＡＢ＝180－90＝90(度)だから，角ＡＣＢ＋角ＥＣＤ＝90度なので，角ＡＣＥ＝180－90＝90(度)である。よって，三角形ＡＣＥは直角二等辺三角形だから，角ＡＥＣ＝45度

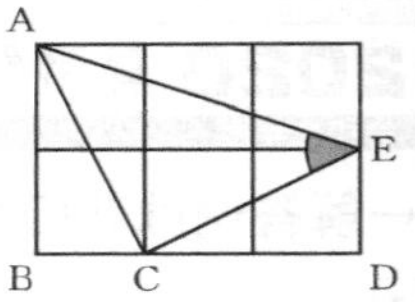

3　⑴　お父さんからもらったお金を２と３と４の最小公倍数の⑫とすると，Ａさん，Ｂさん，Ｃさんがもらったお金はそれぞれ，⑫×$\frac{1}{2}$－500＝⑥－500(円)，⑫×$\frac{1}{3}$－200＝④－200(円)，⑫×$\frac{1}{4}$－100＝③－100(円)と表せる。したがって，お父さんからもらったお金⑫に500＋200＋100＝800(円)を加えた額と，⑥＋④＋③＝⑬が等しいから，⑬－⑫＝①が800円にあたる。よって，お父さんからもらったお金は，800×$\frac{⑫}{①}$＝9600(円)

⑵　⑴の解説より，３人がもらったお金はＡさんが800×６－500＝4300(円)，Ｂさんが800×４－200＝3000(円)，Ｃさんが800×３－100＝2300(円)である。３人が同じ額だけ出す前とあとで，ＡさんとＣさんの所持金の差は変わらず，4300－2300＝2000(円)である。同じ額だけ出したあとのＡさんとＣさんの所持金の比は２：１であり，この比の数の差の２－１＝１が2000円にあたるから，Ｃさんの所持金は2000円になったとわかる。
よって，Ｃさんが出したお金は2300－2000＝300(円)だから，花の値段は，300×３＝900(円)

4　⑴　かげをつけた部分を右図Ⅰのように移動させてもその面積の合計は変わらないから，求める面積は，長方形と正方形の面積の合計の半分とわかる。
長方形を図Ⅰの直線ＡＢで切り，上の部分を右に90度回転させて下にくっつけると，図Ⅱになる。もとの長方形の横の長さと正方形の１辺の長さの和は12㎝だから，図Ⅱの長方形の縦の長さも12㎝である。つまり，図Ⅱは１辺が12㎝の正方形だから，求める面積は，12×12÷２＝72(㎠)

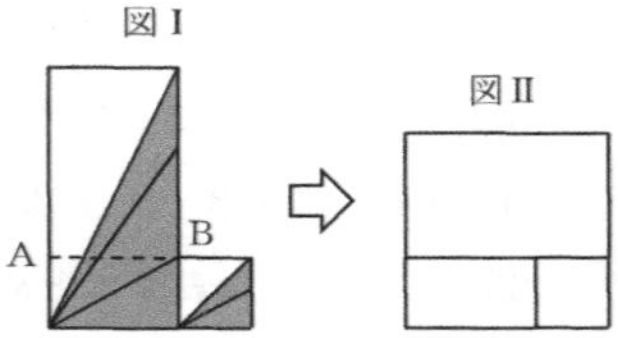

⑵　犬が動くことのできる範囲は，右図の色つき部分であり，半径が６ｍの半円と，中心角が90度で半径がそれぞれ５ｍ，４ｍ，２ｍ，１ｍのおうぎ形からなる。
よって，求める面積は，
$6\times6\times3.14\times\frac{1}{2}+5\times5\times3.14\times\frac{1}{4}+4\times4\times3.14\times\frac{1}{4}+2\times2\times3.14\times\frac{1}{4}+$
$1\times1\times3.14\times\frac{1}{4}=(\frac{72}{4}+\frac{25}{4}+\frac{16}{4}+\frac{4}{4}+\frac{1}{4})\times3.14=\frac{59}{2}\times3.14=92.63$(㎡)

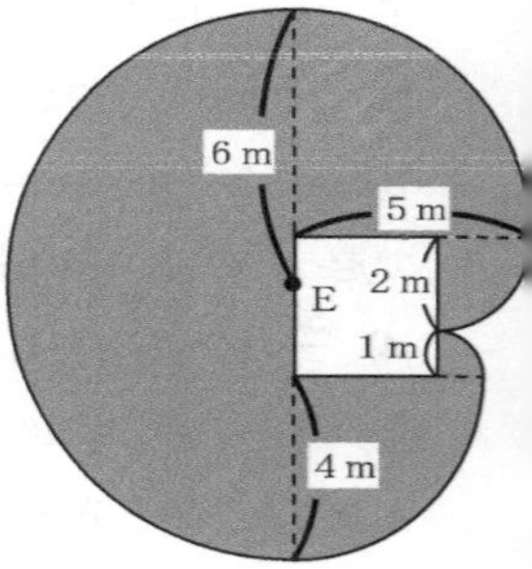

5　⑴　Ｏ，Ａ，Ｂ，Ｃのいずれからも他の３つの場所に行けるから，求める経路の数はＡ，Ｂ，Ｃの並べ方の数に等しく，Ａ→Ｂ→Ｃ，Ａ→Ｃ→Ｂ，Ｂ→Ａ→Ｃ，Ｂ→Ｃ→Ａ，Ｃ→Ａ→Ｂ，Ｃ→Ｂ→Ａの６通りある。

⑵　Ｏからの移動とＯまでの移動を考えない場合のＡ，Ｂ，Ｃをまわるための移動距離は，最短で300＋400＝700(m)であり，ＡＣ間を通るとこれよりも300mまたは400m長くなってしまう。ＯＡ間，ＯＢ間，ＯＣ間は，最初と最後に１回ずつ異なる経路を通らなければならないが，２つ合わせて最短で500＋500＝1000(m)，最長で500＋600＝1100(m)なので，差は1100－1000＝100(m)しかない。したがって，ＡＣ間を通らないＯ→Ａ→Ｂ→Ｃ→ＯまたはＯ→Ｃ→Ｂ→Ａ→Ｏの移動距離が最も短く，1100＋700＝1800(m)である。

⑶　各区間の移動時間と，各アトラクションの待ち時間とプレイ時間の合計をまとめると，右のようになる。
Ｏ→Ｃ→Ｂ→Ｏ→Ａ→Ａ→Ｏの順番でアトラクションを回る場合，移動時間の合計は，12＋８＋10＋10＋10＝50(分)，アトラクションにかかる時間の合計は，８＋10＋７×２＝32(分)である。よって，かかる時間は全部で，50＋32＝82(分)

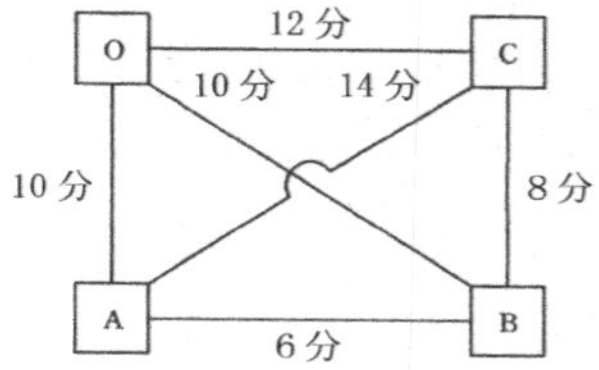

	待ち時間とプレイ時間の合計
A	7分
B	10分
C	8分

(4)　移動時間を減らすために，各アトラクションはそこに着くたびに３回ずつプレイする。移動経路は(2)で求めた長さが 1800mの経路を通ればよい。３時間＝(３×60)分＝180 分であり，移動時間の合計が 1800÷50＝36(分)だから，アトラクションにかけられる時間は 180－36＝144(分)である。Ａ，Ｂ，Ｃを１回ずつプレイしたときにかかる時間の合計は７＋10＋８＝25(分)だから，144÷25＝５余り 19 より，最大５回ずつプレイできる。

(5)　(3)の解説の図表をふまえる。どのアトラクションも２回ずつプレイするから，アトラクションにかかる時間の合計は，(７＋10＋８)×２＝50(分)である。まずＯ→Ａ→Ｏ→Ａとまわるから，ここまでの移動時間の合計は10×３＝30(分)であり，２時間＝(２×60)分＝120 分なので，残りの経路の移動時間の合計が 120－50－30＝40(分)になればよい。また，「途中で入場門Ｏを経由して次のアトラクションに行くこと」はすでに１回行っているので，あと１回までは行うことができる。

途中でＯに行かない場合の最短の移動時間は，Ａ→Ｂ→Ｂ→Ｃ→Ｃ→Ｏとまわった場合の，６＋８＋12＝26(分)である。ここからＢとＣを入れかえるなどしても，移動時間の合計が 40 分になるものは見つからない。

途中でＯに行く場合の最短の移動時間を考えると，Ａ→Ｂ→Ｂ→Ｏ→Ｃ→Ｃ→Ｏとまわった場合に，６＋10＋12＋12＝40(分)になるとわかる。よって，これが求める道順である。条件に合う道順は，解答例のように他にも２通りある。

香川誠陵中学校　県外入学試験

理科問題

※解答はすべて解答用紙に記入しなさい。

受験番号		氏名	

1　香川誠陵中学校のある香川県高松市鬼無町《きなしちょう》は，昔話の桃太郎ゆかりの地として知られています。

桃太郎のお供として登場するイヌ・サル・キジは，いずれも日本各地でよく見かける動物たちで，このうちキジはニワトリに近いなかまの鳥です。これらの動物たちは，肉や虫などの動物性の食物も，果物・いも・豆などの植物性の食物も食べます。

また，桃太郎がイヌ・サル・キジに与えたキビだんごの材料のキビは，イネに近いなかまの植物です。

(1) イヌ・サル・キジに共通することがらとして**まちがっているもの**を次の**ア**～**コ**から**3つ**選び，記号で答えなさい。

ア　外気温によらず体温を一定に保つことができる。
イ　声を出すことができる。
ウ　地面を走ることができる。
エ　成長とともに脱皮する。
オ　セキツイ(背骨)がある。
カ　体内受精をする。
キ　卵を産んでふえる。
ク　肺で呼吸する。
ケ　母親の体内で育ち，親と似たすがたで生まれる。
コ　冬でも冬眠をせず，活動を続ける。

(2) 食べた物を胃や腸などで分解することを何といいますか。

(3) (2)のことに関連して，サルに近いなかまの動物であるヒトにおいて，キビやイネの種子に多く含まれる炭水化物と，動物性の食物に多く含まれるタンパク質を分解するからだの部分について説明した次の**ア**～**オ**から正しいものを1つ選び，記号で答えなさい。

ア　口では炭水化物のみが，胃ではタンパク質のみが分解される。
イ　口ではタンパク質のみが，胃では炭水化物のみが分解される。
ウ　口では炭水化物とタンパク質が，胃ではタンパク質のみが分解される。
エ　口では炭水化物のみが，胃では炭水化物とタンパク質が分解される。
オ　口でも胃でも炭水化物とタンパク質が分解される。

(4) キビやイネの種子に多く含まれる，炭水化物の代表である物質の名前を答えなさい。

(5) (4)の物質を植物がどのようにして得ているか，正しく説明しているものを次の**ア**～**オ**から1つ選び，記号で答えなさい。

ア　受粉によって花のめしべでつくられる。
イ　根から吸収する。
ウ　葉から吸収する。
エ　光を受けて，根でつくられる。
オ　光を受けて，葉でつくられる。

(6) ある日，キジがえさを食べているところを観察していると，次の**ア**～**カ**の動物を食べていました。このうち，こん虫でないものを**すべて**選び，**ア**～**カ**の記号で答えなさい。

ア　アリの子ども　**イ**　クモ　**ウ**　コオロギ　**エ**　ダンゴムシ　**オ**　チョウの子ども　**カ**　ミミズ

2　愛子さんと敬子さんは，水のあたたまり方を調べるため，次のような実験をしました。

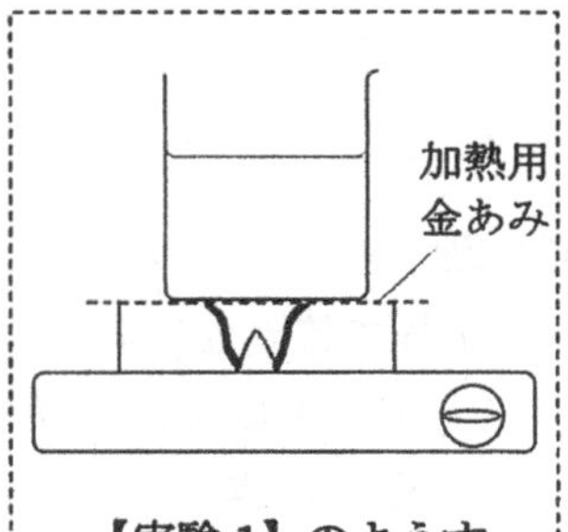

【実験1】のようす

【実験1】愛子さんは，ビーカーに水を入れて実験用ガスコンロで加熱し，そのようすを観察して次のメモを取りました。

> ①　実験用ガスコンロにガスボンベ（カセットボンベ）を取り付け，水の入ったビーカーをのせて点火した。
> ②　加熱を始めてすぐに，ビーカーの外側がくもっているのを見つけた。温度が上がると，くもりは消えた。
> ③　しばらくすると，水面から少しずつ湯気が出てきた。
> ④　そのあと，水の中に，小さなあわができていた。
> ⑤　やがて，水の中から大きなあわが出てきて，わきたった。

【実験2】敬子さんは，ビーカーの中の水のあたたまり方を示温《しおん》インクで調べました。具体的には，ビーカーに示温インクを入れ，実験用ガスコンロの火を小さくしてビーカーの端《はし》に当てて加熱し，色の変化を観察しました。

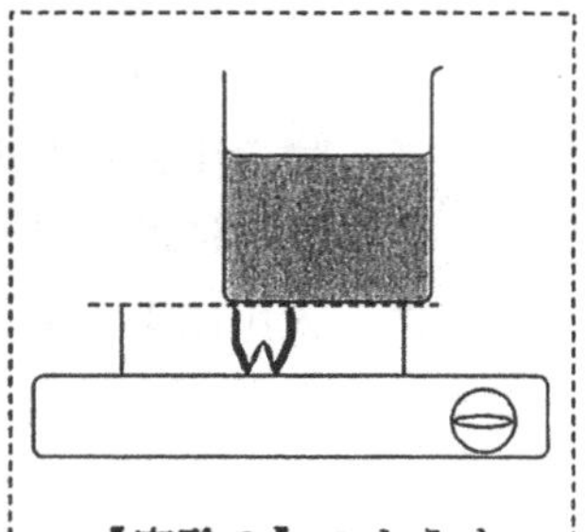
【実験2】のようす

(2枚目につづく)

中 外
令 2

香川誠陵中学校　県外入学試験

理 科 問 題

※解答はすべて解答用紙に記入しなさい。

(1) 実験メモの①について，実験用ガスコンロの使い方として正しいものを**ア～エ**から１つ選び，記号で答えなさい。

ア　安全装置がついているので，火がついたままガスコンロを持ち運ぶことができる。
イ　ガスボンベ（カセットボンベ）を取り付けるとき，ボンベの向きには特に決まりはない。
ウ　火がつかなかったら，ボンベのガスがなくなっているので，すぐにボンベをとりかえる。
エ　ほのおを大きくするには，調節つまみを回して「点火」のほうに近づける。

(2) 実験メモの②について，ビーカーの外側がくもったのはなぜですか。最も正しいものを**ア～エ**から１つ選び，記号で答えなさい。

ア　ビーカーの水が，ほのおであたためられたから。
イ　空気の中の水蒸気が，ほのおであたためられたから。
ウ　ほのおであたためられた空気の中の水蒸気が，ビーカーの水で冷やされたから。
エ　ガスが燃えるときに発生した水蒸気が，ビーカーの水で冷やされたから。

(3) 実験メモの③について，湯気とは何か，「水蒸気」という言葉をつかって説明しなさい。

(4) 実験メモの④について，「小さなあわ」の正体は主に空気です（水蒸気も含まれています)。このことからわかるのは，どんなことですか。最も正しいものを**ア～エ**から１つ選び，記号で答えなさい。

ア　空気は，冷たい水よりもあたたかい水によく溶ける。　**イ**　空気は，あたたかい水よりも冷たい水によく溶ける。
ウ　空気は，水蒸気に変化することがある。　**エ**　水があたたまると，一部が空気に変化する。

(5) 実験メモの⑤について，「大きなあわ」の中身として正しいものを**ア～オ**から１つ選び，記号で答えなさい。

ア　空気だけ　**イ**　主に空気で，水蒸気も含まれている　**ウ**　水蒸気　**エ**　水素　**オ**　水素と酸素

(6) 【実験２】で使用した示温インクは，冷たいときは青色，あたたかいときは赤色になります。示温インクのおよそ半分が赤色になったとき，赤色の部分はビーカーの中のどの部分ですか。解答らんの図で，「赤色の部分」を黒くぬりなさい。

3　３つの地点A～Cで地層の調査を行いました。**図１**は，それぞれの地点の地層の記録です。また，**図２**は，調査した地点の位置を示した地図です。A～C地点の標高は，すべて同じです。

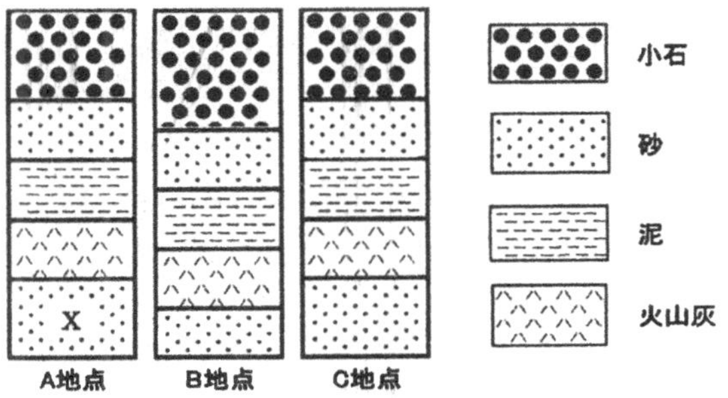

図 1

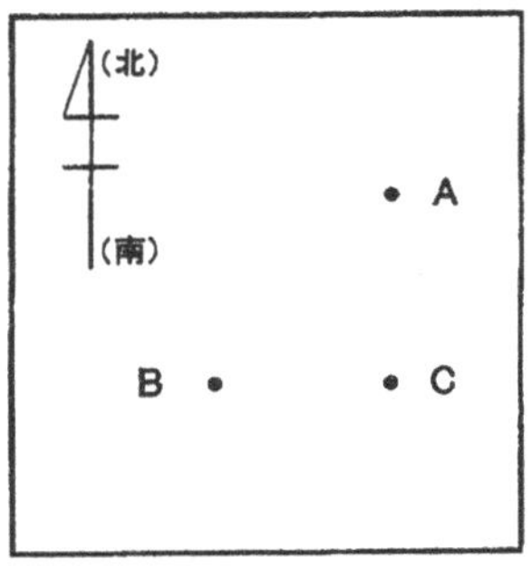

図 2

(1) **図１，２**より，この地域の地層はどのようにかたむいていると考えられますか。正しいものを**ア～エ**から１つ選び，記号で答えなさい。

ア　東側が低くなっている。　**イ**　西側が低くなっている。
ウ　北側が低くなっている。　**エ**　南側が低くなっている。

(2) このように，地層を掘《ほ》って実際の地下のようすを調べる方法を「□調査」といいます。□に当てはまる語句を，カタカナで書きなさい。

(3) **図１**の小石は，角のとれた丸みのある形をしています。その理由を**ア～エ**から１つ選び，記号で答えなさい。

ア　水底でたい積するときにおしつぶされたから。　**イ**　川の水によって流されたから。
ウ　地震で大きな岩がくだけたから。　**エ**　火山の噴《ふん》火で飛ばされたから。

(4) 火山灰が見つかったことから，この近くの地域では過去に火山の噴《ふん》火が起こったことが分かります。火山について述べた次の文章のうち，**まちがっているもの**を１つ選び，記号で答えなさい。

ア　火山が噴火すると，火口から溶岩が出て，大地の様子が変わることがある。
イ　噴《ふ》き出された火山灰は重いので，風によって火山の近くの地域のみに広がる。
ウ　日本には，多くの火山が存在する。
エ　火山によって，美しい景観や温泉など，私たちの生活にうるおいを与えてくれる。

(3枚目につづく)

中 外
令 2

香川誠陵中学校　県外入学試験

理 科 問 題

※解答はすべて解答用紙に記入しなさい。

(5) A地点のXの層からは，シジミの化石が発見されました。この層はどのような場所だったと考えられますか。**ア**～**ウ**から1つ選び，記号で答えなさい。

ア　浅い海の底　　**イ**　陸地から遠くはなれた海の底　　**ウ**　湖や池の底

(6) 流れる水のはたらきについて調べるため，次の実験を行いました。

【実験】かたむき方が急な砂山と，ゆるやかな砂山を作った。それぞれの山の頂上から，ジョウロで水を注いだ。

この実験結果からわかることを，次のようにまとめました。(　　)から当てはまる言葉を選びなさい。またa・bのはたらきをそれぞれ何というか答えなさい。

土地のかたむきが大きい所では，水の流れが①（遅・速）く，流れる水がa地面をけずるはたらきやb土を運ぶはたらきが②（小さい・大きい)。

4

夏に夕立が降るときや，①冬の日本海側の地域では，雷鳴《らいめい》が聞こえることがしばしばあります。上空で②雷《かみなり》の光が見えてから，およそ3秒後に雷鳴が聞こえました。アメリカ合衆国の100ドル札に肖像画《しょうぞうが》が用いられているベンジャミン・フランクリンは，凧《たこ》と③ライデン瓶《びん》を用いた実験によって，雷の正体が電気であることを明らかにしました。

(1) 下線部①について，日本付近の冬の季節の雲のようすを示す図を，次の**ア**～**エ**から1つ選び，記号で答えなさい。

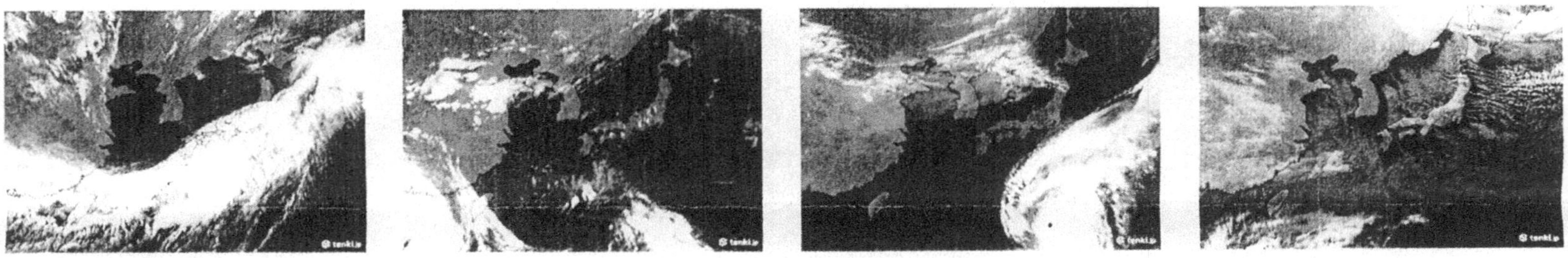

ア　　イ　　ウ　　エ

(写真出典：日本気象協会ホームページ tenki.jp 。出題の都合で画像の一部を加工しています。)

(2) 音は1秒間に空気中をおよそ340 m進みます。下線部②のとき，雷の発生した場所から，雷鳴を聞いた人がいる場所までのおよその距離《きょり》はいくらですか。次の**ア**～**エ**から最も近いものを1つ選び，記号で答えなさい。

ア　100 m　　**イ**　500 m　　**ウ**　1 km　　**エ**　10 km

(3) 下線部③について，フランクリンが用いたライデン瓶はコンデンサーの一種です。コンデンサーのはたらきとして正しいものを**すべて**選び，**ア**～**エ**の記号で答えなさい。

ア　光や音を発生させる。　**イ**　電気をたくわえる。　**ウ**　つないだ導線に電流を流す。　**エ**　磁石のはたらきをする。

(4) **図1**の回路でスイッチを閉じると，豆電球が光ります。①～④の回路のスイッチを閉じたとき，豆電球が**図1**よりも明るく光るものには○，**図1**と同じ明るさで光るものには△，**図1**よりも暗くなるものには×を，それぞれ書きなさい。

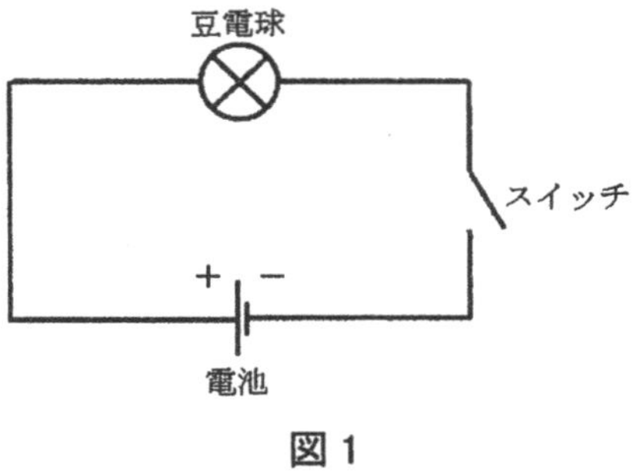

図1

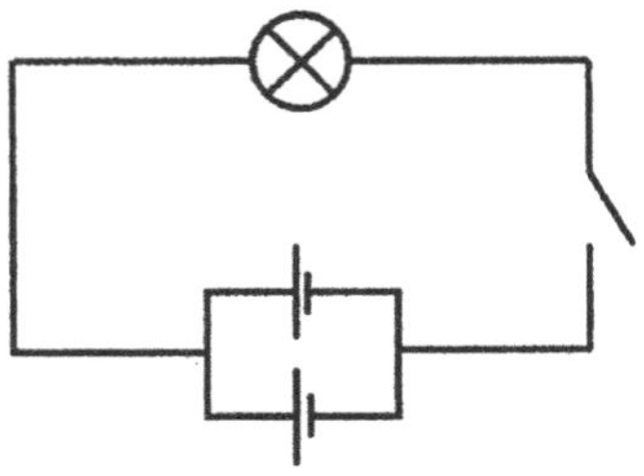

①

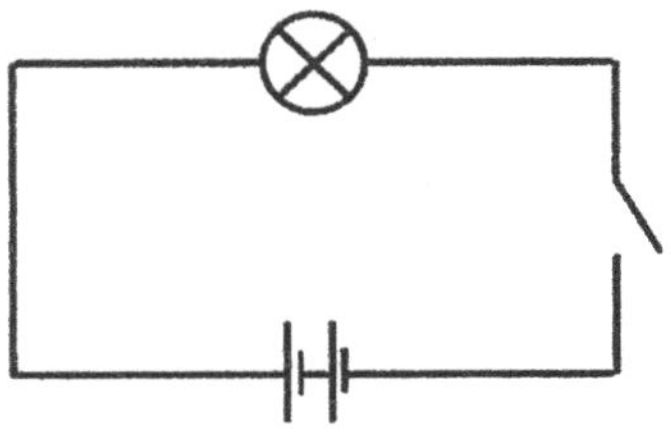

②

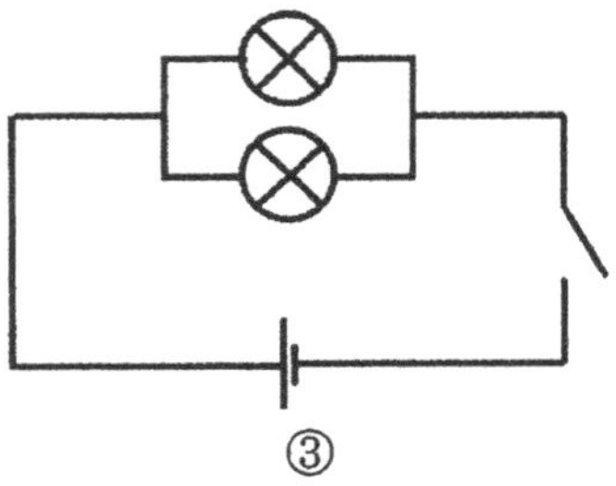

③

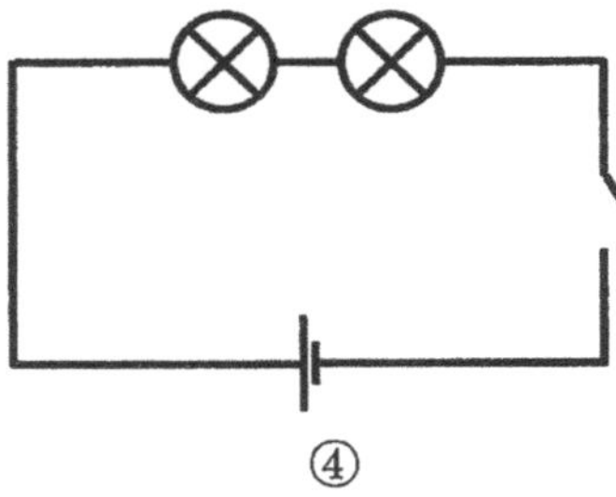

④

香川誠陵中学校　入学試験

社会問題

受験番号		氏名	

（25分）※解答はすべて解答用紙に記入しなさい。

1　下の地図１・地図２を見て、あとの問いに答えなさい。

地図１

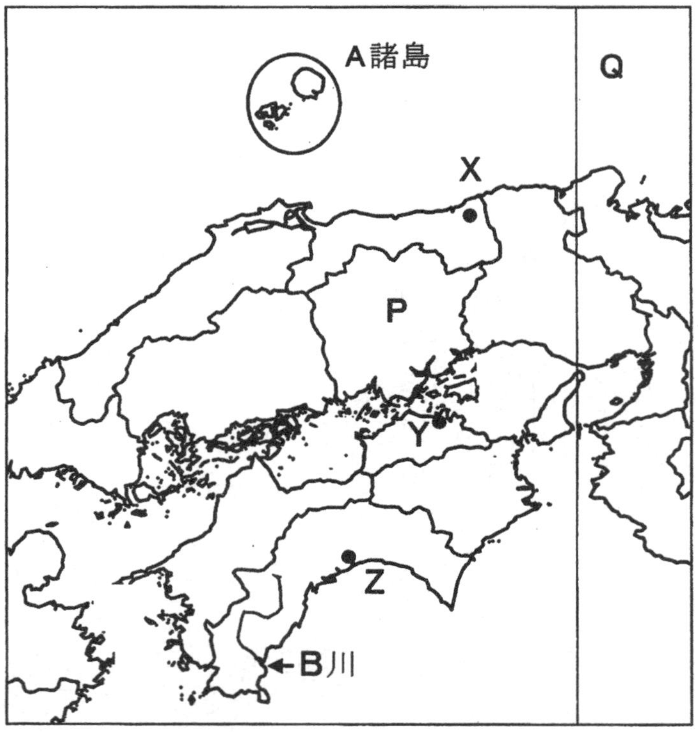

地図２

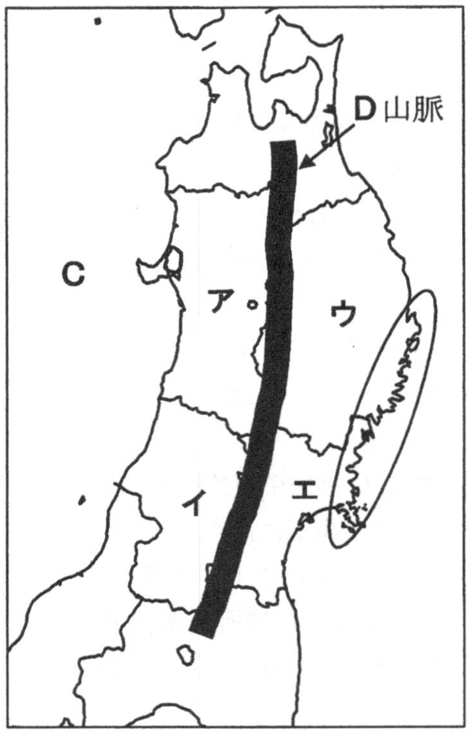

問１　地図中のA諸島・B川・C（海洋名）・D山脈の名称は何か、次のア～クからそれぞれ選び、記号で答えなさい。

ア　隠岐諸島　**イ**　天草諸島　**ウ**　四万十川　**エ**　吉野川　**オ**　オホーツク海　**カ**　日本海
キ　奥羽山脈　**ク**　飛彈山脈

問２　次の雨温図①～③は、地図１中のX～Zの都市の雨温図である。X～Zの都市と雨温図の正しい組み合わせを以下のア～エから１つ選び、記号で答えなさい。

①

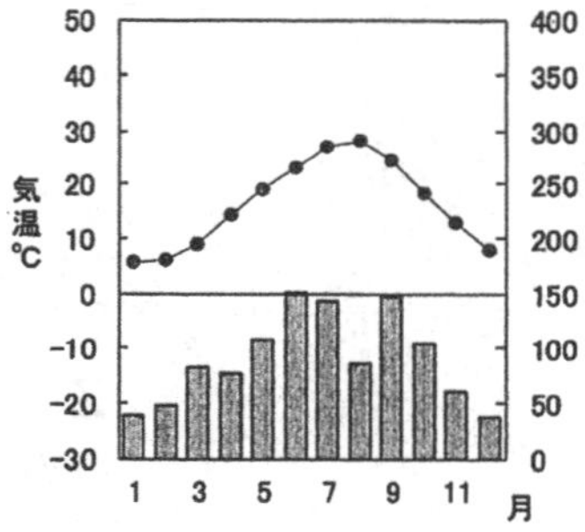

②

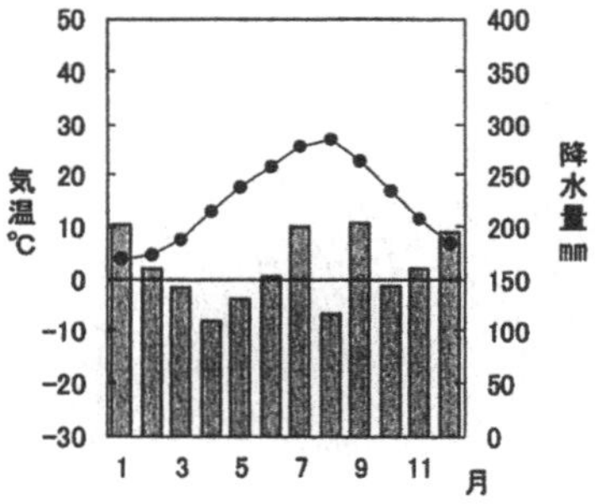

③

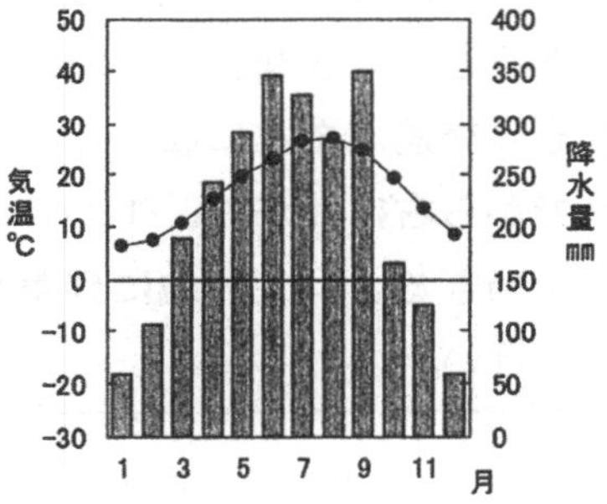

ア　①－X　②－Y　③－Z　　**イ**　①－X　②－Z　③－Y
ウ　①－Y　②－X　③－Z　　**エ**　①－Y　②－Z　③－X

問３　地図２中に⬭で囲まれた海岸は、起伏の大きい山地が海にしずんでできた海岸で、のこぎりの歯のようなかたちをしている。このような海岸のことを何というか、答えなさい。

問４　香川県に住むミサさんは、夏休みに地図１および地図２に示されたいくつかの県に一人で旅行に行く予定である。その旅行での予定をまとめた次の文章を読み、空欄にあてはまる県名を答えなさい。

> ８月３日。在来線と新幹線に乗り、おばあちゃんのいる（　a　）県へ行く。自由研究で地震のことを調べようと思ったので、昔、おばあちゃんも経験した地震の震災記念公園へ一緒に行き、世界文化遺産の城を見に行く。
> ８月４日。朝早くに、飛行機で（　b　）県へ移動。社会人の姉が空港まで迎えに来る。国語の授業で習った『おくのほそ道』でも詠《よ》まれている最上川を見ながら、（　b　）市までドライブをする。
> ８月５日。午前中は姉とゆっくりと過ごし、二人で（　c　）県へ移動。姉は歴史が好きなので、縄文時代の三内丸山遺跡を見に行く。夜は、大学生の兄と合流し、大型ねぶたの運行を見に行く。翌日香川県に帰る。

中外
令2

香川誠陵中学校　入学試験

社会問題

※解答はすべて解答用紙に記入しなさい。

問5　地図1中の**P**県よりも面積・人口ともに上回っている県を、地図2中の**ア**～**エ**から1つ選び、記号で答えなさい。

問6　地図1中の経線**Q**が通らない国を、次の**ア**～**エ**から1つ選び、記号で答えなさい。

ア　オーストラリア　　**イ**　フィリピン　　**ウ**　インドネシア　　**エ**　ロシア

2　次の地形図（2万5千分の1「五色台」）を見て、あとの問いに答えなさい。

問1　地図中の**A**～**D**は何を表しているか、次の**ア**～**オ**からそれぞれ選び、記号で答えなさい。

ア　小・中学校　　**イ**　高等学校

ウ　神社　　**エ**　灯台

オ　消防署

問2　マコさんは、地図中の**X**をスタート地点としてある場所に行く。そのルートについて説明した以下の文章を読み、マコさんが行った場所を次の**ア**～**エ**から1つ選び、記号で答えなさい。

> ルート
>
> **X**が面している交差点を北にまっすぐ進む。１つ目の交差点を、左に曲がる。その道を進んでいくと、左側に郵便局が見える。さらに進んでいくと、右側に交番があり、その交差点を北東方向に進む。すると、今度は右側に寺院が見える。寺院を過ぎると、大きな交差点があるので、その交差点を左に曲がる。少し進んでから右に曲がり、１つ目の交差点を過ぎると、目的地に到着する。海が近い。

ア　老人ホーム　　**イ**　図書館

ウ　裁判所　　**エ**　病院

問3　地図中の地点**Y**は、標高約何ｍか、次の**ア**～**エ**から1つ選び、記号で答えなさい。

ア　約210m　　**イ**　約230m　　**ウ**　約250m　　**エ**　約270m

問4　地図中の地点**Z**から矢印の方向に見た写真を、次の**ア**～**ウ**から1つ選び、記号で答えなさい。

ア

イ

ウ

中外
令2

香川誠陵中学校　入学試験

社会問題

※解答はすべて解答用紙に記入しなさい。

問5　地図中の浄化センターは、勝賀山《かつがやま》の山頂から見てどちらの方角にあるか。八方位で答えなさい。

問6　地図中の神在川窪《しんざいかわくぼ》町周辺の様子について述べた次の文**ア**～**エ**のうち、内容が**誤っているもの**を1つ選び、記号で答えなさい。

ア　中磯《なかいそ》地区には海岸線にそって道路があり、その周辺に住宅が集まっている。

イ　海の駅のとなりには発電所があり、比較的大きな漁港が近くにある。

ウ　串ノ山《くしのやま》の斜面を、果樹園や針葉樹林がおおい、南側のふもとには水田や住宅がある。

エ　川窪《かわくぼ》地域と香西北町の小高い丘との距離は地図上では4cmなので、実際の距離は約1kmである。

3　以下の文章は、ある親子の会話文です。これを読んで、あとの問いに答えなさい。

誠太：冬休みにおじいちゃんの家に遊びにいった時、香川県立ミュージアムに連れて行ってくれてありがとう。

父親：そうだね。父さんも久しぶりに行って、故郷のよさを再確認できたな。①瀬戸内海を通じて、古代から今住んでいる関西と文化的なつながりがあったことが分かったね。父さんが卒業した香川誠陵中学校・高等学校に関連した展示もあったけれど、気づいたかな？

誠太：うーん…「二十四の瞳」の岬の分教場のこと？

父親：テニスコートの東側にある小高い丘が②古墳でね、出土したものが展示されていたんだ。

誠太：色々なものがいっぱいあり過ぎて、見逃したなあ。③弘法大師《こうぼうだいし》や北野天満宮に祭られている④天神さまが、香川県に関係があることは分かったんだけど…。

父親：ちゃんと見ているじゃないか。そういえば、白峯寺《しろみねじ》の十三重の石塔のレプリカがあっただろう？父さんは中学生の頃、友だちと険しい道を登って、白峯寺まで行ったことがある。夏の暑い日だったかな。(　⑤　)の乱に敗れた崇徳上皇が、平安時代の終わり頃、現在の坂出市に罪人として追いはらわれて、そこで亡くなった。白峯寺のすぐそばにほうむられていて…。都以外に天皇や上皇のお墓があるのは、珍しいことなんだよ。

誠太：そうなんだね。父さんは、香川誠陵中学校で勉強していた頃、他にどんなところに行ったことがあるの？

父親：琴電屋島駅から歩いて行った屋島の先端にある⑥砲台は遠かったなあ。⑦明治になる少し前、作られたものなんだ。小豆島の⑧歌舞伎を上演した舞台は、バスから降りてすぐのところだったけど。江戸時代の天守閣がそのまま残っている⑨丸亀城には、春みんなで花見に行ったことがあるよ。でもね、わざわざ遠くに出かけなくたって、今住んでいる地域にだって、昔のことを知るきっかけになるものはあるよ。

誠太：例えば、どんなものがあるの？

父親：⑩太平洋戦争で戦死した兵士たちを祭った忠魂碑《ちゅうこんひ》は、村ごとに建てられたんだ。かた苦しく考えなくていいよ。現地に足を運んだり、本を読んだり、博物館に行ったり…様々なアプローチがあるんだよ。

誠太：好奇心の眼を輝かせれば、どんどん歴史が近くに見えてくるね。

問1　下線部①について「瀬戸内海」にある世界文化遺産として正しいものを、次の**ア**～**エ**から1つ選び、記号で答えなさい。

ア　屋久島　　**イ**　中尊寺　　**ウ**　厳島神社　　**エ**　富岡製糸場

問2　下線部②について、以下の問いに答えなさい。

（1）次の史料Ⅰを読んで、下線部の「わたし」に当てはまる人物を下の**ア**～**エ**から1つ選び、記号で答えなさい。

史料Ⅰ

わたしの祖先は、自らよろいやかぶとを身に付け、山や川をかけめぐり、東は55国、西は66国、さらに海をわたって95国を平定しました。

ア　聖徳太子　　**イ**　卑弥呼　　**ウ**　推古天皇　　**エ**　雄略天皇

香川誠陵中学校　入学試験

社会問題

※解答はすべて解答用紙に記入しなさい。

（2）古墳について述べた文として**誤っているもの**を、次の**ア**～**エ**から1つ選び、記号で答えなさい。

ア　古墳からは、仏像や銅銭が出土している。

イ　古墳には、方墳や円墳などさまざまな形がある。

ウ　古墳には、有力な豪族がほうむられた。

エ　大仙陵古墳は、日本で最大の古墳である。

問3　下線部③の「弘法大師」は現在の香川県善通寺《ぜんつうじ》市に生まれ、中国で仏教を学んだ空海のことである。中国に渡った人物の説明として正しいものを、次の**ア**～**エ**から1つ選び、記号で答えなさい。

ア　鑑真は失明しながらも中国にわたり仏教を学んだ。

イ　紫式部は中国にわたり、物語技法を学び帰国した。

ウ　雪舟は中国にわたり、帰国後、日本の水墨画を大成した。

エ　執権北条時宗は中国にわたり、元の大軍とたたかった。

問4　下線部④の「天神さま」は平安時代に活躍し、のち学問の神様として信仰された菅原道真のことである。平安時代について説明した下の文の空欄に、あてはまる語句を解答らんに合うように答えなさい。

（　**ア**　）造とよばれる大きなやしきで暮らした（　**イ**　）氏を中心とした貴族による政治が行われた。
文学の世界では女性たちが活躍し、その中でも（　**ウ**　）は、『枕草子』という作品を残しており、後世に読み継がれている。

問5　空欄⑤にあてはまる語句を、次の**ア**～**エ**から1つ選び、記号で答えなさい。

ア　保元　　**イ**　平治　　**ウ**　承久　　**エ**　応仁

問6　下線部⑥の「砲台」は関西では淀川、関東では品川沖のお台場など各地に作られている。その理由として正しいものを、次の**ア**～**エ**から1つ選び、記号で答えなさい。

ア　スポーツがさかんになったので、合図を伝えるための号砲が必要とされたから。

イ　アメリカ・イギリスなどの来襲に備えるための大砲が必要とされたから。

ウ　元という国をたてたモンゴルの来襲に備えるための大砲が必要とされたから。

エ　稲を食べる鳥などを水田から遠ざけるための号砲が必要とされたから。

問7　下線部⑦について、次の史料Ⅱを読み、以下の問いに答えなさい。

史料Ⅱ

一　政治のことは、会議を開き、みんなの意見をきいて決めよう。
一　みんなが心を合せ、国の政策を決めよう。
一　みんなの志が、かなえられるようにしよう。
一　これまでのよくないしきたりを改めよう。
一　新しい知識を世界に学び、国をさかえさせよう。

（1）史料Ⅱの作成に関わった人物を、次の**ア**～**エ**から1つ選び、記号で答えなさい。

ア　勝海舟　　**イ**　徳川慶喜　　**ウ**　西郷隆盛　　**エ**　木戸孝允

（2）史料Ⅱを説明した文として正しいものを、次の**ア**～**エ**から1つ選び、記号で答えなさい。

ア　天皇の名前で、新しい時代の政治の方針を定めたものである。

イ　天皇の名前で、全国の大名を取り締まるために定めたものである。

ウ　将軍の名前で、新しい時代の政治の方針を定めたものである。

エ　将軍の名前で、全国の大名を取り締まるために定めたものである。

（3）明治時代に、新政府は欧米に使節団を送った。その中に日本初の女子留学生がいたが、この女性の肖像《しょうぞう》は2024年に新紙幣に印刷される。この女性の名前を、次の**ア**～**エ**から1つ選び、記号で答えなさい。

ア　平塚雷鳥　　**イ**　樋口一葉　　**ウ**　市川房枝　　**エ**　津田梅子

※解答はすべて解答用紙に記入しなさい。

問8　下線部⑧について説明した下の文の空欄にあてはまる語句を、**A**は**A**群より、**B**は**B**群より１つずつ選び、記号で答えなさい。

> （　**A**　）時代に芝居小屋がつくられ、のち全国にも広まった演劇であり、役者絵を描いた画家には（　**B**　）がいる。

A群　**ア**　平安　　**イ**　鎌倉　　**ウ**　室町　　**エ**　江戸

B群　**ア**　近松門左衛門　　**イ**　松尾芭蕉　　**ウ**　東洲斎写楽　　**エ**　井原西鶴

問９　下線部⑨について、以下の問いに答えなさい。

（１）江戸時代の中頃の城下町の様子を説明した文として正しいものを、次の**ア**～**エ**から１つ選び、記号で答えなさい。

ア　町人の信仰心はあつく、キリスト教会に通う人もいた。

イ　城の周囲には、大名につかえる家来の屋敷があった。

ウ　スペイン人の商人が住み、外国との貿易がさかんだった。

エ　海に目をやると、オランダ人を乗せた蒸気船が多く眺められた。

（２）丸亀城の城主の務めとして正しいものを、次の**ア**～**エ**から１つ選び、記号で答えなさい。

ア　４年おきに日光と丸亀を行き来しなければならなかった。

イ　４年おきに江戸と丸亀を行き来しなければならなかった。

ウ　１年おきに日光と丸亀を行き来しなければならなかった。

エ　１年おきに江戸と丸亀を行き来しなければならなかった。

問10　下線部⑩に関連して、以下の問いに答えなさい。

（１）太平洋戦争の始まる直前の日本の対外関係について正しいものを、次の**ア**～**エ**から１つ選び、記号で答えなさい。

ア　中国の東北地方に満州国を建設したので、ソ連や中国から反感を抱かれるようになった。

イ　朝鮮半島を支配しようと考えていたので、ソ連や中国と対立するようになった。

ウ　工業を盛んにするには関税自主権の回復が必要なので、イギリスやアメリカと交渉を重ねていた。

エ　石油などの資源を求めて東南アジアに軍隊を進めたので、イギリスやアメリカと対立するようになった。

（２）「兵士」以外の人々の「太平洋戦争」中の日本国内の生活について説明した文として**誤っているもの**を、次の**ア**～**エ**から１つ選び、記号で答えなさい。

ア　米は配給制になり、さまざまな生活必需品の購入は制限された。

イ　子どもたちは空襲被害をさけるために、地方に疎開するようになった。

ウ　労働力不足をおぎなうため、女性や学生は軍関係の工場で働かされた。

エ　中国の東北地方などに移り住んだ日本人のほとんどが、自分の故郷に帰ってきた。

令和２年度 中学校県外入学試験

国語解答用紙

受験番号

氏名

（７枚のうち７枚目）

＊欄には記入しないこと。

＊

※150点満点
（配点非公表）

一

問一 ア り
イ
ウ
エ
オ り

問二

問三

問四

問五

問六

問七

問八

問九 (1) (2)

問十

問十一

＊ ＊ ＊ ＊

二

問一 ア
イ
ウ
エ
オ

問二 Ⅰ Ⅱ Ⅲ Ⅳ

問三

問四 初め 終わり

問五

問六

問七

問八

問九 あ い う え お

問十 70

問十一

＊ ＊ ＊ ＊ ＊

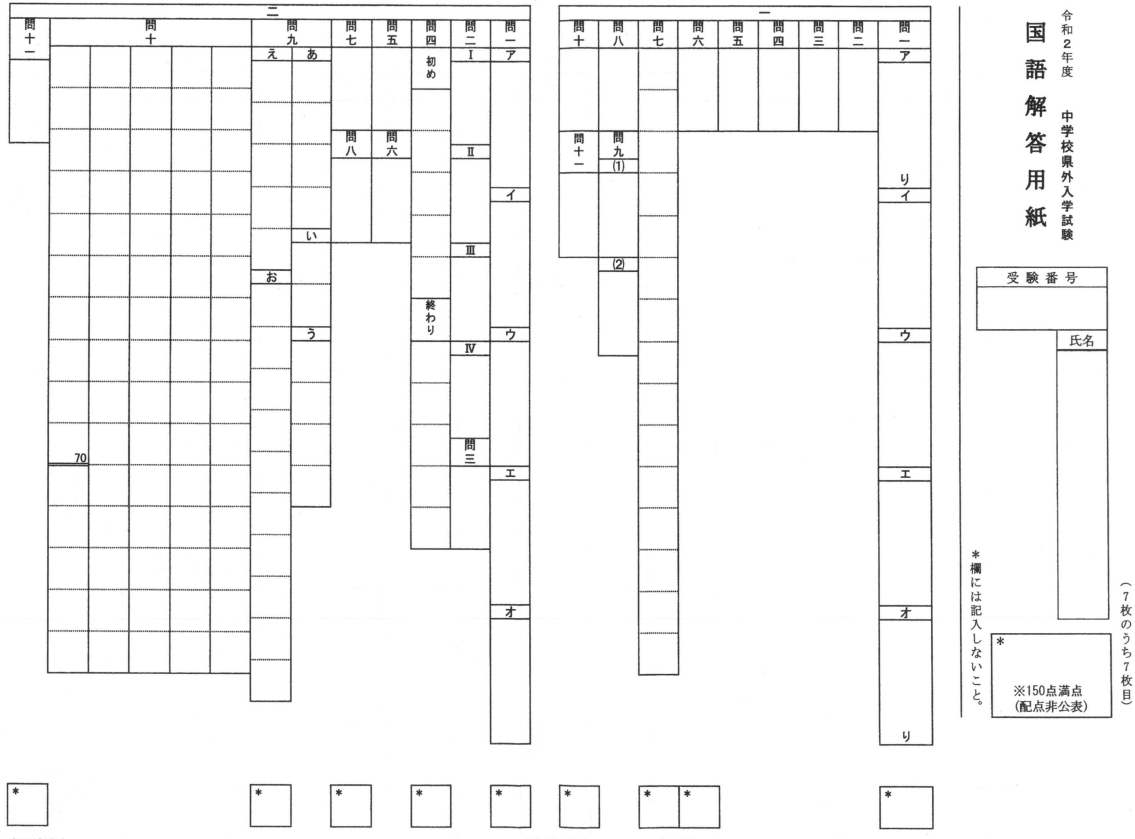

令和２年度　**中学校県外入学試験**

算数解答用紙

（４枚のうち４枚目）

受験番号		氏名	

＊
※150点満点
（配点非公表）

解答らんには答えのみを記入しなさい。

＊らんには記入しないこと。

1	(1)		(2)		(3)		(4)		
	(5)		(6)		(7)		(8)		＊

2	(1)	の倍数 / 和		(2)	人	(3)	分速　m	
	(4)		(5)	月　日	(6)	通り	(7)	度	＊

3	(1)	円	(2)	円	＊

4	(1)	cm^2	(2)	m^2	＊

5	(1)	通り	(2)	m	
	(3)	分	(4)	最大　回	
	(5)	O → A → O → A → 　　　　→ O			＊

（4枚のうち4枚目）

令和2年度　**中学校県外入学試験**

理科解答用紙

受験番号		氏名	

* ※100点満点（配点非公表）

＊らんには記入しないこと。

1

(1)		(2)		(3)	
(4)		(5)		(6)	

＊

2

(1)		(2)			
(3)					
(4)		(5)		(6)	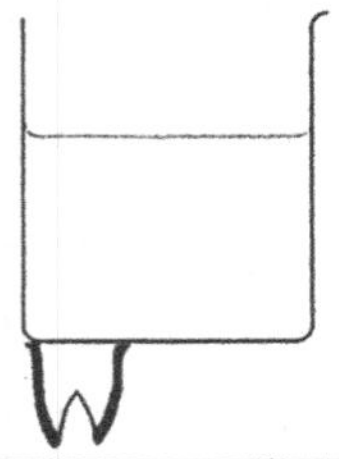

＊

3

(1)		(2)		(3)	
(4)		(5)			

(6)	①	②	a	b

＊

4

(1)		(2)		(3)	

(4)	①	②	③	④

＊

(6枚のうち6枚目)

令和２年度　中学校県外入学試験

社会解答用紙

受験番号		氏名	

＊

※100点満点
(配点非公表)

＊には記入しないこと。

1

問1	A	B		C	D	
問2		問3	海岸			
問4	a		b		c	
問5		問6				

＊

2

問1	A		B	C		D
問2		問3		問4		
問5		問6				

＊

3

問1		問2	(1)	(2)	問3		
問4	ア		イ		ウ		
問5		問6					
問7	(1)	(2)	(3)				
問8	A	B	問9	(1)	(2)		
問10	(1)	(2)					

＊

香川誠陵中学校　県外入学試験

国語問題

（50分）

※解答はすべて解答用紙に記入しなさい。

一　次の文章を読んで、後の問いに答えなさい。答えに句読点や記号がふくまれる場合はそれらも一字と数えます。

言語の自律性を信じ、またそれを守ろうとするたちばをとるものにとって、言語の分類が、言語にとって外的な民族や国家などの単位によっておこなわれるなどとは、がまんのならないことである。すなわち、国家が出現する以前から言語は存在し、むろん人々は民族にならずとも言語を話している。だから、言語はこれらの集団に対して絶対的な[注1]プライオリティーをもっているのである。

しかし、さきにのべたように、これは一つの言語、あれは別のもう一つの言語というふうに数えていくばあい、言語固有の原理による分類がどこまで[注2]貫徹《かんてつ》できるであろうか。やっかいなのは、①「言語」と「方言」との区別である。これらの表現の区別は日本語ではいずれもことばと言いかえられるように、はっきりと自覚的に保たれていないが、言語学の[注3]概念《がいねん》としては重要なので少しふれておきたい。

これら二つの用語の区別をはっきりさせておくことは、二重の意味で必要である。まず第一に、②「方言」という語の日常的な用法においては、それと対立する「標準語」に対して、価値の低い、劣《おと》ったことばとして受けとられることがある。しかし言語学で言う方言とは、一定の地域内で話されている、その地域特有のことばと言うほどの意味であって、そこには地域による差別感を介入《かいにゅう》させてはいない。だから、東京という地方の土着のことばは東京方言と呼ぶことにしている。そのばあい、東京方言と茨城方言とを並べて、一方が他方に比べてより劣っているとかいないとかということを問題にする人があるとしても、それは「方言」ということばのアツミではなくして、土地そのものに加えられた社会的、文化的差別感のせいである。方言とは、[注4]抽象《ちゅうしょう》的な「言語」あるいは「〇〇語」というものが、土地ごとにあらわれた具体的なすがたである。しかし、一つ一つの方言と、これら方言を超越《ちょうえつ》した「言語」像とのあいだの距離《きょり》（感）は、個々の方言によってちがうのである。その中心的な「言語」像から離《はな》れれば離れるほど、その方言度は高くなり、さらに遠のくと、もはや方言ではなくて別の「言語」になる。方言にとどまったほうが好もしいと思うか、いっそ別の「言語」になってしまうほうを選ぶかは、いちじるしく話し手、あるいは言語共同体の意志にかかっているのである。そして、中央政府は「方言」が「言語」になってしまうことをおそれ、つねに警戒《けいかい》を怠《おこた》らない。③方言の「言語」化は、その地方の話し手を分離独立運動にイミチビく危険をはらんでいるからである。（Ⅰ）

ヨーロッパの諸言語では、この区別がはっきり意識にのぼっていて、言語は language,langue,Sprache などと言いあらわされて、方言 dialect と対立している。「言語」も「方言」もいずれもことばである点ではかわりがない（だから私も以下で、「言語」であるか「方言」であるか、はっきりさせたくないときには、その対立から逃《のが》れられる、より一般《いっぱん》的なことばということばを使ってやりすごすことにする）。しかし、[i]は[ii]より格が高く、[iii]は[iv]に[注5]依存《いそん》する。すなわち、方言というのは、それより上位の、より大きなことばである言語の下位単位である。日本語、ドイツ語はそれぞれ言語であるのに対し、茨城方言、アレマン方言は、それぞれ、日本語あっての茨城方言あるいはドイツ語あってのアレマン方言だと考えられている。（Ⅱ）

以上の考察から引き出せるのは、言語とは、それを構成するさまざまな諸方言をまとめて、その上に超越的にウクンリンする一種の超方言とする考え方である。それは頭のなかだけで描《えが》き得るきわめて抽象的なものであるから、誰《だれ》にも話されていない、いわば日本語という名と、それについての観念とだけがある抽象言語とも言えよう。したがって④言語とは、多かれ少なかれ頭のなかだけのつくりものである。別の言いかたをすれば、言語は方言を前提とし、また方言においてのみ存在する。それに対して方言は、言語に先立って存在する、よそ行きではない、からだから剝《は》がすことのできない、具体的で土着的なことばである。それが観念のなかのことばではないという意味において、首都で話されている日常のことばは、エゲンミツな言いかたをすれば、極度に観念のなかの標準型に近づけられた首都方言である。（Ⅲ）

一団の人をさして、「あの人たちは英語を話している」と言ったばあい、そのことばは十人十色にちがっていても、世間がだいたいにおいて思い描いている英語のイメージに合っていれば、それらはみな英語と認められるのである。しかし、その中身は決して一様ではなく、⑤合成的でよせ集め的であっても、英語とか日本語とかといえば、それは何か均質で単一なもののように思ってしまう。（Ⅳ）

しかし時には聞いたことばが自分の思い描いている日本語、つまり⑥「言語」のイメージに合わないと、「これがいったい日本語であろうか」とある地方の話し手は別の地方の話し手のことばに嫌悪《けんお》の情を抱《いだ》き、日本語から排除《はいじょ》したい気持《きもち》にかられることがある。問題はその時、気に入られなくて日本語からはずされたそのことばは、では何語として扱《あつか》えばいいのだろうかということだ。こうして排除されたことばに、ヨーロッパ人はジャルゴンとかパトワとか、さらにリンゴ（lingo）などという、あらわに不快感を示したさまざまなさげすみの用語を準備している。しかし、ある日本人が話していて、他の日本人にもかなりよくわかっていることばが日本語であるかないかという判断は、その判断を下す人の生いたち、政治的、文化的偏見《へんけん》の濃淡《のうたん》による。

ここまでは、「言語」と「方言」とを、話しことばという実現形態だけから観察した。しかし書くという面から見ると、「言語」はたいていは書かれ、それによる文学が存在し、新聞や教科書がオインサツされる。それに反して「方言」はふつうは書かれることはない。ひとたび方言が書かれると、ドイツ語ではそれを Schriftdialekt「書き方言」と呼ぶが、「書き方言」はすでに「言語」への第一歩を踏《ふ》み出しているのである。じじつ、一九世紀以来、単なる方言の地位に置かれていた数々のことばが、国家のことば、すなわち言語になるために、自ら書きことばを所有するようになった。

この最後のところに述べたように、言語と呼ばれることば、一定の資格づけを受けたことばは、たいていが国家のことばになっている。

そこでさきほど引いた[注6]ソシュールの「民族をつくるものは言語である」ということばをもじれば[Y]、「言語をつくるものは国家である」、あるいは⑦「国家がことばを作る」というふうになる。

（田中 克彦『ことばと国家』岩波新書による。一部改めたところがある。）

注1 プライオリティー＝優先順位。 注2 貫徹＝やりとおすこと。 注3 概念＝物事のおおまかな意味内容のこと。

注4 抽象的＝いくつかの物事に共通の要素を一般化してとらえるさま。 注5 依存＝他にたよって存在すること。 注6 ソシュール＝スイスの言語学者。

問一 ═══線部ア〜オのカタカナを漢字に直し、楷書《かいしょ》でていねいに書きなさい。

問二 次の一文はもともと文章中にあったものである。文章中の（Ⅰ）〜（Ⅳ）のどこに入れるのが適切か。記号で答えなさい。

そう思わせるのは文法という書物と辞書があるからである。

問三 ───線部Y「もじれば」の意味として最も適切なものを次の中から選んで、記号で答えなさい。

ア 短いことばにすれば イ くわしく説明すれば ウ 文字にあらわせば エ まねて言いかえれば

問四 [i]・[ii]・[iii]・[iv]にあてはまる言葉の組み合わせとして最も適切なものを次の中から選んで、記号で答えなさい。

ア i 言語 ii 方言 iii 言語 iv 方言 イ i 方言 ii 言語 iii 方言 iv 言語

ウ i 言語 ii 方言 iii 方言 iv 言語 エ i 方言 ii 言語 iii 言語 iv 方言

問五 ───線部①「『言語』と『方言』」とあるが、これらについての説明として**適切でない**ものを次の中から一つ選んで、記号で答えなさい。

ア 日本語ではどちらもことばと言いかえられ、日常的に用いる場合においては区別を明確につけられてはいない。

イ 方言は一定の地域内で話されているその土地特有のことばであり、その地方の話し手にとっては生活の一部である。

ウ 方言は常に言語に組みこまれる危険を背負っているが、方言にとどまったほうが好もしいと思う共同体の意志は強固である。

エ 具体的で土着的なことばである方言を超えて大きくまとめたことばを言語といい、均質で単一なイメージがあるものである。

問六 ───線部②「『方言』という語の日常的な用法においては、それと対立する『標準語』に対して、価値の低い、劣ったことばとして受けとられることがある」とあるが、「方言」がそのように受けとられる原因を文章中から二十二字で見つけ、初めと終わりの五字をぬき出して答えなさい。

問七 ───線部③「方言の『言語』化」とあるが、これはどういうことか。その説明として最も適切なものを次の中から選んで、記号で答えなさい。

ア 土着的なことばである方言がもとの「言語」をすっかり離れること。

イ 中央政府が用いる中心的な「言語」に方言が負けて消滅《しょうめつ》すること。

ウ 言語共同体が新しい「言語」を方言として認めるようになること。

エ 一定の土地内で話されていた方言が別の「言語」と結びつくこと。

問八 ───線部④「言語とは、多かれ少なかれ頭のなかだけのつくりものである」とあるが、それはなぜか。その理由として最も適切なものを次の中から選んで、記号で答えなさい。

ア 言語とは文学など書きことばだけの世界のものであり、実際には誰にも話されていない観念のなかだけのものであるから。

イ 言語とは構成するさまざまな諸方言をまとめたものであり、それについての観念として存在する抽象的なものであるから。

ウ 言語とは中央政府が共同体として国家をまとめるために作り出したものであり、本来はどこにも存在しなかったものであるから。

エ 言語とは方言を前提としてそれをまねてできあがってきたものであり、方言がなければ存在することができないものであるから。

問九 ───線部⑤「合成的でよせ集め的」とあるが、ここでは具体的にどのようなものか。その説明として最も適切なものを次の中から選んで、記号で答えなさい。

ア 世間がだいたいにおいて思い描いているイメージと、話し手の持つことばのイメージがぴったりと一致《いっち》しているもの。

イ 話し手が多ければ多いほど意見が分かれてしまうので、互《たが》いに協力してどのように表現するかを試行錯誤《さくご》するもの。

ウ 話し手が使うことばはそれぞれの土着のものであるため、全体では似ていたとしても細部では異なっているもの。

エ ある一団で話されることばはよその一団から見るとまとまりが全くないが、かえって個性的で興味深く思えるもの。

問十 ───線部⑥「『言語』のイメージ」とあるが、その「イメージ」を作るもとになるものは何か。文章中から二十字以上二十五字以内で見つけ、初めと終わりの五字をぬき出して答えなさい。

問十一 ───線部⑦「国家がことばを作る」とあるが、これを説明した次の文の空らんにあてはまる言葉を文章中からぬき出して答えなさい。ただし、かっこ内の字数にしたがうこと。

> 本来、方言は[あ（四字）]ことはないが、書きことばを所有するという[い（七字）]を国家から受けることによって、単なる方言ではないことば、つまり[う（六字）]となる。

香川誠陵中学校　県外入学試験

国語問題

※解答はすべて解答用紙に記入しなさい。

二．次の文章を読んで、後の問いに答えなさい。答えに句読点や記号がふくまれる場合はそれらも一字と数えます。

《菜穂《なほ》の13歳《さい》の誕生日、突然《とつぜん》ママが料理の修業をしたいと言い出し、家族で口論になった三週間後の場面である。》

朝から暑かったけれど、そんな暑さをふきとばすほどのいきおいで、横浜のおばあちゃんがやって来た。横浜のおばあちゃんは、ママのママ。ちなみにパパのほうは、福島のおばあちゃん。

ピンポンという音。その瞬間《しゅんかん》、ドアチャイムにさえ、感情は伝わるのだとわたしは知ったよ。

「ああ。かなりご乱心だわ」

ママもゆううつそうに言って、いすから立ち上がり、①ちいさく一度深呼吸すると、注1バッハのフランス組曲を注2ハミングしながら玄関《げんかん》にむかった。ママもきっと感じたんだ、いまのドアチャイムに、おばあちゃんの感情を。

「どういうことなの？」

テーブルにおみやげの和菓子《わがし》の箱――ママの作らない和菓子をおばあちゃんは決まっておみやげに持ってきた。でも、こんなときにもおみやげ、だなんて――を置きながら、ママに詰問《きつもん》した。

詰問――国語辞典によると、相手をア責めながら、返事を迫《せま》って問いたてること、って書いてある。まさにそのとおり。

詰問そのものになっているおばあちゃんから、わたしはどうしてか目を離《はな》すことができなくて、おばあちゃんを［　I　］と見ていた。

おばあちゃんがわたしの視線に気づいた。

「菜穂ちゃん、これ、くずきりよ。冷蔵庫にいれて冷やしておいてちょうだいね。あとで食べましょうね」

いつものやさしいおばあちゃんの声。だけど、あとで食べましょうって、どんな雰囲気《ふんいき》で食べるというんだろう。

つめたく冷やしたくずきりをつめたく冷やしたくろみつにつけて、すするように食べるのはおいしい。とてもおいしい。そんなふうにとてもおいしいものは、たのしく気持ちよく食べたいよう。おばあちゃん、ママをおこらないでね。祈《いの》るような気持ちで、わたしはくずきりを冷蔵庫にいれた。

詰問はつづく。

「翔子《しょうこ》」

いちだんと低いおばあちゃんの声。40歳にもなる娘《むすめ》を前にして、ちいさな子どもを叱《しか》るように叱っている。②いまおばあちゃんは、おばあちゃんではなく、おかあさんだ。

ママはだまっている。

「翔子。きちんと説明をしなさい。ちいさいころからそうだったわ。あなたは、叱られるとじっとだまりこんでるだけ。パパの怒《いか》りがとけるまで、嵐《あらし》が通りすぎるのをじっと待つだけ。あなた、おなじじゃない。ちっともおとなになっていないじゃないの。だから、こんなX無責任な考えが出てくるのよ。主婦が家族をほったらかしにして、なにしようっていうんでしょう。③こんなこと、福島に知らせるわけにはいかないでしょ。まったく、なにを考えてるの？　考えてやしAないわね。考えてないから、こんなことをしようとしてるのね」

だまっているママとは対照的に、おばあちゃんは、機関銃《きかんじゅう》のようにまくしたてていた。こんなおばあちゃんをはじめて見た。そしてこんなママも。

「ママ」と、ママがおばあちゃんに言った。

そのとき、「ああ、おかあさん、いらっしゃい」と言うパパののんびりとした声がひびいた。日曜日でゆっくり眠《ねむ》っていたパパが起きてきたのだ。パジャマのままで、髪《かみ》はぼさぼさで。日曜のおとうさんというのを絵に描《か》いたように、みごとに日曜日のおとうさんのパパ。なんにも考えていないみたいなパパ。

「俊平《しゅんぺい》さん、翔子がとんでもBないことを言いだしておどろいたでしょう。まったくいくつになっても子どもみたいで。もちろん、翔子には行かせたりしませんからね。ほんとにごめんなさいね」

「いや、おかあさん。翔子は行きますよ」

「行かせません。そんな勝手なことはさせませんから」

「ぼくたちで決めたんですよ。ぼくたち三人で。だから、いいんです」

えっ、ぼくたち三人って、わたしとママとパパのこと？　そんなこといつ三人で決めたっていうのさ。あの日、ママが勝手にパリ行きを宣言して、パパとわたしは［　II　］して、それでもしょうがなくてあきらめたんじゃなかったっけ。まあ、たしかにパパのほうがあきらめが早かったみたいだけど。でも、いまのパパの発言はかなりいけてたよ。「だから、いいんです」なんて、かっこいいじゃない。ちょっと男らしくてさ。ほら、おばあちゃんが、おどろいてパパの顔を見てる。

「俊平さんがそうやってあまいから。でも、翔子、ママとパパはみとめませんからね。パパもおなじ考えですから」

おばあちゃんのほこさきはすぐママにむく。パパのきっぱりとした言葉も、おばあちゃんには通じなかったみたいだ。きょうのおばあちゃんは手ごわい。

国語問題

香川誠陵中学校　県外入学試験

※解答はすべて解答用紙に記入しなさい。

「ママ、覚えてる？」

それまでだまっていたママが口をひらいた。

「昔、横浜駅の地下街の靴屋《くつや》さんで、サンダル買ったのを」

「サンダル？」

「そう、あたしの。地下街のいちばん大きな通りの最初の十字路のところに……」

「あったわね、靴屋さん」

おばあちゃんの顔が急に［　Ⅲ　］する。ついさっきまでこの世の終わりみたいな顔つきだったのに。パパの言葉にも動じなかったのに。

「小学校の二、三年のころだと思うんだけど。ディズニーの『わんわん物語』を見た帰りにサンダルを買ってもらったの。ねえ、覚えてない？」

「サンダルを買ったのは覚えてないわねえ。でも、『わんわん物語』は覚えてるわ。パパもいっしょに三人で見たのよね」

「うん、そう。パパもいっしょだった」

ママがさあどうぞって開けた思い出の扉《とびら》のなかに、おばあちゃんの足がすっとはいっていくのが見えた。それって、けっこう、ママのY手なんだよ。あたしを説得するときだって、あたしが覚えてもいCない思い出話なんかしちゃってさ。と、わたしはこころのなかで言ったけど、もちろんおばあちゃんには聞こえDないで、ふたりで［　Ⅳ　］思い出の国のなかにはいってるみたいだった。

「二年生のときよ、『わんわん物語』は」

と、おばあちゃんが言った。

「そう？　二年生だったんだ。それでね、黒の地にすごく細かい水玉のサンダルと、赤いサンダルと、ふたつのうちどっちかにしようってことになったの。どっちでもいいわよ、好きなほうを選びなさいって言われて、あたしは赤いのがほしいって言った。そしたら、ママが、でもこっちのほうがおしゃれよって」

おばあちゃんが笑った。きょうはじめて見るいつものおばあちゃんの顔。

「で、結局、買ったのは水玉のサンダル。色も形もはっきり覚えてるの。水玉のサンダルのほうが形もきゅっとしまっていて、たしかにすてきだった。赤は、あかるい赤だったしね。おとなのあたしなら、迷うことなく水玉よ。でも、あのときのあたしは、赤いサンダルがほしかったんだ」

「そうやっていつも、ママがあなたの人生を決定してきたとでも言いたいの？　だから、今度はそうはいかないって」

おお。いまのいままで仲良く手を取りあって、思い出の国を歩いていたと思ったら、おばあちゃんはついとママの手を放す。このことに関しては一歩もひかEないわ、というイ気構えが感じられる。

わたしにとって、おばあちゃんはただただやさしいおばあちゃんなのに、ママにとってはそうじゃないみたい。わたしの知らなかったおばあちゃんの一面だ。

親子って、家族って、助けあって、ゆずりあって生きていくものよ、なんて、知らず知らずのうちにたたきこまれて、そういうものだと思いこんでいて、でも、そうじゃなかったのね、親子も家族も戦いよって、いま知ったような気がする。くずきりはどうなっちゃうんだろう。冷蔵庫でおとなしくしているくずきりは。

④「そんなこと言ってないわよ。ちゃんと最後まで話を聞いてよ。ママはいつだって、先に先に答えを出そうとする」

なんだかふたりともすごいねえ。そういう合図をパパに送ろうとしたら、パパはもうソファのほうに移って新聞なんか読んでる。ぼくにかまわず、どうぞご自由に。ひろげた新聞紙のむこうで、はみだしたパパのからだがそう言っているみたいだった。やれやれ。

「『赤い靴』っていう映画を観《み》たことがあるの」

ああ、サンダルのつぎは靴。ママがなにを言おうとしているのか、まだわからないけれど、さっきから、わたしのこころのなかは感動詞がうずまいているよ。おお。ああ。やれやれ。――やれやれって感動詞だっけ？

注3「アンデルセンの『赤い靴』をしたじきにした映画でね、ウ無名のバレリーナが前からほしかった赤いトウーシューズを手に入れる。するとそれから、つぎつぎと役がつくようになるの。主役がまわってくる。恋人《こいびと》にプロポーズされても、舞台《ぶたい》への情熱を断《た》てない彼女《かのじょ》は、それをことわるの。最後に彼女は、彼《かれ》の腕《うで》のなかで死んでしまうんだけどね。そのときこそ、彼女が赤い靴をぬぐときなの。

その映画を観たとき、横浜の靴屋さんでの二足のサンダルを思い出した。ちょうど会社をやめた直後で、これからどうしようかなって考えていたときだった。あたしはいつも赤い靴をあきらめてしまう。すごくそう思ったのよ」

「ほら、ママのせいだって言ってるじゃない？」

「ちがうわ。赤い靴っていうのは、あくまでも象徴《しょうちょう》としてのものよ」

と、ママは言った。

象徴としての赤い靴。なんてむずかしい言い方をママはするんだろう。おばあちゃんもママも、まるでわたしの知らないひとみたいだ。というより、それは、いままでわたしに見せたことのない、あるいは見せる必要のなかった部分なのかもしれない。月のエ裏側。と、わた

香川誠陵中学校　県外入学試験

国語問題

※解答はすべて解答用紙に記入しなさい。

しはつぶやいた。象徴としての月の裏側。

「どんなときも、じぶんで選んできたつもりよ。あきらめてしまう、ということもふくめてね。たとえば、結婚《けっこん》」

ママがそう言ったとき、熱心に新聞を読んでいるとばかり思っていたパパがぼそりと言った。

「たとえば、結婚、あきらめて、結婚。ぼくは喜びいさんでしたのに」

いまの言葉、ママに聞かせてあげたいな、とわたしは思った。でも、ひとりごとのようなパパの声がとどくのは、むかいあってソファに座《すわ》っているわたしまでだ。もちろん、パパだって、ママに聞かせようとは思ってもいないだろう。ましておばあちゃんには。

ただし、この瞬間、わたしはほんとうに納得《なっとく》した。ママのフランス行きを。半年間のパパとのふたり暮らしを。理屈《りくつ》でなく、パパを好きって感じたから。パパとふたりもまあいいかって。

「結婚するか、も一度働くか、悩《なや》んだ。両方っていう選択肢《せんたくし》はそのときはなかった。前の会社にいたら、そのまま仕事をつづける可能性もちょっとはあったんだろうけど。結婚したら、つぎは子ども、産まれた瞬間からつづく果てしないオ育児。わたしは一度にふたつの風船をつかめるタイプの人間じゃないと思ってた。どっちかを選ばなくちゃならないんだって」

象徴としての風船。と、わたしはこころのなかで言った。⑤もちろん、色は赤。赤い風船。

「それであなたは、俊平さんという風船を取り、菜穂が生まれて。いいだんなさんといい子に恵《めぐ》まれて、しあわせじゃない。なにが不満なの？」

「不満なんてないわよ。こっちがだめだから、別のものがほしいとかそういう話じゃない。ただ、あたしにも両手があるってことに気づいたの。ひとつずつ持てばいいんじゃないかってね。それを気づかせてくれたのは菜穂なの」

話のなかに突如《とつじょ》登場してきた菜穂という言葉に、わたしの心臓はどきりとする。でも、わたしは知っている。わたしがママに気づかせてあげたこと。ママがこれからおばあちゃんにするだろう、あの話を。

⑥——ママは大きくなったらなにになるの？

この質問をわたしは覚えてはいなかったのだけれど、でも、このことはいまでは、わたしのあたらしい記憶《きおく》になっていて、ちいさいわたしが、ママに聞いている場面さえ、はっきりと思い出すことができた。

（石井　睦美『卵と小麦粉それからマドレーヌ』による。一部改めたところがある。）

注1　バッハ＝作曲家・音楽家。　注2　ハミング＝口を閉じて歌う鼻歌。　注3　アンデルセン＝童話作家・詩人。

問一　══線部**ア**～**オ**の漢字の読みを、ひらがなで書きなさい。

問二　[Ⅰ]～[Ⅳ]にあてはまる最も適切な言葉を次の中からそれぞれ選んで、記号で答えなさい。（同じ記号は一度しか使えない。）

ア　いきいき　**イ**　どんどん　**ウ**　びくびく　**エ**　まじまじ　**オ**　おろおろ

問三　┈┈線部**A**～**E**の「ない」のうち、使い方が他と異なるものを一つ選んで、記号で答えなさい。

問四　——線部**X**「無責任」とあるが、打ち消しの漢字「不・無・非・未」のうち、同じ「無」がつく熟語を次の中から選んで、記号で答えなさい。

ア　□資格　**イ**　□完成　**ウ**　□平等　**エ**　□売品

問五　——線部**Y**「手」と同じ意味で用いられているものを次の中から選んで、記号で答えなさい。

ア　舞台の上手から登場する。　**イ**　もはや打つ手が見つからない。

ウ　遠くで火の手があがる。　**エ**　働き手が多くて助かっている。

問六　——線部①「ちいさく一度深呼吸する」とあるが、この時のママの心情として最も適切なものを次の中から選んで、記号で答えなさい。

ア　母親の前だと幼少時の自分にもどったような感覚になるので、それをかくそうとする心情。

イ　自分の決意は変わらないので、母から今さら何を言われても関係ないというかたくなな心情。

ウ　娘の菜穂の前で、思っていることをつい言葉にしてしまった照れくささをごまかそうとする心情。

エ　この後の展開を予想してうんざりしつつも、ここはとりあえず対応するしかないと覚悟《かくご》する心情。

問七　——線部②「いまおばあちゃんは、おばあちゃんではなく、おかあさんだ」とあるが、この時のおばあちゃんの様子から菜穂はどのようなことに気づいたのか。最も適切なものを次の中から選んで、記号で答えなさい。

ア　いままでただただやさしく気遣《きづか》いにあふれたおばあちゃんであると認識《にんしき》していたが、よかれと思えば相手の気持ちはさておいて行動し納得するまで主張を繰《く》り返す強引《ごういん》な一面があると気づいた。

イ　やさしく孫である自分の話を聞くばかりであったおばあちゃんの親としてきぜんとした態度を崩《くず》さない姿から、親子や家族であっても意見をぶつけあうときも必要であると気づいた。

香川誠陵中学校　県外入学試験

国語問題

※解答はすべて解答用紙に記入しなさい。

ウ　おばあちゃんの「母親」としての様子を見ておどろいたが、孫である自分には見せる必要がなかっただけで確かにこれもおばあちゃんの一面としてずっと存在していた部分なのだと気づいた。

エ　まるで知らない人のようにママと言い合うおばあちゃんは、やさしい祖母を完璧《かんぺき》に演じていたのであって、裏の顔はきびしさにあふれたものであるが、人間には二面性があって当然であると気づいた。

問八　――線部③「こんなこと」とあるが、その内容を説明した次の文の空らんにあてはまる言葉を文章中からぬき出して答えなさい。ただし、かっこ内の字数にしたがうこと。

娘の翔子が、菜穂たちに対して勝手に［あ（七字）］して、家族を［い（六字）］にしようとしていること。

問九　――線部④「そんなこと」とあるが、その内容としてあてはまる部分を文章中から二十字で見つけ、初めと終わりの五字をぬき出して答えなさい。

問十　――線部⑤「もちろん、色は赤」とあるが、それはなぜか。その理由として最も適切なものを次の中から選んで、記号で答えなさい。

ア　映画「赤い靴」のバレリーナは赤いトゥーシューズを手に入れてから次々と幸運がまいこんだので、ママもおなじように成功してパパと幸せな人生を送ってほしいという菜穂の願いが幸運の象徴としての赤にこめられているから。

イ　ほしかった赤いサンダルを子供の頃に選べなかったことから自分のつかめなかった選択を象徴するものとして赤い靴と言ったママの話を聞いて、結婚するかどうかというときにあきらめた選択も、心の底にあったママの願望なのだと気づいたから。

ウ　今までは自分の好みを主張したり、両方を望んだりするという選択肢がママにはまったくなかったが、もうだれにも遠慮《えんりょ》することなく自分の好きな色を選ぶ権利がママにはあるので、その自由の象徴として赤であるべきだと考えたから。

エ　ママは自分の人生を自ら選んできたつもりだと言ったが、ふり返ってみるとそこには後悔《こうかい》しか残っていないようで、今後は一つの道を極《きわ》めた映画「赤い靴」のバレリーナのように生きたいという、ママのあこがれの象徴としての色だと感じたから。

問十一　――線部⑥「ママは大きくなったらなにになるの？」とあるが、この質問で菜穂のママはどのようなことに気づいたと思われるか。六十字以上七十字以内で説明しなさい。

中外
令３

（50分）

香川誠陵中学校　県外入学試験

算数問題

※　解答はすべて解答用紙に記入しなさい。

1　次の計算をしなさい。

(1)　$503-248-55$

(2)　$340\times17\div289$

(3)　$(3.14-2.718)\div0.211$

(4)　$\left(\frac{31}{3}-\frac{3}{7}\right)-\left(\frac{10}{3}-\frac{17}{7}\right)$

(5)　$\frac{27}{56}\div\frac{9}{14}\div0.06$

(6)　$456\div(24-5)-12\div4$

(7)　$\frac{27}{5}\div\left\{0.9\div\left(\frac{6}{5}-0.7\right)\right\}$

(8)　$\frac{2}{9}\times\left(1.8+\frac{6}{5}\right)-\frac{8}{9}\times0.5\times0.5+\frac{4}{9}\times\left(2-\frac{3}{4}\right)$

2　次の□にあてはまる数を答えなさい。

(1)　100以上200以下の整数のうち，4で割って2あまる整数は全部で□個あります。

(2)　7を2021回かけてできる数の一の位の数は□です。

(3)　1から10の数字が1つずつ書かれた同じ大きさの玉が10個入っているふくろから，3個の玉を同時に取り出したとき，それらの数字の和が10の倍数になる取り出し方は全部で□通りあります。

(4)　マコトさんはもっているお金のうち，まず300円を使い，残ったお金の$\frac{5}{12}$を使ったところ，初めにもっていたお金の半分より50円多く残りました。このとき，マコトさんは全部でお金を□円使いました。

(5)　アイさんは自転車で，タカシさんはかけ足で，学校を同時に出発して，それぞれ一定の速さで学校と図書館の間を1往復だけしました。アイさんが学校にもどってきたとき，タカシさんは図書館を折り返して学校まであと400 mの地点にいました。アイさんが図書館に着いたとき，タカシさんは図書館まであと□mの地点にいました。

(6)　ある市の2020年8月1日から8月31日までの31日間の最高気温の平均は35.5度でした。同じ年の8月1日から8月15日までの15日間の最高気温の平均が34.5度だったとき，8月16日から8月31日までの16日間の最高気温の平均は□度です。ただし，答えは小数第2位を四捨五入して小数第1位までの数で答えなさい。

香川誠陵中学校　県外入学試験

算数問題

※　解答はすべて解答用紙に記入しなさい。

3

ある水族館の1人あたりの入館料は，おとな1600円，こども900円です。また，車1台あたりの駐《ちゅう》車場代は500円です。ただし，消費税は考えないものとします。

(1)　おとな3人とこども5人が車2台でこの水族館に行きました。入館料と駐車場代の合計は何円ですか。

(2)　おとなとこどもあわせて52人の入館料の合計が67100円でした。おとなとこどもの人数はそれぞれ何人ですか。

(3)　入館者のうち，おとなとこどもの人数の割合は3：2です。入館者の70％が駐車場を利用し，車1台あたり2.8人が乗っているとします。入館料と駐車場代の合計が173400円のとき，車は何台ですか。

4　$\frac{1}{2}$，$\frac{1}{3}$，……のように分子が1である分数を単位分数といいます。古代エジプトでは$\frac{3}{4}$のような単位分数ではない分数を$\frac{1}{2}+\frac{1}{4}$のように，いくつかの異なる単位分数の和の形で表したそうです。ここではこのような表し方をした分数をエジプト分数と呼《よ》ぶことにします。次の $\boxed{\text{ア}}$ ～ $\boxed{\text{オ}}$ に入る数を答えなさい。

(1)　$\frac{5}{6}$をエジプト分数で表すと$\dfrac{1}{\boxed{\text{ア}}}+\dfrac{1}{\boxed{\text{イ}}}$となります。

(2)　$\frac{5}{11}$をエジプト分数で表すと$\dfrac{1}{3}+\dfrac{1}{11}+\dfrac{1}{\boxed{\text{ウ}}}$となります。

(3)　$\frac{2}{7}$をエジプト分数で表すと$\dfrac{1}{\boxed{\text{エ}}}+\dfrac{1}{\boxed{\text{オ}}}$となります。

中外
令 3

香川誠陵中学校　県外入学試験

算数問題

※　解答はすべて解答用紙に記入しなさい。

5　次の問いに答えなさい。

(1)　右の図で，AD と BC，CD と GE はそれぞれ平行で，AE と ED は同じ長さです。四角形 ABFE の面積が 48 cm^2 のとき，四角形 CDFG の面積は何 cm^2 ですか。

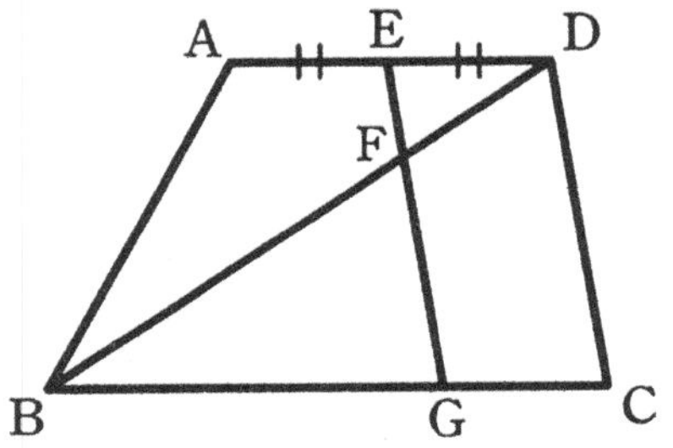

(2)　右の図は正方形と，その各辺の真ん中の点を結んでできる正方形を 4 枚重ね合わせたものです。かげをつけた部分の合計の面積が 1 cm^2 のとき，1 番外側の正方形の面積は何 cm^2 ですか。

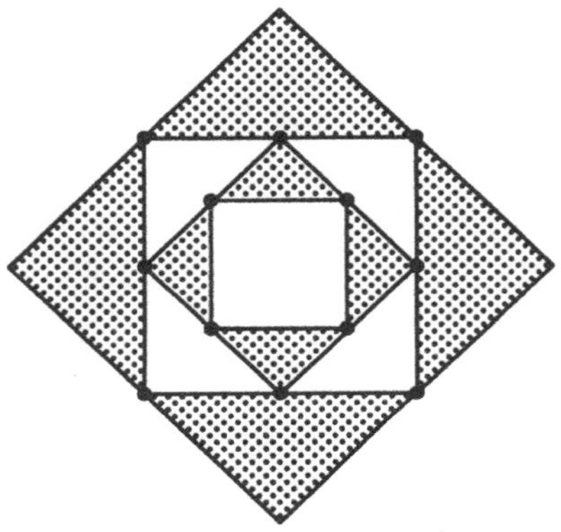

(3)　下の図 1 は，直方体の容器に水を入れてかたむけたものです。図 2 は底面が台形で側面が底面に垂直である角柱の容器です。

(ア)　図 1 の容器に入っている水の容積は何 cm^3 ですか。

(イ)　図 2 の容器を台形の面を底面として水平なところに置きます。図 1 の水を図 2 の容器にすべてうつしたとき，水面の高さは何 cm ですか。

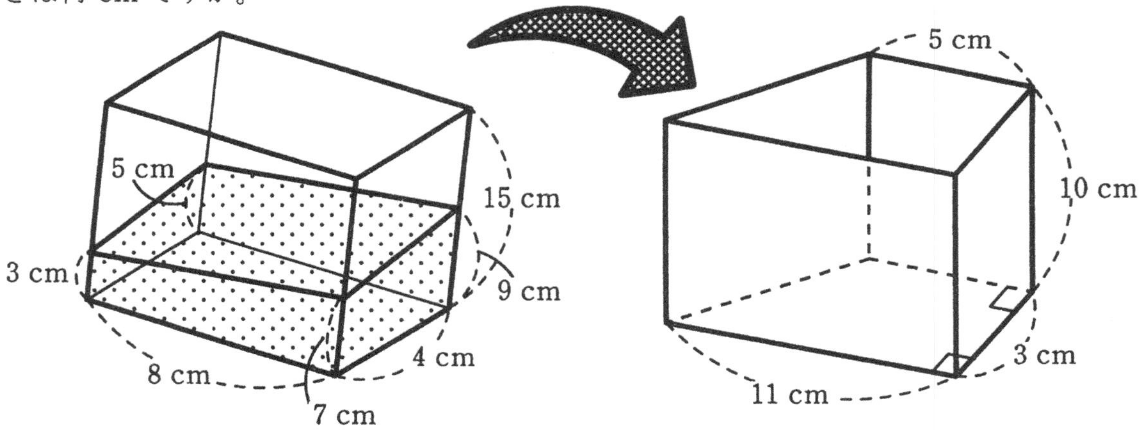

図 1　　図 2

中外
令3

（25分）

香川誠陵中学校　県外入学試験

理科問題

※解答はすべて解答用紙に記入しなさい。

1　香川県ではうどん店のてんぷらなどで，インゲンマメの一種の甲子《こうし》豆《まめ》がよく見かけられます。インゲンマメについて調べるために実験を行いました。

【実験１】　同じ大きさのインゲンマメの種子をプラスチックの容器に入れて，肥料分をふくんだ土と，肥料分をふくんでいない砂を用いて，次のA～Eの条件で発芽するかどうかを調べました。実験の結果，B，C，Dの条件のとき種子が発芽しました。

	A	B	C	D	E
容器に入れたもの	かわいた土	しめった土	しめった砂	しめった土	しめった土
置いた場所	明るい場所	明るい場所	明るい場所	暗い場所	明るい場所
温度	25℃	25℃	25℃	25℃	5℃

【実験２】　インゲンマメの種子を土にまき，毎日，十分に光をあてて育て，発芽させました。これを５日ごとに10本ずつぬきとり，乾燥《かんそう》させて重さを調べました。**図１**はこのときの種子をまいてからの日数と種子の重さの関係を表しています。

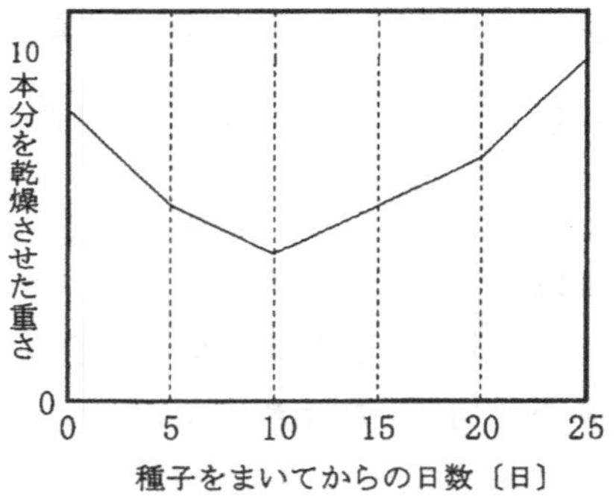

図１

(1)　インゲンマメの種子について説明した文として正しいものを次の**ア**～**オ**から１つ選び，記号で答えなさい。

ア　はい乳をもち，はい乳に養分をたくわえている。
イ　はい乳をもち，子葉に養分をたくわえている。
ウ　はい乳をもたず，子葉に養分をたくわえている。
エ　はい乳をもたず，はい葉に養分をたくわえている。
オ　はい乳をもたず，はいじくに養分をたくわえている。

(2)　**【実験１】**で，AとBの条件の実験結果から，発芽には何が必要であることがわかりますか。

(3)　**【実験１】**で，発芽には適当な温度が必要であることを確かめるためには，A～Eのどれとどれの実験結果をくらべればよいですか。正しいものを次の**ア**～**キ**から１つ選び，記号で答えなさい。

ア　AとC　　**イ**　AとD　　**ウ**　AとE　　**エ**　BとC　　**オ**　BとD　　**カ**　BとE　　**キ**　CとD

(4)　**【実験１】**で，BとCの条件の実験結果からどのようなことがわかりますか。

(5)　**【実験１】**では確かめることができなかった発芽に必要なものは何ですか。

(6)　**【実験２】**で，５日目から10日目までの種子の重さの減少が，実験開始から５日目までよりゆるやかになったのはなぜですか。最も正しいものを次の**ア**～**オ**から１つ選び，記号で答えなさい。

ア　種子がほとんど水を吸収しなかったから。
イ　種子にたくわえていた養分だけを使ったから。
ウ　インゲンマメが自分でつくった養分だけを使ったから。
エ　発芽に使う養分より，インゲンマメが自分でつくった養分の方が多くなったから。
オ　インゲンマメが自分で養分をつくりはじめたから。

2　愛子さんと敬子さんは，うすい塩酸と水酸化ナトリウム水溶液を使って，次のような実験をしました。

【実験１】　愛子さんは，うすい塩酸A150 cm^3をビーカーに入れ，0.1 gのアルミニウムを加えると気体Xが発生したので，気体の体積を調べました。うすい塩酸Aの体積は変えずにアルミニウムの重さを変えて，同じように発生する気体Xの体積を調べました。**表１**はその結果を表しています。

（2枚目につづく）

表１

アルミニウムの重さ〔g〕	0.1	0.2	0.3	0.4	0.5	0.6	0.7
気体Xの体積〔cm^3〕	120	240	①	420	420	420	420

表２

アルミニウムの重さ〔g〕	0.1	0.2	0.3	0.4	0.5	0.6	0.7
気体Xの体積〔cm^3〕	120	210	210	210	210	210	210

中外
令3

香川誠陵中学校　県外入学試験

理科問題

※解答はすべて解答用紙に記入しなさい。

【実験2】　敬子さんは，水酸化ナトリウム水溶液B60 cm³をビーカーに入れ，0.1 gのアルミニウムを加えると気体Xが発生したので，気体の体積を調べました。水酸化ナトリウム水溶液Bの体積は変えずにアルミニウムの重さを変えて，同じように発生する気体Xの体積を調べました。**表2**はその結果を表しています。

【実験3】　愛子さんがうすい塩酸A50 cm³と水酸化ナトリウム水溶液B100 cm³をまぜると中性になりました。愛子さんがつくったこの中性の水溶液を加熱してかわかすと，5.85 gの白い粉Yができました。敬子さんがうすい塩酸A190 cm³に水酸化ナトリウム水溶液B140 cm³と別の水酸化ナトリウム水溶液C60 cm³をまぜると中性になりました。

(1)　実験で発生した気体Xの性質として正しいものを**ア**～**エ**から1つ選び，記号で答えなさい。
ア　水によくとける。　　　　**イ**　ものを燃やすはたらきがある。
ウ　空気より軽い。　　　　**エ**　石灰水に通してよく振ると，石灰水が白くにごる。

(2)　**【実験1】**の**表1**の①にあてはまる値を答えなさい。

(3)　**【実験1】**のうすい塩酸A150 cm³にアルミニウムを加えて，気体Xを420 cm³発生させるために必要なアルミニウムは，少なくとも何 gですか。

(4)　**【実験2】**で，水酸化ナトリウム水溶液Bにアルミニウムを0.1 g加えたとき，アルミニウムがすべてとけましたが，アルミニウムを0.7 g加えたときはアルミニウムがとけ残りました。とけ残ったアルミニウムをすべてとかすためには，水酸化ナトリウム水溶液Bをあと何 cm³加えればよいですか。

(5)　**【実験3】**で，敬子さんがつくった中性の水溶液を加熱してかわかしたときにできる白い粉Yは何 gですか。

3　**図1**は，北極星の方向から地球と月を見たようすを表しています。

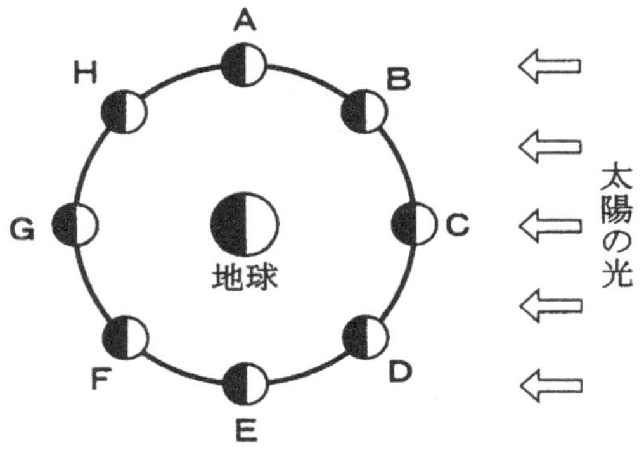

図1

(1)　夕方，西の空高くに月が見えるときの月の位置はどこですか。**図1**の**A**～**H**から1つ選び，記号で答えなさい。また，このときに見える月の形を，解答らんの図の点線をなぞって書きなさい。

(2)　毎日，同じ時刻に月を観察し続けると，月はどのように見えますか。最も正しいものを次の**ア**～**エ**から1つ選び，記号で答えなさい。
ア　東の空からしだいに西の空に移動しながら，西側から満ち欠けする。
イ　東の空からしだいに西の空に移動しながら，東側から満ち欠けする。
ウ　西の空からしだいに東の空に移動しながら，西側から満ち欠けする。
エ　西の空からしだいに東の空に移動しながら，東側から満ち欠けする。

(3)　月を観察していると**図2**のような形に見えることがありました。このときの月の位置を**図1**の**A**～**H**から1つ選び，記号で答えなさい。

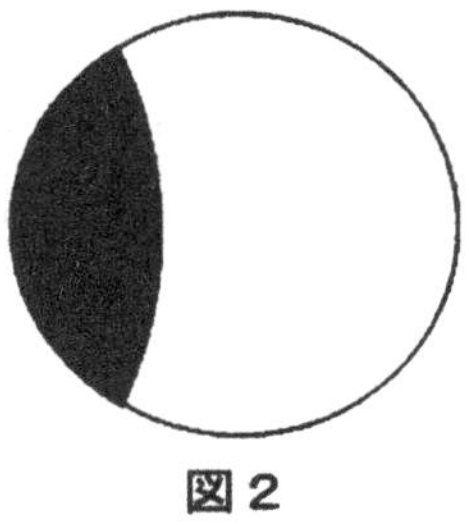

図2

(4)　地球から見える月は，いつも同じ面で，うら側の面は見えません。この理由を「月が地球のまわりを1回転する間に」という書き出しで，説明しなさい。

(5)　右の**表**はある月の24日から31日までの香川県の日の出，日の入り，月の出の時刻を表しています。この月の24日の月の位置は，**図1**の**A**～**H**のどの位置に最も近いですか。**図1**の**A**～**H**から1つ選び，記号で答えなさい。

表

	日の出	日の入り	月の出
24日	5時08分	19時12分	16時24分
25日	5時09分	19時11分	17時15分
26日	5時10分	19時11分	18時04分
27日	5時10分	19時10分	18時48分
28日	5時11分	19時09分	19時29分
29日	5時12分	19時08分	20時07分
30日	5時13分	19時07分	20時47分
31日	5時13分	19時07分	21時14分

香川誠陵中学校　県外入学試験

理科問題

※解答はすべて解答用紙に記入しなさい。

4 鏡にうつる像の見え方を調べるため，次のような実験をしました。

【実験１】 長さ６ｍの鏡Ｘの南側にＡ～Ｅの５人が立ち，鏡Ｘの中に誰《だれ》の像が見えるかを調べました。**図１**は鏡ＸとＡ～Ｅの位置を真上から見たようすを表していて，マス目の１目盛りは１ｍを示しています。また，Ｅはこの位置から西や北の方向に移動して，鏡Ｘの中に誰の像が見えるのかを調べました。

【実験２】 鏡Ｘの東側の端《はし》に，鏡Ｘと角度が90度になるように，３ｍの長さの鏡Ｙを置き，鏡Ｘ，鏡Ｙの中に誰の像が見えるかを調べました。**図２**は鏡Ｘ，鏡ＹとＡ～Ｅの位置を真上から見たようすを表しています。また，Ｅはこの位置から西の方向に移動して，鏡Ｘ，鏡Ｙの中にＤの像が見えるのかを調べました。

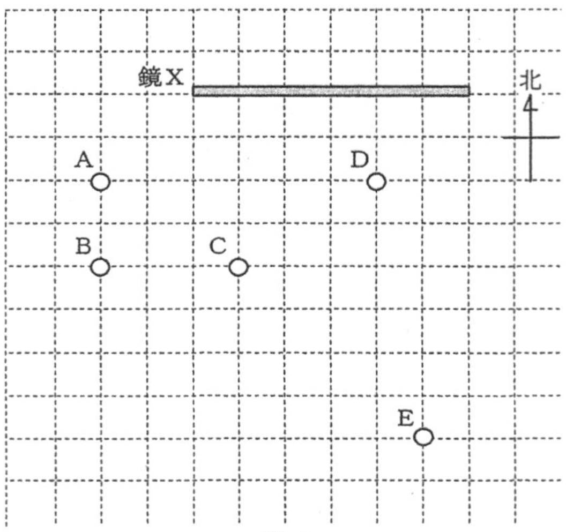

図１

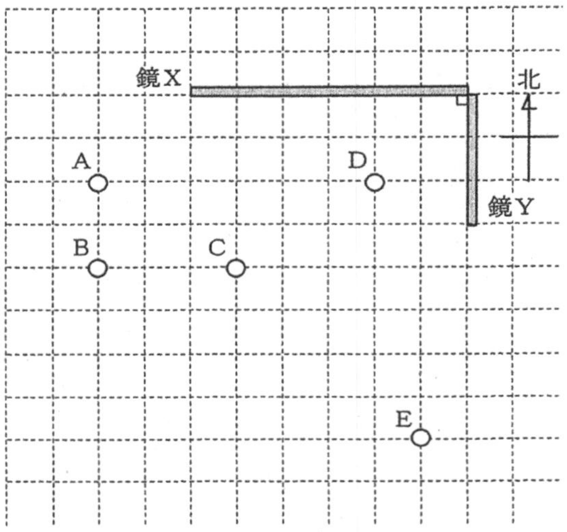

図２

(1) **【実験１】**の**図１**で，Ａ～Ｅのうち鏡Ｘの中に自分の像が見られない人は何人いますか。次の**ア～オ**から１つ選び，記号で答えなさい。

ア　０人　　**イ**　１人　　**ウ**　２人　　**エ**　３人　　**オ**　４人

(2) **【実験１】**の**図１**で，Ａ～Ｄのうち鏡Ｘの中にすべての人の像を見ることができる人は誰ですか。次の**ア～エ**から１つ選び，記号で答えなさい。

ア　Ａ　　**イ**　Ｂ　　**ウ**　Ｃ　　**エ**　Ｄ

(3) **【実験１】**の**図１**の位置から，Ｅが西に移動していき，１ｍを過ぎたところから，それまで鏡Ｘの中に見えていた人の像が見えなくなりました。このとき，像が見えなくなった人は誰ですか。次の**ア～エ**から１つ選び，記号で答えなさい。

ア　Ａ　　**イ**　Ｂ　　**ウ**　Ｃ　　**エ**　Ｄ

(4) **【実験１】**の**図１**の位置から，Ｅが北に移動していくと，それまで鏡Ｘの中に見ることのできなかった人の像が見えるようになりました。このとき，その人の像が見えはじめたのは，Ｅが北に移動して何ｍすぎたところでしたか。次の**ア～エ**から１つ選び，記号で答えなさい。

ア　１ｍすぎたところ　　**イ**　２ｍすぎたところ　　**ウ**　３ｍすぎたところ　　**エ**　４ｍすぎたところ

(5) **【実験２】**の**図２**で，Ｄは鏡Ｘ，鏡Ｙの中に，自分の像はいくつ見えましたか。次の**ア～エ**から１つ選び，記号で答えなさい。

ア　１つ　　**イ**　２つ　　**ウ**　３つ　　**エ**　４つ

(6) **【実験２】**の**図２**の位置のとき，ＥはＤの像が，鏡Ｘに１つしか見えませんでした。**図２**の位置から，Ｅが西に移動していくと，鏡Ｙの中に２つ目のＤの像が見えるようになりました。さらに，Ｅが西に移動していくと，鏡Ｙの中に３つ目のＤの像が見えるようになりました。このときの結果を，次のようにまとめました。（　①　）・（　②　）にあてはまる数字をそれぞれ答えなさい。

Ｅが西に移動していくと，**図２**の位置から（　①　）ｍをすぎたところから鏡Ｙの中に２つ目のＤの像が見えるようになった。さらに，Ｅが西に移動していくと，**図２**の位置から（　②　）ｍをすぎたところから鏡Ｙの中に３つ目のＤの像が見えるようになった。

中 外
令 3

香川誠陵中学校　県外入学試験

社 会 問 題

※解答はすべて解答用紙に記入しなさい。

(25分)

1　次の**図表**を見て、あとの問いに答えなさい。

図1　中部地方の一部の地図

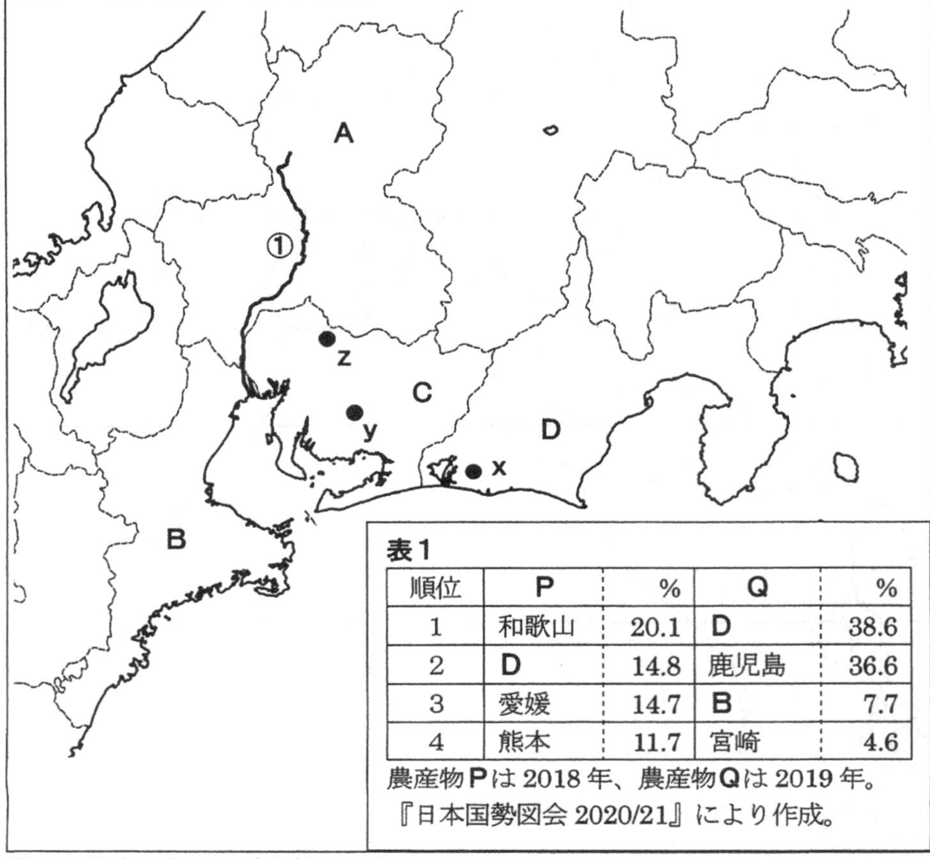

図2　都市xの雨温図

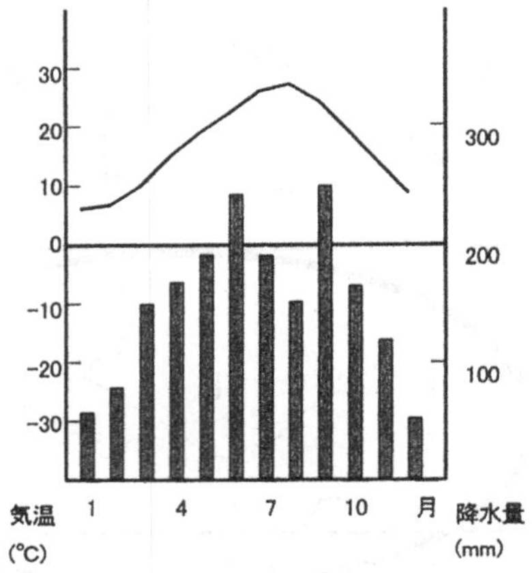

(理科年表による)

表1

順位	P	%	Q	%
1	和歌山	20.1	**D**	38.6
2	**D**	14.8	鹿児島	36.6
3	愛媛	14.7	**B**	7.7
4	熊本	11.7	宮崎	4.6

農産物**P**は2018年、農産物**Q**は2019年。
『日本国勢図会 2020/21』により作成。

表2　日本の自動車メーカーの海外生産台数の推移

年	1990	2000	2010	2019
X	952	1,674	7,127	10,850
Y	227	953	1,356	1,638
Z	1,570	2,992	3,390	4,407
合計	3,265	6,288	13,182	18,853

単位は千台。合計値はその他を含む。
日本自動車工業会 Web サイトより作成。

問1　県**A**～**D**の名前を答えなさい。

問2　河川①は、揖斐川、木曽川とともに木曽三川とよばれる。この川の名前を答えなさい。

問3　**図2**は、都市**x**の平年の気温と降水量を示したものである。これを参考にして、同市における気候に関する記述として最も適当なものを、下の**ア**～**エ**から一つ選び、記号で答えなさい。

ア　冬は気温が氷点下となる日が長く続くが、夏には20度前後まで上昇することもある。
イ　一年を通して雨が少なく、農業のために水を確保する工夫がなされてきた。
ウ　冬には雪が多く、農業ができなくなるため、稲作がさかんとなっている。
エ　夏は梅雨や台風もあり降水量が多い。気温も高く、2020年には観測史上最高気温を記録している。

問4　**表1**は、県**D**でさかんに生産される農産物の都道府県別生産量を示したものである。**P**と**Q**にあてはまる農産物の組み合わせを、下の**ア**～**エ**から一つ選び、記号で答えなさい。

	ア	**イ**	**ウ**	**エ**
P	みかん	みかん	りんご	りんご
Q	牛乳	茶	牛乳	茶

問5　都市**y**は日本の自動車産業の中心都市のひとつである。これに関する以下の各問いに答えなさい。

(1)　この都市の属する工業地帯の名前を、下の**ア**～**エ**から一つ選び、記号で答えなさい。

ア　北九州工業地帯　　**イ**　阪神工業地帯　　**ウ**　中京工業地帯　　**エ**　京浜工業地帯

(2)　**表2**は、日本の自動車メーカーの海外生産台数の推移を示したものであり、**X**～**Z**はアジア・ヨーロッパ・北アメリカのいずれかである。**X**～**Z**と地域名の組み合わせとして最も適当なものを、下の**ア**～**カ**から一つ選び、記号で答えなさい。

	ア	**イ**	**ウ**	**エ**	**オ**	**カ**
アジア	X	X	Y	Y	Z	Z
ヨーロッパ	Y	Z	X	Z	X	Y
北アメリカ	Z	Y	Z	X	Y	X

問6　都市**z**は陶磁器の産地であり、現役高校生将棋棋士・藤井聡太氏の出身地としても知られる。この都市の名前を下の**ア**～**エ**から一つ選び、記号で答えなさい。

ア　天童市　　**イ**　瀬戸市　　**ウ**　萩市　　**エ**　備前市

中外
令3

香川誠陵中学校　県外入学試験

社会問題

※解答はすべて解答用紙に記入しなさい。

2　次の地図を見て、あとの問いに答えなさい。

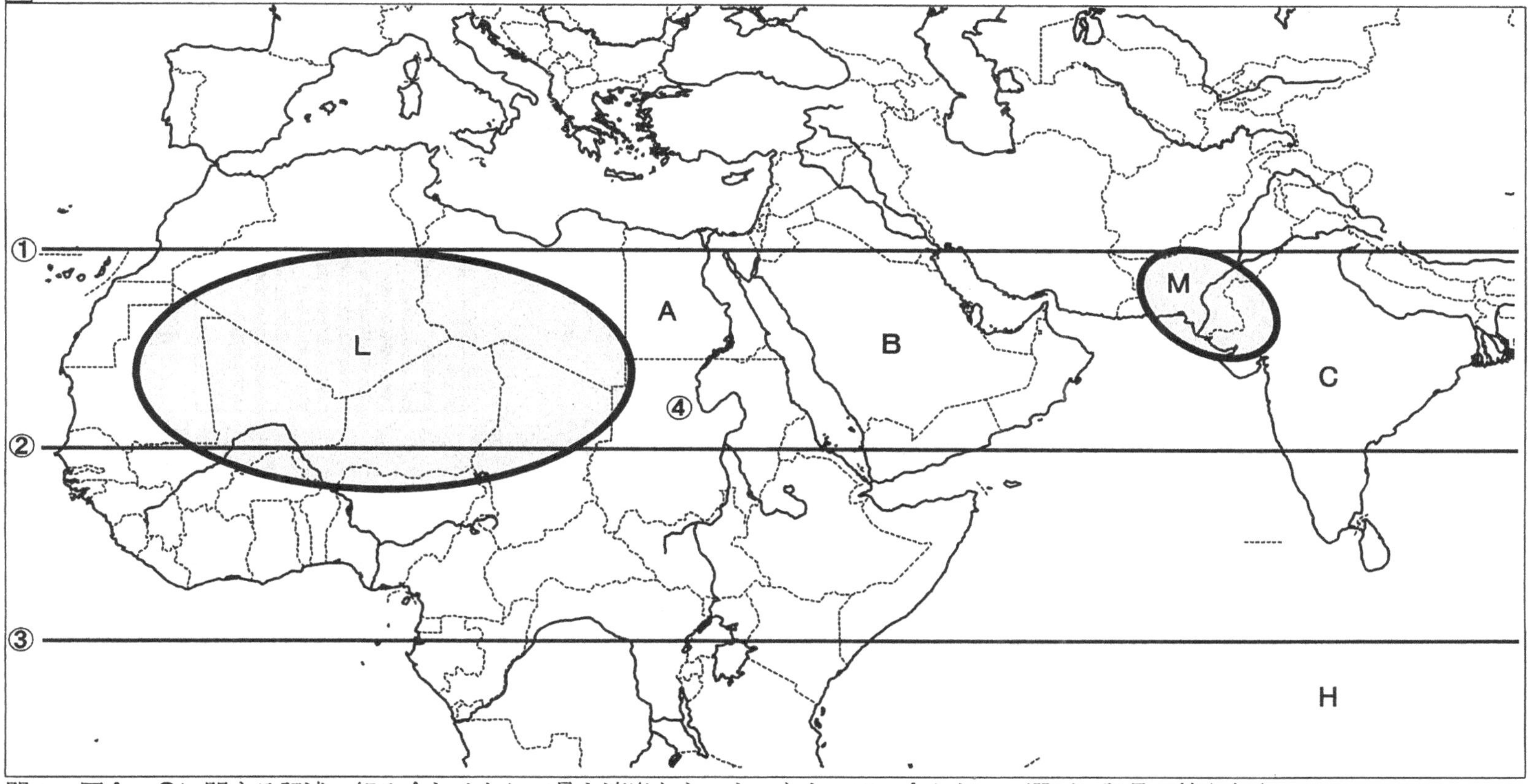

問1　国**A**～**C**に関する記述の組み合わせとして最も適当なものを、あとの**ア**～**カ**から一つ選び、記号で答えなさい。

X　イスラム教の聖地メッカを抱え、世界有数の産油国でもある。

Y　ピラミッドやスフィンクスなど、多くの歴史的建造物で知られる。

Z　アメリカとの時差が12時間前後であることを活かし、情報技術産業で成長している。

	ア	イ	ウ	エ	オ	カ
A	X	X	Y	Y	Z	Z
B	Y	Z	X	Z	X	Y
C	Z	Y	Z	X	Y	X

問2　赤道を示している緯線を、①～③から一つ選び、記号で答えなさい。

問3　河川④の名前を答えなさい。

問4　海洋**H**は三大洋の一つである。この海洋の名前を答えなさい。

問5　地域**L**には世界最大の砂漠が分布しているが、近年、その面積が拡大する傾向にある。これに関する以下の問いに答えなさい。

(1)　この砂漠の名前を答えなさい。

(2)　砂漠が拡大している理由として**適当でないもの**を、下の**ア**～**エ**から一つ選び、記号で答えなさい。

ア　木材の使用量が増え、森林が減少しているから。

イ　家畜をたくさん飼育した結果、草を食べつくしてしまったから。

ウ　人口が急激に増えて畑を作ったが、やがて作物が育たなくなってしまったから。

エ　二酸化炭素の使用量の急増により、この砂漠の真上のオゾン層が破壊されてしまったから。

問6　地域**M**では近年、農作物の収穫量が減少している。この地域に関する以下の文の（　**P**　）～（　**R**　）に当てはまる語句の組み合わせとして最も適当なものを、あとの**ア**～**ク**から一つ選び、記号で答えなさい。

> この地域は降水量が（　**P**　）ため（　**Q**　）の栽培がさかんであるが、近年、（　**R**　）が大量発生したため、農作物の収穫量が大きく減少している。

	ア	イ	ウ	エ	オ	カ	キ	ク
P	多い	多い	多い	多い	少ない	少ない	少ない	少ない
Q	水稲	水稲	小麦	小麦	水稲	水稲	小麦	小麦
R	バッタ	ハチ	バッタ	ハチ	バッタ	ハチ	バッタ	ハチ

中外
令3

香川誠陵中学校　県外入学試験

社会問題

※解答はすべて解答用紙に記入しなさい。

3　次の文を読んで、あとの問いに答えなさい。

14世紀前半に（　A　）幕府がたおれると、足利氏が①京都に室町幕府を開きました。3代将軍足利義満の時代には、②中国と国交を開いて貿易を行い、はなやかな文化が栄えました。また、③8代将軍足利義政は、京都東山に山荘を建てました。

室町幕府がおとろえると、各地の戦国大名が、自分の支配する土地に戦いに備えた城をつくり、お互いに勢力を争う世となりました。尾張に生まれた織田信長は、それまでの弓矢や刀、やりを主とした戦い方を変え、④鉄砲を使い武田氏の騎馬隊を破りました。織田信長は安土に城を築き、全国統一を目指しました。しかし、その途中、⑤京都で明智光秀におそわれ自害しました。

⑥豊臣秀吉は、織田信長に仕えて有力な武将になりました。秀吉は、信長にそむいた明智光秀をたおし、全国の統一を成しとげました。

徳川家康は、豊臣秀吉の死後、天下分け目の戦いといわれる（　B　）の戦いで自分に反対する大名たちを破り、全国支配を確かなものにしました。（　⑦　）年家康は朝廷から征夷大将軍に任じられ、⑧江戸に幕府を開きました。

その後、幕府はキリスト教徒が幕府の命令に従わなくなることを心配し、キリスト教を禁止し、貿易の相手を中国と（　C　）に限定しました。

問1　（　A　）～（　C　）に当てはまる語句をそれぞれ答えなさい。

問2　下線部①について、794年に平安京へ都を移した天皇を、下の**ア**～**エ**から一つ選び、記号で答えなさい。

ア　桓武天皇　　**イ**　聖武天皇　　**ウ**　天智天皇　　**エ**　天武天皇

問3　下線部②について、足利義満の時代の中国は何という国名だったか、下の**ア**～**エ**から一つ選び、記号で答えなさい。

ア　元　　**イ**　隋　　**ウ**　唐　　**エ**　明

問4　下線部③についての以下の問いに答えなさい。

(1)　足利義政が建てた山荘の名前と、そこに取り入れられた建築様式の組合せとして正しいものを、下の**ア**～**エ**から一つ選び、記号で答えなさい。

ア　金閣－寝殿造　　**イ**　金閣－書院造　　**ウ**　銀閣－寝殿造　　**エ**　銀閣－書院造

(2)　足利義政が将軍であった時代の様子を説明したものとして正しいものを、下の**ア**～**エ**から一つ選び、記号で答えなさい。

ア　大和の飛鳥地方を中心に仏教文化が栄え、法隆寺や飛鳥寺などが建てられた。
イ　教育への関心が高まり、寺子屋では町人や百姓の子どもも生活に必要な知識を学んだ。
ウ　中国から帰国した雪舟が、すみ絵（水墨画）で自然をえがいた。
エ　清少納言が宮廷での出来事をつづった随筆『枕草子』を書いた。

問5　下線部④についての以下の問いに答えなさい。

(1)　武田氏が織田信長に敗れた場所として正しいものを、下の**ア**～**エ**から一つ選び、記号で答えなさい。

ア　川中島　　**イ**　長篠　　**ウ**　桶狭間　　**エ**　壇の浦

(2)　この戦いの30年ほど前、ポルトガル人を乗せた中国船が日本に流れ着き、鉄砲が伝わりました。中国船が流れ着いた島の場所として正しいものを、右図の**a**～**d**から一つ選び、記号で答えなさい。また、島の名前を**漢字**で答えなさい。

問6　下線部⑤について、信長が自害した寺として正しいものを、下の**ア**～**エ**から一つ選び、記号で答えなさい。

ア　興福寺　　**イ**　東大寺　　**ウ**　清水寺　　**エ**　本能寺

問7　下線部⑥について、豊臣秀吉が行ったこととして正しいものを、下の**ア**～**エ**から一つ選び、記号で答えなさい。

ア　武家社会のおきてや裁判の基準をまとめた御成敗式目を制定した。
イ　確実に年貢を徴収するために、太閤検地を行った。
ウ　6歳以上の男女に口分田を与え、死後は国に返す班田収授法を定めた。
エ　生類あわれみの令を出し、犬などの動物を保護した。

問8　（　⑦　）について、江戸幕府がひらかれた年代として正しいものを、下の**ア**～**エ**から一つ選び、記号で答えなさい。

ア　1600　　**イ**　1603　　**ウ**　1612　　**エ**　1615

問9　下線部⑧について、江戸時代の出来事を説明した下のX～Zの文を、古いものから年代順に並べたものとして正しいものを、あとの**ア**～**カ**から一つ選び、記号で答えなさい。

X　幕府の政策に不満を持つ大名や公家、尊王攘夷派の藩士が処罰された。
Y　参勤交代が制度として定められ、大名は1年おきに領地と江戸を往復することになった。
Z　幕府の学問所で朱子学以外の学問を教えることが禁じられた。

ア　X→Y→Z　　**イ**　X→Z→Y　　**ウ**　Y→X→Z　　**エ**　Y→Z→X　　**オ**　Z→X→Y　　**カ**　Z→Y→X

社会問題

※解答はすべて解答用紙に記入しなさい。

4　次の年表を見て、あとの各問いに答えなさい。

年	主な出来事	
1868	五箇条の御誓文が出される	A（1868〜1874）
1872	①富岡製糸場がつくられる	
1874	民撰議院設立建白書が提出される	
1881	②自由党がつくられる	
1882	③立憲改進党がつくられる	
1885	④日本で最初の内閣がつくられる	
1890	第1回帝国議会が開かれる	
1914	第一次世界大戦が始まる	
1931	（　P　）事変がおきる	B（1931〜1946）
1932	（　P　）国の建国が宣言される	
1946	日本国憲法が公布される	

問1　年表中の**A**（1868〜1874年）の時期に行われた改革を説明した文として**誤っているもの**を、下の**ア**〜**エ**から一つ選び、記号で答えなさい。

ア　政府は中央集権国家をつくるため、廃藩置県を実施し、府県には府知事・県令を派遣した。
イ　政府は学制を公布し、6歳になった男女すべてが小学校教育を受けることになった。
ウ　政府は近代的な軍隊をつくるため、徴兵令を出し、18歳以上の男子に兵役の義務を定めた。
エ　政府は国家財政を安定させるため、地租改正を実施し、土地の所有者に地租を現金で納めさせた。

問2　年表中の①の建設をはじめ、多くの企業を設立するなど、日本の経済発展に力をつくし、2024年から1万円札の肖像となる人物を、下の**ア**〜**エ**から一つ選び、記号で答えなさい。

ア　福沢諭吉　　**イ**　新渡戸稲造　　**ウ**　渋沢栄一　　**エ**　野口英世

問3　年表中の②〜④の出来事と関係の深い人物との組合せとして正しいものを、下の**ア**〜**カ**から一つ選び、記号で答えなさい。

	ア	イ	ウ	エ	オ	カ
②	板垣退助	板垣退助	伊藤博文	伊藤博文	大隈重信	大隈重信
③	伊藤博文	大隈重信	板垣退助	大隈重信	板垣退助	伊藤博文
④	大隈重信	伊藤博文	大隈重信	板垣退助	伊藤博文	板垣退助

問4　大日本帝国憲法について述べた以下の文について、内容の正誤の組合せとして正しいものを、あとの**ア**〜**ク**から一つ選び、記号で答えなさい。

X　大日本帝国憲法では、国を治め、軍隊を率いるのは天皇の権限とされた。
Y　大日本帝国憲法は、皇帝の権力が強いイギリスの憲法をもとにつくられた。
Z　国民には、法律の範囲のなかで、言論、出版、集会、結社の自由が認められた。

	ア	イ	ウ	エ	オ	カ	キ	ク
X	正	正	正	正	誤	誤	誤	誤
Y	正	正	誤	誤	正	正	誤	誤
Z	正	誤	正	誤	正	誤	正	誤

問5　帝国議会と国会に関する記述として正しいものを、下の**ア**〜**エ**から**すべて**選び、記号で答えなさい。

ア　帝国議会開設当初、議会は衆議院と参議院からなった。
イ　第1回帝国議会の議員は、すべて国民による選挙で選ばれた。
ウ　第1回の衆議院議員選挙で選挙権を持つ者は、一定の税金を納めた、25歳以上の男子のみだった。
エ　1945年には女性の参政権が認められ、翌年には初の女性議員も生まれた。

問6　年表中の（　P　）に当てはまる語句を**漢字**で答えなさい。

問7　次のW〜Zのうち、年表中の**B**（1931〜1946年）の時期におきた出来事を3つ選んで、古いものから年代順に並び替えなさい。

W　朝鮮半島の北緯38度線を境に対立していた、大韓民国と朝鮮民主主義人民共和国の間で、戦争が始まった。
X　海軍の青年将校などが首相官邸をおそい、首相の犬養毅を暗殺した。
Y　日本軍はハワイの真珠湾を攻撃するとともに、アメリカとイギリスに対して宣戦布告した。
Z　北京郊外の盧溝橋付近で起きた日中両軍の武力衝突をきっかけに、日中戦争が始まった。

令和3年度　中学校県外入学試験

国語解答用紙

（7枚のうち7枚目）

受験番号

氏名

＊欄には記入しないこと。

＊

※150点満点
(配点非公表)

（3教科の場合は200点満点）

一

問一　ア　イ　く　ウ　エ　オ

問二

問三

問四

問五

問六　初め　終わり

問七

問八

問九

問十　初め　終わり

問十一　あ　い　う

＊　＊　＊　＊

二

問一　ア　め　イ　え　ウ　エ　オ

問二　I　II　III　IV

問三

問四

問五

問六

問七

問八　あ　い

問九　初め　終わり

問十

問十一

60

＊　＊　＊　＊

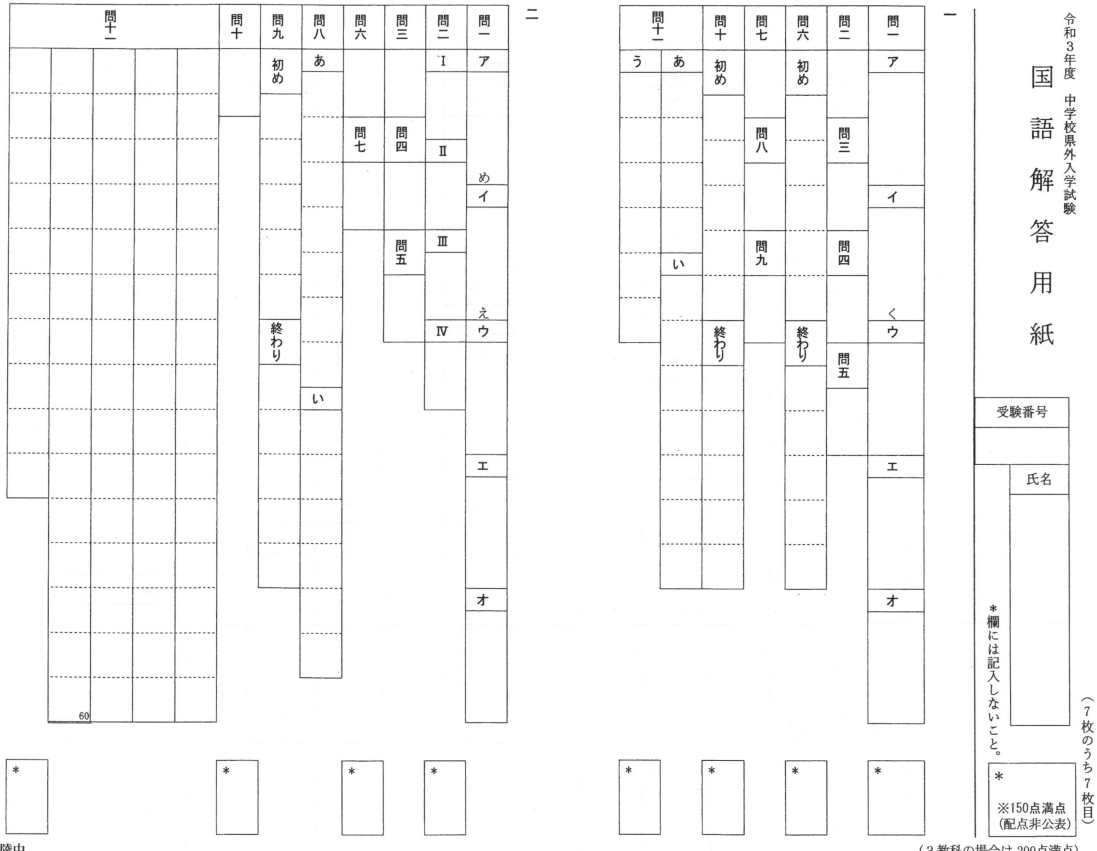

（３教科入試の場合は 200点満点）

（４枚のうち４枚目）

令和３年度　**中学校県外入学試験**

算数解答用紙

受験番号		氏名	

＊ ※150点満点（配点非公表）

解答らんには答えのみを記入しなさい。

＊らんには記入しないこと。

1								
	(1)		(2)		(3)		(4)	
	(5)		(6)		(7)		(8)	

＊

2						
	(1)	個	(2)		(3)	通り
	(4)	円	(5)	m	(6)	度

＊

3				
	(1)	円	(2)	おとな　　人　こども　　人
	(3)	台		

＊

4										
	ア		イ		ウ		エ		オ	

＊

5					
	(1)		cm²	(2)	cm²
	(3)	(ア)	cm³	(イ)	cm

＊

令和3年度　中学校県外入学試験

理科解答用紙

受験番号		氏名	

＊

※100点満点
（配点非公表）

＊らんには記入しないこと。

1

(1)		(2)		(3)	
(4)					
(5)		(6)			

＊

2

(1)		(2)		(3)	
(4)		(5)			

＊

3

(1)

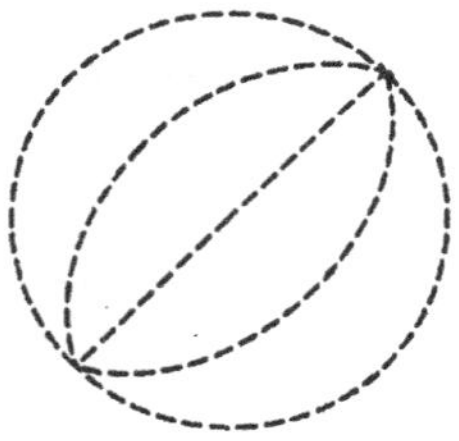

(2)

(3)

(4) （月が地球のまわりを1回転する間に）

(5)

＊

4

(1)		(2)		(3)	
(4)		(5)			
(6)	①		②		

＊

令和３年度　中学校県外入学試験

社会解答用紙

受験番号		氏名		＊ ※100点満点 (配点非公表)

＊欄には記入しないこと。

1

問1	A 県		B 県		C 県		D 県	＊
問2	川	問3		問4				
問5	(1)	(2)		問6				

2

問1		問2		問3	川	問4	洋	＊
問5	(1) 砂漠	(2)		問6				

3

問1	A 幕府		B の戦い		C			＊
問2		問3		問4	(1)	(2)		
問5	(1)	(2)場所		名前				
問6		問7		問8		問9		

4

問1		問2		問3		問4		＊
問5		問6		問7	→ →			

中外
令4

香川誠陵中学校　県外入学試験
国語問題

（50分）

※解答はすべて解答用紙に記入しなさい。

（6枚のうち1枚目）

一、**次の文章を読んで、後の問いに答えなさい。答えに句読点や記号がふくまれる場合はそれらも一字と数えます。**

あなたは、自分がどんな財産を持っていると思いますか。

あなたの集めている世界各国の切手でしょうか。それとも、こけし人形を集めた人形ケースでしょうか。

[Ⅰ]、そのうちおとうさんから分けてもらえるはずのお金でしょうか。たくさんある美しい洋服類でしょうか。おかあさんからXいただいた真珠《しんじゅ》のネックレスでしょうか。

どれも、あなたの財産にちがいありません。アオサナい妹にとっては、リボン一つも、マリ一個も、みんな大事な財産です。私など小さいころは、糸くずや、着物のたち落とし注のイヌノジまで大切にしておいたものでした。

こういう、私たちの持っている財産というものは、その人その人の暮らしの中で、ずいぶん大切な、心のよりどころになります。お金があれば、悲しいできごとに出合っても、お金の力でその悲しみをまぎらすような、いろいろなことができるかもしれません。

けれども私は、そういう、目に見える、いわば物質的な財産というものについてこのごろでは、①あまり信頼《しんらい》の気持ちをもっていません。

もちろん、ないよりは、あるほうがいいのは当たり前です。

ただ、私が、信頼できないというのは、そういう物質的な財産は、いつなくなってしまうかわからないからです。どろぼうに持っていかれる場合もあるでしょうし、火事で焼けてしまうこともあります。実際に、私たちはそれを見てきています。東日本のウダイサイガイでも、私たちはそれを知りました。

戦争が、幾万人《いくまんにん》の人の財産を、一夜の空襲《くうしゅう》で、すっかりなくしてしまったことや、またお金のエカチをすっかり変えてしまって、一生、食べるにも困らず、ぜいたくをして暮らせるはずだった人が、食べるものも着るものもなくなって困った例がたくさんあるからです。

こういう暮らしの中で、私は、私たちがいちばん頼《たよ》りにできるものは何だろうと、真剣《しんけん》に考えました。②肉親とかいい友だちとかも、たしかに頼りにできるものでしょう。

[Ⅱ]、私たちは、それぞれ独立して一人前の社会人として生きていかなければなりません。一人前の人間とは、だれかに頼って生きるのではなく、自分の力で暮らしていかなければならないのです。

自分の力で生きていくということは、どんな場合にも、人の負担にならないで暮らしていくことでしょう。食べるものがなくなったときには、自分で働いて得たお金で食べものを買うことも、その一つです。

どんな立場に置かれても、自分の境遇《きょうぐう》をいつもよりよい方向に向けて切り開いていける力、それがいちばん大切なことだと思うのです。

私たちに、そういう力があれば、それは、何よりも大きな財産だと考えてもいいでしょう。これは、どんなにうまいY手口で人のものを盗《ぬす》むどろぼうにも、盗まれる心配はありませんし、また、火事で焼かれることもありません。

[Ⅲ]、その人の努力やいろいろの経験が加わるにしたがって、ますます、輝《かがや》かしいものになると私は思います。

私は、人間に③そういう力を与《あた》えるいちばん大きなものは、健康だと思っています。働く力や、考える力の、根本になっているのは健康です。

「健全なる[④]は、健全なる[⑤]に宿る」と、昔の人は言いましたが、これは、今もけっして古びてしまったことばではありません。どんなにオマズしい暮らしをしていても、家族そろって健康な家は、明るく、楽しい雰囲気《ふんいき》がただよっています。

からだの健康が、すぐ心に響《ひび》くのは、だれでもよく知っていることです。それを今さらのように、ここで言う必要はないかもしれませんが、なおここで、一大発見のように、健康の大切さを取り上げたのは、私は身のまわりに、せっかく大きな希望をもってはじめた勉強や仕事を、病気のためにあきらめなければならなかった人を、たくさん見ているからです。

しかもそれが、年若い、才能の豊かな人である場合が多いのです。そういう人たちを見ていると、私は⑥いらだたしい気持ちになるほど、悔《くや》しいのです。

ずいぶんりっぱな人だと思っていた人が、病気になると、とかく、やけになったり、心のせまい人になるのを見るからです。

病気になったために、人柄《ひとがら》に深さや美しさのできたという人は、ほんとうにりっぱな人で、そういう人には私は感心してしまいます。

けれどもなお、この人が[⑦]、どんなにすばらしいだろうと思うのです。

もちろん、どんなに注意しても、病気は思いがけないときに私たちを苦しめますが、それにしても、できるかぎり、自分のからだを大切に扱《あつか》わなければならないと私は思います。

私たちの、何にもかえられない大切な財産は、健康なからだと、健康な心だということを、毎日の暮らしの中で、いつも考えたいと思います。

（吉沢　久子『94歳から10代のあなたへ伝えたい大切なこと』による。一部改めたところがある。）

注　たち落とし＝切り分けられて不要になる部分。

香川誠陵中学校　県外入学試験

国語問題

※解答はすべて解答用紙に記入しなさい。

問一　線部**ア**～**オ**のカタカナを漢字にそれぞれ直し、楷書《かいしょ》でていねいに書きなさい。

問二　【Ⅰ】～【Ⅲ】にあてはまる最も適切な言葉を次の中からそれぞれ選んで、記号で答えなさい。（同じ記号は一度しか使えない。）

ア　つまり　**イ**　あるいは　**ウ**　そして　**エ**　けれども　**オ**　なぜなら

問三　線部X「いただいた」と同じ種類の敬語が用いられているものを次の中から一つ選んで、記号で答えなさい。

ア　内容をくわしくうかがった。
イ　おっしゃったことを書き留める。
ウ　お客様が絵をごらんになった。
エ　向こうから先生がいらっしゃった。

問四　線部Y「手口」とあるが、ここでの言いかえとして**適切でない**ものを次の中から一つ選んで、記号で答えなさい。

ア　方法　**イ**　手立て　**ウ**　糸口　**エ**　手段

問五　線部①「あまり信頼の気持ちをもっていません」とあるが、それはなぜか。その理由を文章中から二十六字で見つけ、初めと終わりの五字をぬき出して答えなさい。

問六　線部②「肉親とかいい友だちとかも、たしかに頼りにできるものでしょう」とあるが、これはどういうことを言いたいのか。その説明として最も適切なものを次の中から選んで、記号で答えなさい。

ア　肉親や友だちを頼る人が多いのを、意外に思っているということ。
イ　肉親や友だちが、いちばん頼りにできるものではないということ。
ウ　肉親や友だちは、本当は必要がないものだと気づいてほしいこと。
エ　肉親や友だちの中には、頼りにならない人が必ずいるということ。

問七　線部③「そういう力」とあるが、それはどんな力か。文章中から四十字以内で見つけ、初めと終わりの五字をぬき出して答えなさい。

問八　【④】・【⑤】にあてはまる言葉の組み合わせとして最も適切なものを次の中から選んで、記号で答えなさい。

ア　④ 社会　⑤ 個人　**イ**　④ 現実　⑤ 理想
ウ　④ 未来　⑤ 過去　**エ**　④ 精神　⑤ 身体

問九　線部⑥「いらだたしい気持ちになるほど、悔しい」とあるが、それはなぜか。その理由として最も適切なものを次の中から選んで、記号で答えなさい。

ア　若くて才能ある人たちがせっかく大きな希望をもって勉強や仕事をはじめても、自分の限界を感じてやめてしまうことがあるから。
イ　健康ではなくなったことで、年も若く才能の豊かな人たちなのに、やりたいことをあきらめてしまう例がたくさんあるから。
ウ　どんなに注意していても、病気は思いがけないときに私たちみんなを苦しめ、健康を維持《いじ》する難しさを思い出させるから。
エ　一大発見のように、健康の大切さを取り上げないと、年も若く才能の豊かな人たちの心に筆者の言葉が届かないだろうから。

問十　【⑦】にあてはまる最も適切な言葉を次の中から選んで、記号で答えなさい。

ア　病気のおかげでもっと豊かな才能に目覚めていたら
イ　健康で、やりたい勉強や仕事を続けていたら
ウ　病気のせいで希望を失わずにいたら
エ　健康の大切さにもっと早く気づいていたら

問十一　この文章で述べられている筆者の意見をまとめた次の文の空らんにあてはまる言葉を文章中からぬき出して答えなさい。ただし、かっこ内の字数にしたがうこと。

> だれにも頼らずに【あ（四字）】で生きていくためにも必要な、【い（九字）】の根本となる健康は、【う（十二字）】財産であると言える。

二　**次の文章を読んで、後の問いに答えなさい。答えに句読点や記号がふくまれる場合はそれらも一字と数えます。**

その年、吹奏楽部《すいそうがくぶ》は三十三名の一年生を確保した。[注1]有木《ありき》たちが、部員の弟や妹に声をかけたり、小学校の音楽クラブにいた生徒を説得したりした成果だった。

「これで、夏の大会にエントリーできる」と胸を撫《な》でおろすのはまだ早い。入部してきた一年生をそれぞれの担当[注2]パートに割り振《ふ》らなければならない。パートが早々に決まってしまったのは、しょうちゃんと克久《かつひさ》だけだった。あとはまだ、パートが決まっていない。おおむね、本人の希望でパートは決まる。けれども、例えばトランペットを希望しても唇《くちびる》の形がトランペットの[注3]マウスピースに合わないということもある。

国語問題

香川誠陵中学校　県外入学試験

※解答はすべて解答用紙に記入しなさい。

補充《ほじゅう》が欲《ほ》しいパートと、人気の集まるパートが必ずしも一致《いっち》しないのも悩《なや》みの種だ。トランペット、サキソフォン、フルート、こんなパートは人気が集まった。みんな、ソロがとりやすいパートで、それだけ一般的《いっぱんてき》な馴染《なじ》みも深かった。パートの割り振りは難しい。が、もっと深刻なのは、楽譜《がくふ》が読めない一年生をどうするか!?　だった。

有木は①部長連の生徒に囲まれた。部長連。変わった言葉だ。

ブチョウレン。たぶん漢字で書くと、部長連なのだろう。けれども、部長連合なのか、部長連盟なのか、はたまた部長連絡会《れんらくかい》なのか、誰《だれ》も知らない。知っているのは吹奏楽部が部長連なしにはどうにもならないということだけだ。花《はな》の木《き》中学吹奏楽部だけでなしに、どこの学校でもたいてい部長連が吹奏楽部を動かしていた。

部長の有木を取り囲んでいるのは、部長連の面々だ。校舎の西の端《はし》にある音楽室はそろそろ暗くなりかけていた。

全体から部長が一人出る。これがのっぽの有木だ。木管部門から一人、金管と打楽器部門から一人、それぞれ副部長が出る。あとはクラリネットから一人、トランペットから一人、打楽器から一人というふうに、各々《おのおの》のパートからパートリーダーが出る。

「ちょっと、有木君！」

パートリーダーの一人が有木に詰《つ》め寄った。いつも、練習の終わりに部長連は残って翌日の打ち合わせをする。

「あんた、さっきから、五つの単語しか言っていないのよ」

吹奏楽部の運営は部長連の打ち合わせで動く合議制だ。もっとも、克久は中学に入学してから議長団という単語を覚えた。学級の運営も議長団による合議制だった。とは言え、部長連と議長団では、かなり真剣《しんけん》さが違《ちが》った。

「五つ？　五つってなんだ？」

有木は相手の声があんまり鋭《するど》いので、思わず、あとずさった。

「まあまあと、だからと、それからと、どうしようと、困ったねの五つよ」

言われてみれば確かに、その五つくらいしか言葉を使っていなかった。オーボエの鈴木《すずき》さんは鋭い。確かに有木は五つしか言葉を使っていないが、十二名いる部長連の面々が勝手にまくしたてているところに、どうやって口をはさめと言うのだろうか。②有木は唇を突《つ》き出して、「まあまあ」と言った。

学級の議長団が、責任を分散させる仕組みだとすれば、吹奏楽の部長連は責任を明確にさせる仕組みだ。似ているようで違う。

部長連の面々が怒《おこ》るのも無理はない理由があった。夏のコンクールの自由曲は毎年、二月頃《ごろ》には決まっていた。その注4総譜《スコア》を部長連のメンバーが読み、年間の練習見通しをたてる。各パートごとの練習計画をたてる。さらにフレーズごとに、パートを組み合わせた練習の計画を作る。

かなりア綿密な計画が立てられている。そうでなければ、③音の複雑な組み合わせである音楽は生まれない。そこへ、一年生が乱入したという状態が今の花の木中学吹奏楽部だ。

吹奏楽の練習は堅固《けんご》な煉瓦《れんが》を積み上げていくようなものだと思っていい。部員が集まって合奏をする場面を思い描《えが》く人もいるだろうが、それは最後の仕上げとでも言うべきものだ。実際、コンクール直前になれば、毎日、全員の演奏がある。そこで、煉瓦は一個の構築された音楽となる。一つ一つの煉瓦が組み立てられるのは、石屋の力強く注5寡黙《かもく》な作業とよく似ていた。

部長連の力が強いのは、各々のパートについて、その練習法や楽器の管理にイ習熟しているからだ。どんな指導者も、毎日、楽器をいじっている生徒ほどそれぞれの楽器に詳《くわ》しいわけではない。部員の作業は、煉瓦を焼くのに似ている。煉瓦よりも自然石を切り出すとしたほうが、より実際に近い。

音というものは、なるほど、この世の中に無限に存在している。例えば、クラリネットなら、クラリネットの音だけでも大きな山一つぶんくらいの音が、あの黒くて細い楽器の中に埋《う》まっている。そこから、思い通りの音を切り出すのである。切り出された音は組み合わされなければならない。

演奏者が切り出した音が、精妙《せいみょう》に組み合わされる時の快感には、えも言われぬものがあった。吹奏楽部が三年に一度ずつ、部員不足に見舞《みま》われるのも、このことと無関係ではない。いったい、どうやって、音符《おんぷ》も読めない一年生に音を切り出す感覚を伝えろというのだろう。有木でなくてもため息が出る。

④一難去って、また一難だと、有木はため息をのどの奥《おく》で押《お》し殺していた。もし、うっかりため息をもらせば、それでなくても、いきり立っている部長連の面々から「やる気がない」とブーイングが出るに決まっていた。下手をすれば、話は一年生をどうするかというところから発展して、有木自身が掃除《そうじ》をさぼったことや、宿題を書き写させてもらったことや、その他もろもろの失敗の苦情を蒸し返すことになりかねなかった。有木はため息をつくかわりに、ネクタイをはずして、ポケットに突っ込《こ》んだ。

宗田《むねた》の言っていた通りだ。音楽室の扉《とびら》を開けると、一年生が［　Ⅰ　］いた。⑤散乱しているという感じだと宗田は言った。やかましいこと、このうえなかった。まるで小人の国へ足を踏《ふ》み込んだみたいだ。どういうのだか、みんな、背が低いのだ。ひっきりなしにお喋《しゃべ》りをしている。ちょこまか動き回っている。誰が誰やらさっぱり解《わか》らない。

目が回りそうだ。宗田の言い方をすれば毎日、目眩《めまい》がした。

「このド素人《しろうと》をいったい、どうやって大会に連れて行くんだ!?」

国語問題

香川誠陵中学校　県外入学試験

※解答はすべて解答用紙に記入しなさい。

宗田は思わず大きな声を出した。

音楽室の扉は防音効果のある厚いものだから、扉を開いたとたんに一年生のお喋りがうわっとあふれ出した。まるで土砂崩《どしゃくず》れだ。どうやって、どこから、どのようにして、手をつけたらいいのか。まるでお手上げ。

来月には課題曲の総譜もあがってくる。課題曲も、総譜に通し番号を振り、まとまりのあるフレーズごとに分ける。個人練習、パート練習、関連パートとのフレーズの練習の見通しを立てるのも、自由曲と同じ手順だ。音の石工の仕事は忙《いそが》しい。いつもなら、音の石工たちはそれぞれの持ち分の音に磨《みが》きをかけているところだ。

一年生は石工のウ親方を見つけ、見習いになっているはずだった。まず音を出すことから始まる。吹けば音が出るというものじゃない。一発で音を出す生徒もいれば、なかなか音の出ない一年生もいた。楽譜が読めない生徒には、パート譜に読みがなを振ってやる。見習いの世話も楽じゃない。

それが見習いを決める以前に、土砂崩れみたいな騒《さわ》ぎだ。土砂崩れでは石工の仕事も手の出しようがなかった。信じられないような無《む》秩序《ちつじょ》な音があふれている。一年生は毎年、入学して来るのだから、予想がつきそうなものだが、実際に目の前にしてみると、そのエネルギーに圧倒《あっとう》された。土砂崩れを想像するのと、現実に巻き込まれるのでは、まるで違う出来事だった。

⑥宗田は目眩がしそうになって入口《いりぐち》に立ちつくしていると、

「チョーメンドイ！」

とオーボエの鈴木女史が音楽室に入って行った。階段をⅡ上がって来たのは川島《かわしま》だった。

「おい、お前、まだ弟子《でし》は決まらないのか。俺《おれ》はちゃあんと弟子を決めたんだぞ」

そう言って、すたすた音楽準備室の方に消えた。Ⅲする一年生の真ん中にぼうっと突っ立っているのは奥田克久《おくだ》だ。しょうちゃんは「ぎゃあ」とか「うわっ」とか意味不明の声を上げながら、谷崎弓子《たにざきゆみこ》とふざけている。一年生って、こんなに背が低かったっけ、一年生ってこんなにパワーがあふれていたっけと戸惑《とまど》い気味の宗田の目が、ようやく谷崎弓子を見分けた。一人、見分けがつくとなんとか他の生徒の見分けもついて来る。

今年の一年生はなんだか解らないけれどもちょっとすごい。ちょっとじゃなくて、すごく、スゴイ。宗田は有木に土砂崩れに遭遇《そうぐう》した感想をそう話した。

有木が部長連の面々に囲まれるのも、今日が初めてではなかった。十二人の怒《いか》れる女たちは一昨日もエ細身の有木君を取り囲んでいた。昨日も同じように苦情が山積みになった。おまけに昨日は、帰宅が遅《おく》れて、学習塾《がくしゅうじゅく》を休んでしまった。今日もこのぶんでは、学習塾は、休まざるをえない。ということは、怒っている女は十二人ではない。もう一人いる。そのもう一人は、もちろん有木の帰りを、家で、今か、今かと待っている。「あなたは受験生でしょ」が近頃、口癖《くちぐせ》になった彼《かれ》の母親だ。

各パートから上がってくる苦情はまだまだ続く。

「これじゃ練習にならない」

「なんとか早く一年生の所属パートを決めてもらわないと、どうにもならない」

「一年生の態度がでかい」

「なんで、あんなに背が低いんだ！」

と、これは身長が伸《の》び過ぎてしまったのを気にしている打楽器のパートリーダーの藤尾《ふじお》さんの意見。

「適性というものがあるでしょ。無闇《むやみ》にフルート吹きたい、トランペットやりたいと言われても困る」

三日前から出てくる苦情は変わっていない。「まあまあ」「だから」「それから」「どうしよう」「困ったね」のたった五つの表現でこの難局を乗り越《こ》えているのだから、部長の有木は案外、オ大物なのかもしれない。

「ともかく今週中にはなんとか一年生のパートを決めてしまいましょう」

オーボエの鈴木さんが言った。これも昨日と同じ。もう結論は出ているのだが、お腹《なか》にたまった文句は言わないと気がすまない部長連だった。ここ二日間の経験からすると、鈴木さんが結論を口に出してから、苦情はもう一巡《ひとめぐ》りすることになる。⑦有木はとうとうため息を押し殺しきれなくなって、窓を開けに行った。⑧窓を開ける振りをして、夕闇《ゆうやみ》の中へそっとため息を逃《のが》した。

（中沢　けい『楽隊のうさぎ』新潮文庫刊による。一部改めたところがある。）

注1　有木たち＝中学三年生で吹奏楽部部長である有木と二年生の宗田や三年生の川島ら。一年生の「しょうちゃん」や「克久」らに入部をすすめた。

注2　パート＝ここでは楽器の受け持ちを指す。

注3　マウスピース＝管楽器で口をあてて息を吹《ふ》きこむ部分。

注4　総譜＝合奏・重奏で全てのパートがまとめて書かれている楽譜。

注5　寡黙＝言葉数が少なく、あまり話さないこと。

中外 令4

香川誠陵中学校 県外入学試験

国語問題

※解答はすべて解答用紙に記入しなさい。

問一 ――線部**ア**～**オ**の漢字の読みを、ひらがなで書きなさい。

問二 〔Ⅰ〕～〔Ⅲ〕にあてはまる最も適切な言葉を次の中からそれぞれ選んで、記号で答えなさい。（同じ記号は一度しか使えない。）

ア とぼとぼ　**イ** うじゃうじゃ　**ウ** どたどた　**エ** すくすく　**オ** ちょろちょろ

問三 ……線部「胸を撫でおろす」は、「安心する」という意味の慣用句だが、次の慣用句のうち「胸」が**入らない**ものを一つ選んで、記号で答えなさい。

ア 〔　〕がつまる　**イ** 〔　〕が熱くなる　**ウ** 〔　〕がすく　**エ** 〔　〕にどろをぬる

問四 ――線部①「部長連」とあるが、この組織の説明として**適切でない**ものを次の中から一つ選んで、記号で答えなさい。

ア 「部長連」のメンバーが総譜から年間の練習見通しをたて、さらにパートやフレーズごとの練習計画もたてる。

イ 部長連絡会を省略したものが「部長連」であり、メンバーの責任を分散させる仕組みになっている。

ウ 「部長連」は部長、副部長、パートリーダーたちが合議制の打ち合わせをすることで、運営が行われている。

エ どの学校の吹奏楽部も、ほとんどが「部長連」によって動かされており、とても重要な役目を担《にな》っている。

問五 ――線部②「有木は唇を突き出して」とあるが、この時の有木の心情として最も適切なものを次の中から選んで、記号で答えなさい。

ア 部長連のメンバーが怒っている理由は自分も分からないではないが、部長の自分を全く信じようとしない態度に対して、協力するのをやめようと決意する気持ち。

イ 問題を解決するためにまずは打ち合わせを進めないといけないので、これ以上話の中心が自分に向かないように早く終わらせてしまおうと計算高く考える気持ち。

ウ 五つの言葉しか使っていないと指摘《してき》されて確かにそうだとは思ったが、それしか発することができないような状況《じょうきょう》なのは自分のせいではないと不満に思う気持ち。

エ 練習の終わりに集まって話し合いをしても自分は口をはさむこともできず、今日もおそらく問題は解決せず帰宅も遅《おそ》くなるにちがいないと投げやりになる気持ち。

問六 ――線部③「音の複雑な組み合わせである音楽」とあるが、音楽が作られていく様子はどのように表現されているか。その内容を説明した次の文の空らんにあてはまる言葉を文章中からぬき出して答えなさい。ただし、かっこ内の字数にしたがうこと。

> 世の中に〔**あ**（五字）〕している音の中から、まるで〔**い**（八字）〕ように思い通りの音を選び、それを積み上げていく様子は、〔**う**（五字）〕に似ている。

問七 ――線部④「一難去って、また一難」とは「一つのことは解決したが、まだ別の解決していないことがある」という意味であるが、ここではどういうことを指しているか。**A**「解決したこと」と、**B**「まだ解決していないこと」に分けて、それぞれ文章中の言葉を使って二十五字以上三十字以内で答えなさい。

問八 ――線部⑤「散乱しているという感じ」とあるが、この状態をたとえた表現を文章中から五字以内で見つけ、ぬき出して答えなさい。

問九 ――線部⑥「宗田は目眩がしそうになって入口に立ちつくしている」とあるが、それはなぜか。その理由として最も適切なものを次の中から選んで、記号で答えなさい。

ア 音楽室にいる一年生たちが放っているエネルギーに圧倒されてしまい、どうしていいか分からず困惑《こんわく》していたから。

イ 部活動に対して持っていた熱い気持ちが、一年生と比べると冷めていたことに気づいてショックを受けたから。

ウ あまりに無秩序な音があふれているので、音楽を愛する者として近づきたくないほどの嫌悪感《けんおかん》をいだいたから。

エ 一年生はみな同じように背が低く、誰が誰だか見分けがつかないので、声をかけようにも名前が思い出せないから。

問十 ――線部⑦「有木はとうとうため息を押し殺しきれなくなって」とあるが、それはなぜか。その理由として最も適切なものを次の中から選んで、記号で答えなさい。

ア 怒りをぶつけてくる相手に言い返したいと思っている気持ちが、今にもあふれそうになったから。

イ 自分には関係のない話題なのでとても退屈《たいくつ》で、最後まで集中して聞き続けることが困難だから。

ウ これまでの経験上、部長連の面々からの苦情はまだまだ続くことが分かって、うんざりしたから。

エ 三日前から出てくる苦情の内容に変化がないので、他に困っていることがないのか考え始めたから。

問十一 ――線部⑧「窓を開ける振りをして、夕闇の中へそっとため息を逃した」とあるが、なぜそっと逃したのか。その理由が書かれている二文を文章中から見つけ、初めと終わりの五字をぬき出して答えなさい。

中外

令4

(50分)

香川誠陵中学校　県外入学試験

算数問題

※解答はすべて解答用紙に記入しなさい。

1　次の計算をしなさい。

(1)　$468-379+532$

(2)　$156\times 8\div 13$

(3)　$(0.28+3.68)\div 3.3$

(4)　$4\times 8.1-(3.1-0.7)\div 3$

(5)　$\dfrac{32}{45}\div\dfrac{8}{9}\times\dfrac{3}{8}$

(6)　$\dfrac{1}{2}-\left(\dfrac{1}{3}-\dfrac{1}{4}\right)$

(7)　$\left(4\dfrac{7}{8}+1.625\right)\div\dfrac{13}{5}$

(8)　$\dfrac{8}{15}\times 8\times 0.75+\dfrac{2}{15}\div\left(\dfrac{5}{18}\times 0.6\right)$

2　次の□にあてはまる数を答えなさい。

(1)　20で割《わ》ると4あまる整数のうち，2けたで最大の数は□です。

(2)　2022を7で割ったときの，小数第22位の数字は□です。

(3)　$\dfrac{35}{12}$にかけても，$\dfrac{21}{16}$にかけても積が整数となるような分数のうち，最小の数は□です。

(4)　1600 mはなれたA地点とB地点の間をタロウさんとジロウさんが往復します。A地点からタロウさんが毎分120 mで，B地点からジロウさんが毎分200 mで向かい合って同時に出発しました。2人が2回目に出会うのは，出発してから□分後です。

(5)　ハルさんとナツさんの身長の平均が153 cm，ナツさんとフユさんの身長の平均が157 cm，フユさんとハルさんの身長の平均が156 cmのとき，3人の中で一番背《せ》の高い人の身長は□cmです。

(6)　1，2，3，4，5と書かれたカードがそれぞれ1枚《まい》ずつ，全部で5枚あります。これらのカードから3枚を選んで並《なら》べて，3けたの整数を作るとき，偶数《ぐうすう》は□通り作ることができます。

香川誠陵中学校　県外入学試験

算数問題

※解答はすべて解答用紙に記入しなさい。

3 容器Aには3％の濃《こ》さの食塩水が200 g，容器Bには6％の濃さの食塩水が200 g入っています。これらの容器の食塩水について，次の操作《そうさ》Ⅰと操作Ⅱを順に行います。

操作Ⅰ　容器Aから容器Bに100 g移してよくかき混ぜます。

操作Ⅱ　容器Bから容器Aに100 g移してよくかき混ぜます。

ここでの濃さとは，とけている食塩の重さ÷食塩水全体の重さを百分率で表したものです。次の問いに答えなさい。

(1)　3％の濃さの食塩水200 gにとけている食塩の重さは何gですか。

(2)　操作Ⅰが終わったとき，容器Bに入っている食塩水の濃さは何％ですか。

(3)　操作Ⅱが終わったとき，容器Aに入っている食塩水の濃さは何％ですか。

4 次の問いに答えなさい。

(1)　右の図は大きさの異なる5枚の正方形を重ね合わせたものです。(ア)，(イ)，(ウ)，(エ)，(オ)の面積をそれぞれ求めなさい。

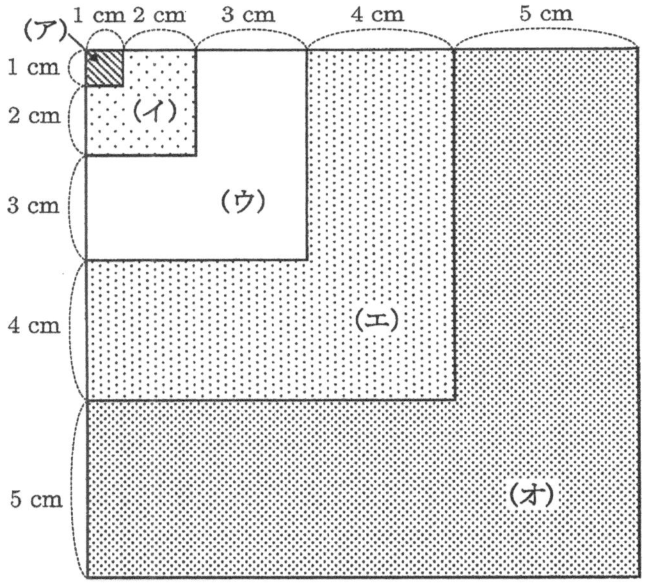

(2)　(1)の結果をふまえて，次の□に適する数を入れなさい。ただし，いずれの□にも同じ数が入ります。

$1\times1\times1+2\times2\times2+3\times3\times3+4\times4\times4+5\times5\times5=\square\times\square$

(3)　$1\times1\times1+2\times2\times2+3\times3\times3+\cdots\cdots+20\times20\times20$ を求めなさい。

中外
令4

香川誠陵中学校　県外入学試験

算数問題

※解答はすべて解答用紙に記入しなさい。

5　次の問いに答えなさい。

(1)　右の図は角Bが直角となっている直角二等辺三角形ABCです。ABとCDの長さが等しいとき，アの角の大きさは何度ですか。

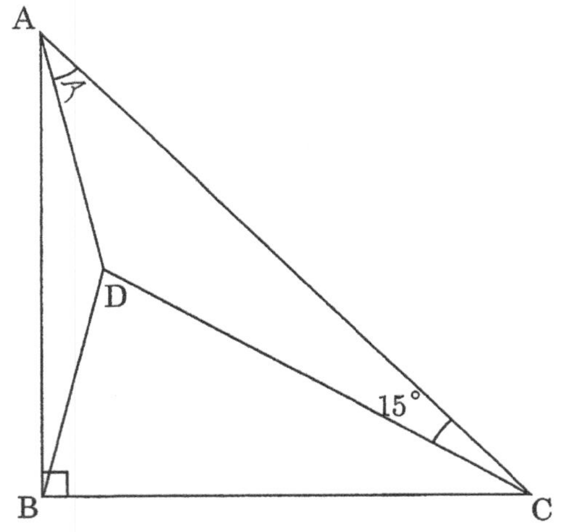

(2)　右の図は正六角形ABCDEFで，点G，点H，点I，点Jはそれぞれ正六角形の辺のまん中の点です。

（ア）　三角形DEFは正六角形ABCDEFの面積の何倍ですか。

（イ）　斜線《しゃせん》部分の面積は正六角形ABCDEFの面積の何倍ですか。

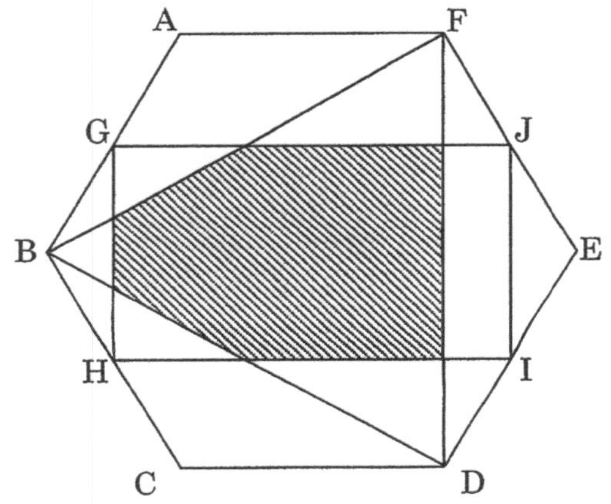

(3)　右の図のように，1辺1cmの小さい立方体125個を重ねて大きな立体を作りました。次に，斜線《しゃせん》のついた部分を反対側の面まですべてまっすぐにくりぬきました。くりぬいた後に残った立体の体積は何cm^3ですか。ただし，くりぬいても立体はくずれないものとします。

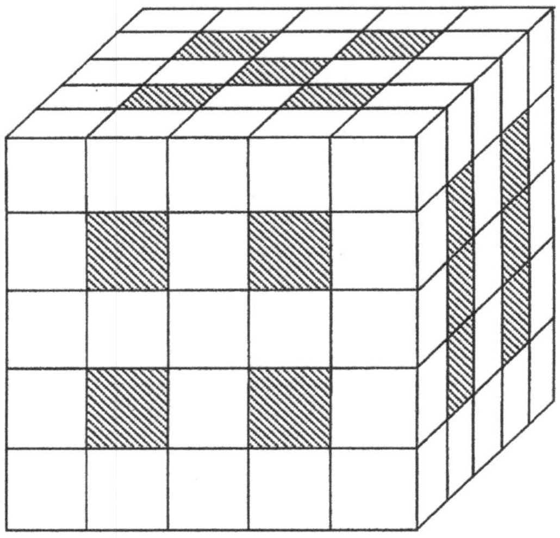

中外
令4

香川誠陵中学校　県外入学試験

理科問題

(40分)

※解答はすべて解答用紙に記入しなさい。

1　次の(1)〜(8)の各問いにそれぞれ答えなさい。

(1)　ヒトの血液の成分のうち，からだの各部分に送る栄養分やからだの各部分でできた不要物を運ぶものとして正しいものを次の**ア**〜**エ**から１つ選び，記号で答えなさい。

ア　赤血球　　**イ**　白血球　　**ウ**　血しょう　　**エ**　血小板

(2)　地震《じしん》が起こったときに，被害《ひがい》を最小限におさえるために気象庁が発表する情報として正しいものを次の**ア**〜**エ**から１つ選び，記号で答えなさい。

ア　特別地震速報　　**イ**　緊急《きんきゅう》地震速報　　**ウ**　災害特別警報　　**エ**　地震発生警報

(3)　同じ豆電球と乾電池《かんでんち》を用いて下の図のような４つの回路をつくりました。

①　豆電球が最も明るく点灯するものを**ア**〜**エ**から１つ選び，記号で答えなさい。

②　豆電球の点灯時間が最も長いものを**ア**〜**エ**から１つ選び，記号で答えなさい。

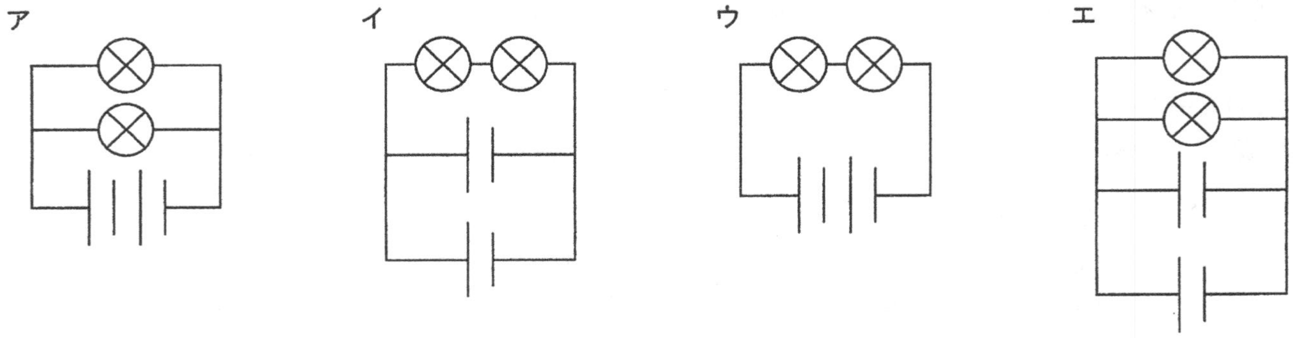

(4)　二酸化炭素と酸素の両方ともにあてはまる性質として正しいものを次の**ア**〜**エ**から１つ選び，記号で答えなさい。

ア　水によくとける。　　**イ**　石灰水《せっかいすい》を白くにごらせる。

ウ　無色でにおいがある。　　**エ**　同じ体積の空気よりも重い。

(5)　アブラナの花のように，それぞれの花びらどうしが根もとからはなれている花をさかせる植物として正しいものを次の**ア**〜**エ**から１つ選び，記号で答えなさい。

ア　アサガオ　　**イ**　タンポポ　　**ウ**　サクラ　　**エ**　ツツジ

(6)　ある日の午後に香川県のある場所から月を観察すると下の図のように見えました。この後，月はどの方向に動くように見えるか，正しいものを**ア**〜**エ**から１つ選び，記号で答えなさい。

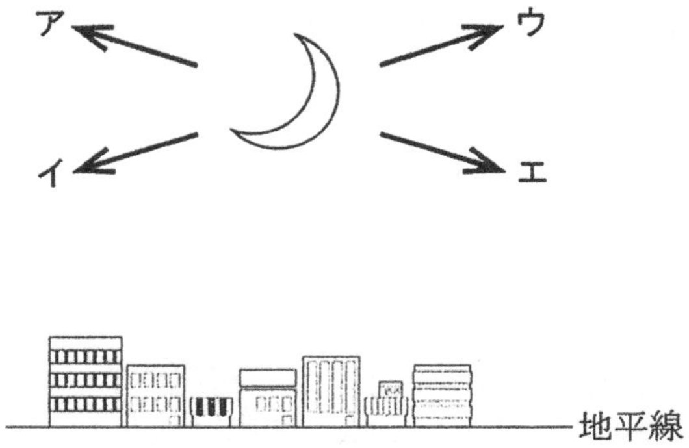

(7)　塩酸と水酸化ナトリウム水溶液《すいようえき》をある量ずつビーカーの中で混ぜ合わせました。その液をガラス棒にとり，青色リトマス紙につけて色の変化を確かめたところ，青色リトマス紙は赤色に変色しました。

①　この液は何性ですか。正しいものを次の**ア**〜**ウ**から１つ選び，記号で答えなさい。

ア　酸性　　**イ**　中性　　**ウ**　アルカリ性

②　このビーカー内の液を加熱して水をすべて蒸発《じょうはつ》させた後に残る固体の種類の数として正しいものを次の**ア**〜**エ**から１つ選び，記号で答えなさい。

ア　１種類　　**イ**　２種類　　**ウ**　３種類　　**エ**　固体は何も残らない

中外
令4

香川誠陵中学校　県外入学試験

理科問題

※解答はすべて解答用紙に記入しなさい。

(8)　下の図のように，海上を岸に向かって秒速 10 m で走っているモーターボートから音を出しました。そこからさらに 60 m 岸に向かって進んだところで，岸にぶつかりはねかえってきた音を聞きました。モーターボートが音を出した場所は，岸から何 m はなれていたか答えなさい。ただし音は 1 秒間に 340 m 進むものとします。

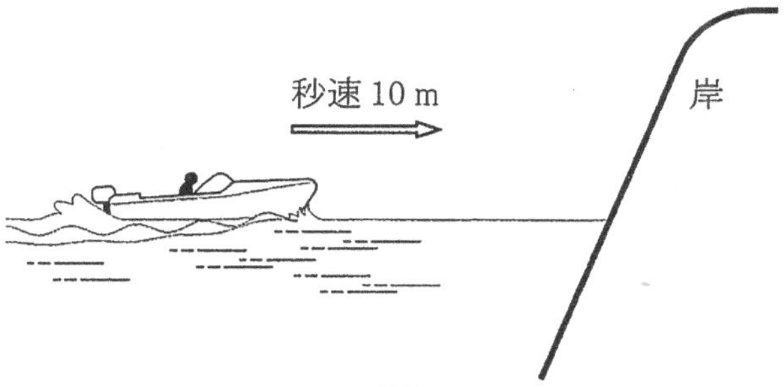

図

2　たか子さんとよし美さんは物質Aとホウ酸を用いて次の**【実験１】**と**【実験２】**を行いました。

【実験１】　たか子さんはビーカーに水 100 g をはかりとったものをいくつか用意して，0 ℃，20 ℃，40 ℃，60 ℃，80 ℃の水 100 g にとかすことのできる物質Aとホウ酸の最大量をそれぞれはかりました。**表**はその結果を示しています。

表

温度[℃]	0	20	40	60	80
物質A[g]	35.6	35.8	36.3	37.1	38.0
ホウ酸[g]	3.0	5.0	9.0	15.0	24.0

【実験２】　よし美さんは物質A 18 g とホウ酸 12 g を混ぜ合わせたものを 80 ℃の水 50 g に加えてよくかき混ぜました。すべてとけたことを確認《かくにん》した後，液温をゆっくりと 40 ℃まで下げたところ，とけ残りができたのでそのとけ残りを，ろ過によって完全に取りのぞきました。さらに，ろ液の液温をゆっくりと 0℃まで下げたところ，とけ残りができたのでそのとけ残りを，再びろ過によって完全に取りのぞきました。

(1)　**【実験１】**,**【実験２】**で用いた物質Aとして正しいものを次の**ア**～**エ**から 1 つ選び，記号で答えなさい。

ア　みょうばん　　　**イ**　食塩　　　**ウ**　二酸化炭素　　　**エ**　でんぷん

(2)　60℃の水 200 g にホウ酸を 20 g 加えてよくかき混ぜたものの液温を，ゆっくりと 20 ℃まで下げると何 g のとけ残りができるか答えなさい。

(3)　ろ過の操作として正しいものを下の図の**ア**～**エ**から 1 つ選び，記号で答えなさい。

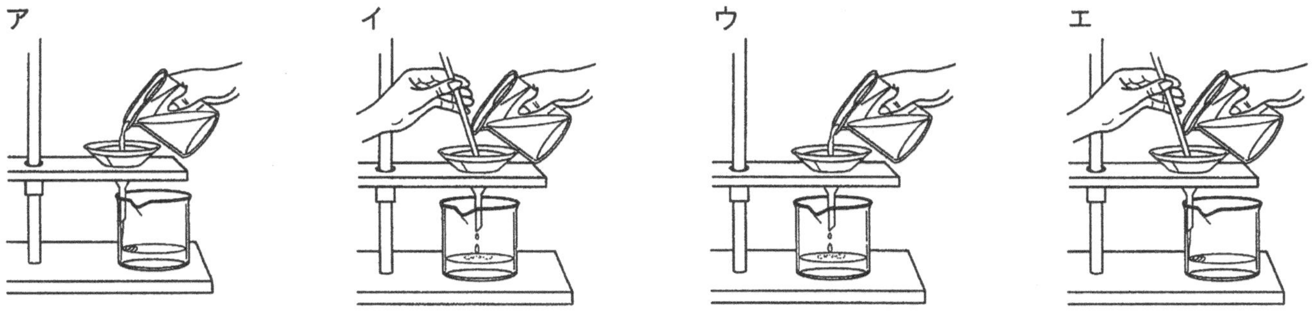

中 外
令 4

香川誠陵中学校　県外入学試験

理 科 問 題

※解答はすべて解答用紙に記入しなさい。

(4)　次の**ア**～**エ**の操作のうち，80 ℃の水 50 g に物質Aを 15 g とかした液から，最も多くのとけ残りを取り出すことができるものを 1 つ選び，記号で答えなさい。

ア　液温を 0 ℃に下げる。
イ　液温を 80 ℃にしたまま水を 20 g 蒸発させる。
ウ　液温を 20 ℃にして水を 10 g 蒸発させる。
エ　液温を 40 ℃にして水を 15 g 蒸発させる。

(5)　**【実験２】**において，液温を 0 ℃にしたときにできたとけ残りの中にふくまれる物質Aとホウ酸の重さはそれぞれ何 g であるか答えなさい。ただし物質Aとホウ酸の水へのとけ方はたがいに影響《えいきょう》はないものとします。

3　メダカの育ち方と水温について，次の**【実験】**を行いました。

【実験】　水そうを 4 つ用意し，それぞれの水温を 15 ℃，20 ℃，25 ℃，30 ℃に保ちました。それぞれの水そうに，水草にうみつけられた卵を同じ数だけ入れて，4 週間のうちにふ化した卵の割合（%）と卵がふ化するまでの平均日数（日）を調べました。**グラフ１**は 4 週間のうちにふ化した卵の割合（%），**グラフ２**は卵がふ化するまでの平均日数（日）を示しています。

グラフ１

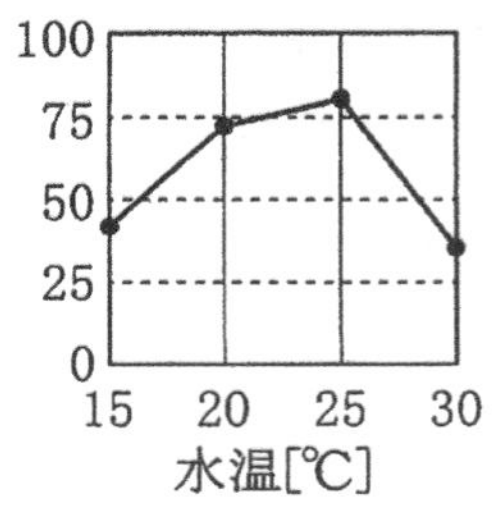

グラフ２

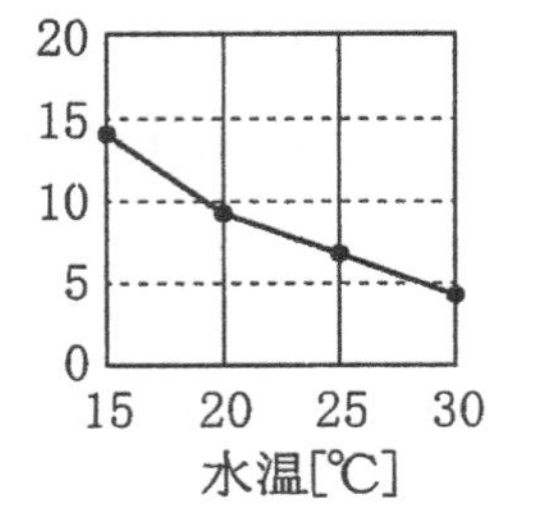

(1)　下の**図**はメダカのオスとメスの体をそれぞれ示しています。図のA～Dの部分にあてはまるひれの形として最も適当なものをあとの**ア**～**エ**からそれぞれ 1 つずつ選び，記号で答えなさい。

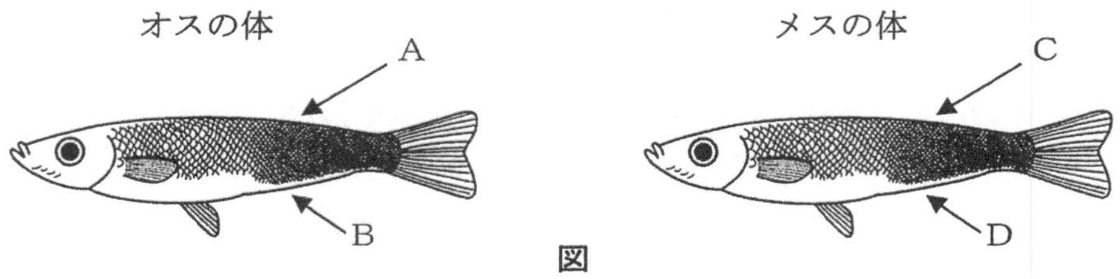

図

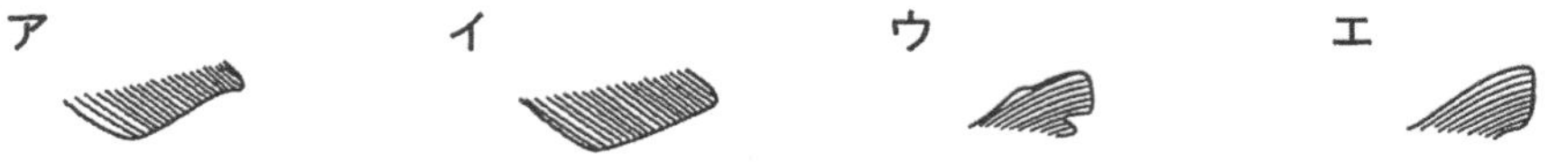

(2)　下の図はメダカの卵の成長過程の各段階を示しています。卵が成長する順に**ア**～**オ**の記号を正しく並べなさい。

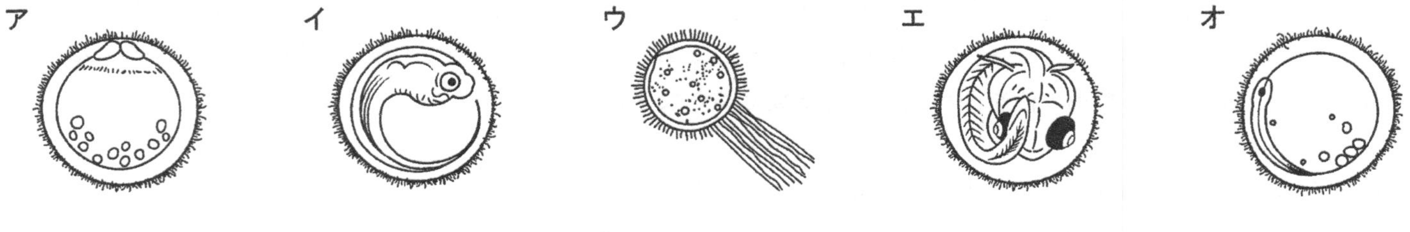

(3)　メダカはえらで呼吸しています。次の**ア**～**オ**の生物のうち，一生の間にえら呼吸をする時期があるものをすべて選び，記号で答えなさい。

ア　ヤモリ　　**イ**　サンショウウオ　　**ウ**　ペンギン　　**エ**　イルカ　　**オ**　ウミガメ

(4)　**【実験】**の結果から，メダカの卵の成長のために最適な水温は何℃であると考えられるか，正しいものを次の**ア**～**エ**から 1 つ選び，記号で答えなさい。

ア　15℃　　**イ**　20℃　　**ウ**　25℃　　**エ**　30℃

香川誠陵中学校　県外入学試験

理 科 問 題

※解答はすべて解答用紙に記入しなさい。

(5)　ヒトの卵の直径は約 0.14 mm ですが，メダカの卵の直径は約 1 mm です。ヒトの卵よりメダカの卵の方が大きい理由を次のようにまとめました。文中の A，B にあてはまる適当な文言を答えなさい。

ヒトは母体から直接(　　A　　)ことができるが，メダカは親が体外に産卵《さんらん》するので，卵の中に(　　B　　)から。

4　冬の寒い日の朝などに，部屋の窓ガラスを見ると水滴《すいてき》がついていることがあります。これは空気中の水蒸気が冷やされて水滴になったからです。

空気 1 m³ 中にふくむことのできる水蒸気の最大量を飽和《ほうわ》水蒸気量といい，空気中の水分量が飽和水蒸気量以上になったとき，水滴を生じることが分かっています。**表**は各気温における飽和水蒸気量を示しています。

また，ある温度において，飽和水蒸気量に対して実際にふくまれている水蒸気量の割合 (%) を湿度《しつど》といい，$\dfrac{(\text{実際の水蒸気量})}{(\text{飽和水蒸気量})}\times 100$ で求めることができます。

表

気温 [℃]	飽和水蒸気量 [g/m³]
−5	3
0	5
5	7
10	9
15	13
20	17
25	23
30	30
35	40

(1)　空気中の水蒸気を水滴にするために下の図のような 4 つの装置を作りました。最も多くの水滴がフラスコの底の面につくものを**ア**～**エ**から 1 つ選び，記号で答えなさい。

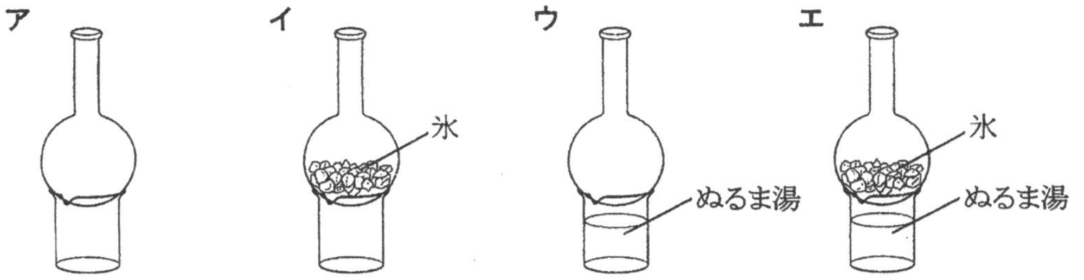

(2)　次の**ア**～**エ**の現象のうち，空気中の水蒸気が水滴になる変化と関わりが深いものをすべて選び，記号で答えなさい。

ア　地表付近に霧《きり》がかかっている。　　**イ**　ドライアイスのまわりに白いもやができている。

ウ　土の表面に霜柱《しもばしら》ができている。　　**エ**　洗たく物がしばらくすると乾《かわ》いていた。

(3)　次の**ア**～**エ**の空気のうち，湿度が最も高いものを 1 つ選び，記号で答えなさい。

ア　気温 5 ℃のとき，空気 1 m³ 中に 7 g の水蒸気がふくまれている。

イ　気温 15 ℃のとき，空気 1 m³ 中に 11 g の水蒸気がふくまれている。

ウ　気温 20 ℃のとき，空気 1 m³ 中に 4 g の水蒸気がふくまれている。

エ　気温 30 ℃のとき，空気 1 m³ 中に 10 g の水蒸気がふくまれている。

(4)　水を入れた金属製の容器の中に温度計を入れて，容器の中に少しずつ氷を入れてかき混ぜていくと，温度計が 5 ℃を示したときに容器の表面に水滴ができ始めました。周りの空気の温度が25 ℃であった場合，この空気の湿度は何%であるか答えなさい。ただし答えが割り切れない場合は小数第 1 位を四捨五入して整数で答えなさい。

(5)　空気は雲ができない場合，100 m 上昇《じょうしょう》するごとに温度が 1 ℃下がることがわかっています。いま，右の**図**のように海面からの高さ 100 m 地点で温度が 24 ℃の空気が 2000 m の高さの山をこえていくとき，1000 m のところで雲ができ始めました。高さ 0 m の海面上における空気の湿度は何%であるか答えなさい。ただし，空気の体積は変化しないものとします。また，答えが割り切れない場合は小数第 1 位を四捨五入して整数で答えなさい。

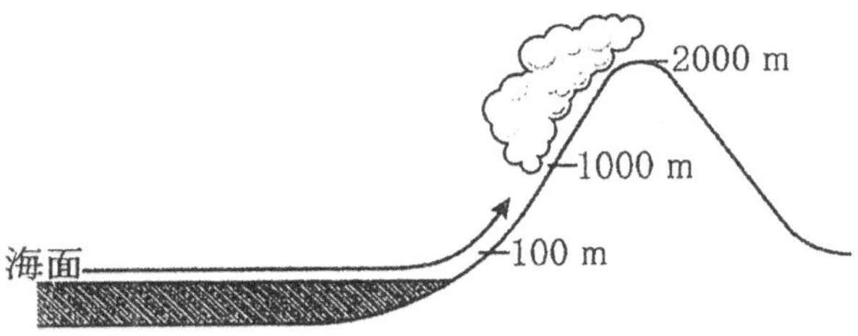

図

中外
令4

香川誠陵中学校　県外入学試験

理科問題

※解答はすべて解答用紙に記入しなさい。

5　動いている物体には他の物体にぶつかったときに，他の物体に力を加えてその物体を動かすはたらきがあります。このはたらきについて調べるために**【実験１】**と**【実験２】**を行いました。

【実験１】　**図１**のように，いろいろな重さのボールをいろいろな速さで転がして積み木にぶつけ，積み木が動いたきょりを調べた結果，**表１**のようになりました。

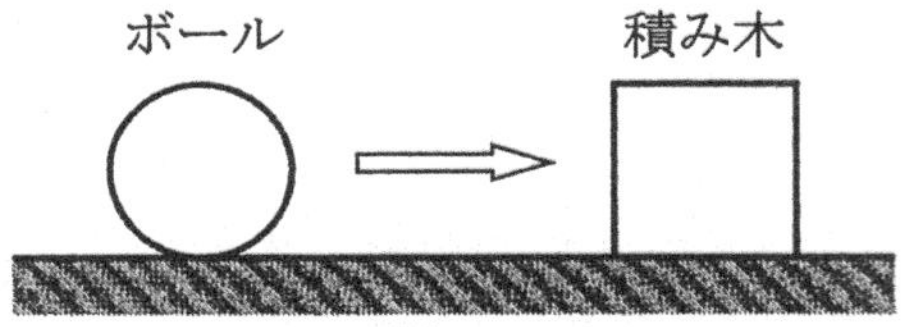

図１

表１

実験番号	ボールの重さ[g]	ボールの速さ[cm/秒]	積み木が動いたきょり[cm]
1	10	20	4
2	10	30	9
3	20	20	8
4	20	30	18
5	40	10	4
6	40	20	16

【実験２】　次に**【実験１】**と同じ面上に，**図２**のようななめらかな斜面《しゃめん》をつくり，いろいろな高さからボールを転がして**【実験１】**と同じ積み木にぶつけ，積み木が動いたきょりを調べた結果，**表２**のようになりました。

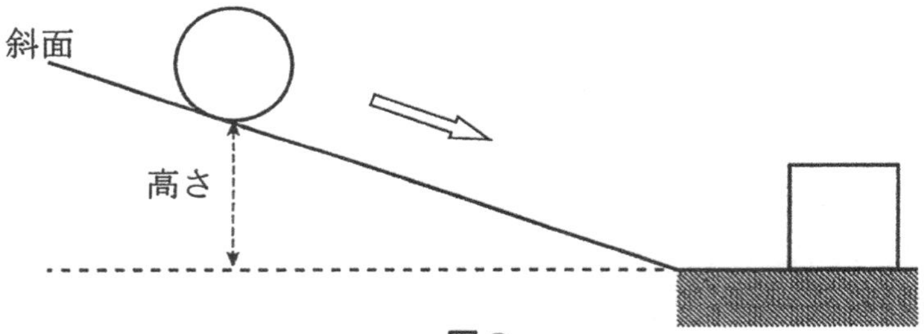

図２

表２

実験番号	ボールの重さ[g]	ボールの高さ[cm]	積み木が動いたきょり[cm]
1	10	10	2
2	20	20	8
3	40	20	16
4	40	30	24

⑴　**【実験１】**の結果から積み木が動いたきょりを２倍，３倍，…にするためには次の**ア**～**エ**のうちどのようにすればよいか，正しいものを１つ選び，記号で答えなさい。

ア　ボールの重さに関係なく，ボールの速さを２倍，３倍，…にすればよい。
イ　ボールの速さに関係なく，ボールの重さを２倍，３倍，…にすればよい。
ウ　ボールの重さを一定にして，ボールの速さを２倍，３倍，…にすればよい。
エ　ボールの速さを一定にして，ボールの重さを２倍，３倍，…にすればよい。

⑵　**【実験１】**においてボールの重さを 30 g，ボールの速さを毎秒 10 cm にしたとき，積み木が動いたきょりは何 cm になると考えられるか答えなさい。

⑶　**【実験２】**の結果から積み木が動いたきょりを２倍，３倍，…にするためには次の**ア**～**エ**のうちどのようにすればよいか，正しいものを１つ選び，記号で答えなさい。

ア　ボールの重さに関係なく，ボールの高さを２倍，３倍，…にすればよい。
イ　ボールの高さに関係なく，ボールの重さを２倍，３倍，…にすればよい。
ウ　「ボールの重さ×ボールの高さ」の値を２倍，３倍，…にすればよい。
エ　「ボールの重さ÷ボールの高さ」の値を２倍，３倍，…にすればよい。

⑷　**【実験２】**においてボールの重さを 20 g，ボールの高さを 20 cm にしたとき，積み木にぶつかるボールの直前の速さは毎秒何 cm であると考えられるか答えなさい。

⑸　**【実験２】**においてボールの重さを 25 g，ボールの高さを 20 cm にしたとき，積み木にぶつかるボールの直前の速さは毎秒何 cm であると考えられるか答えなさい。

中外
令4

香川誠陵中学校　県外入学試験

社会問題

※解答はすべて解答用紙に記入しなさい。

（40分）

1　次の**図**を見て，あとの問いに答えなさい。

図1　九州地方の地図

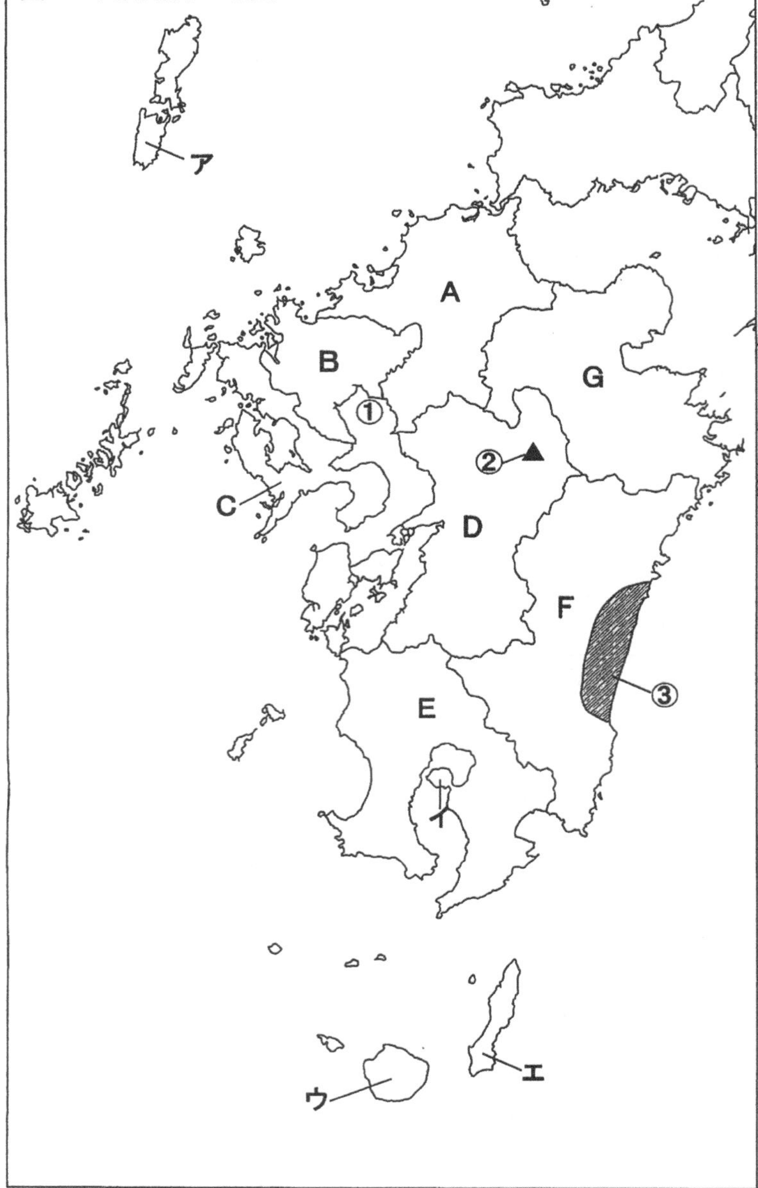

図2　県Eの農業産出額の割合

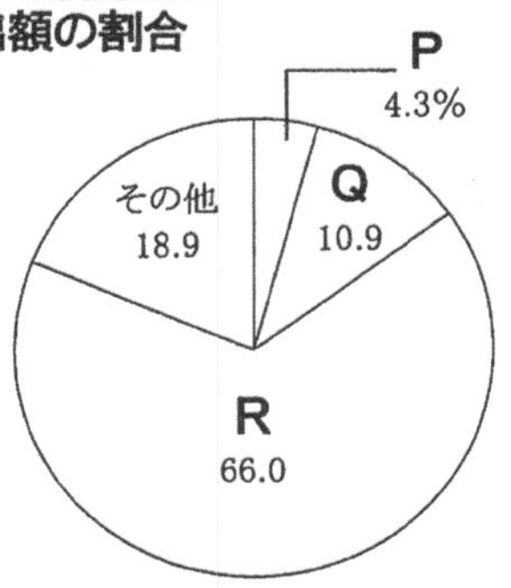

2019年。
『日本国勢図会 2021/22』により作成。

図3　北海道地方の地図

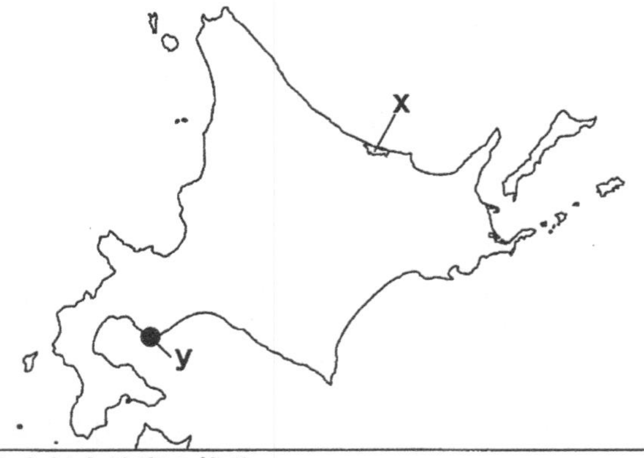

図4　日本の食料自給率の推移

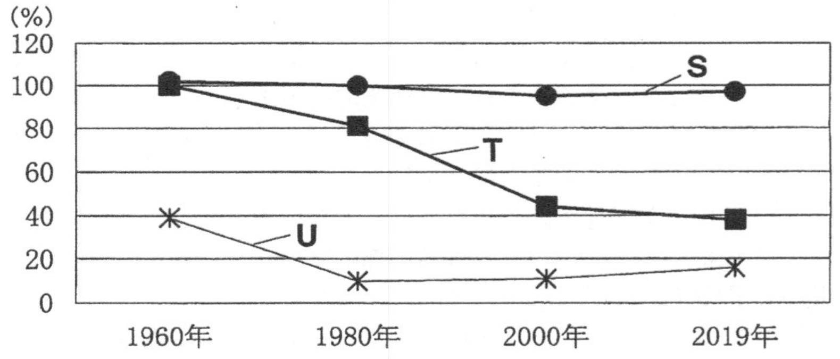

『日本国勢図会 2021/22』により作成。

問1　九州地方に属する県の中で，**図1**に表されていない県が一つある。その県の名前を答えなさい。

問2　**図1**の海域①は，のりの養殖で有名である。この海の名前を答えなさい。

問3　**図1**の火山②は，噴火によってできた大きなくぼ地があることで知られる。このような地形の名前を**カタカナ**で答えなさい。また，火山②の名前を，下の**ア**～**エ**から一つ選び，記号で答えなさい。

ア　霧島山　　**イ**　阿蘇山　　**ウ**　浅間山　　**エ**　雲仙岳

問4　**図1**の平野③についての以下の問いに答えなさい。

(1)　平野③に位置する都市の雨温図を，下の**ア**～**エ**から一つ選び，記号で答えなさい。

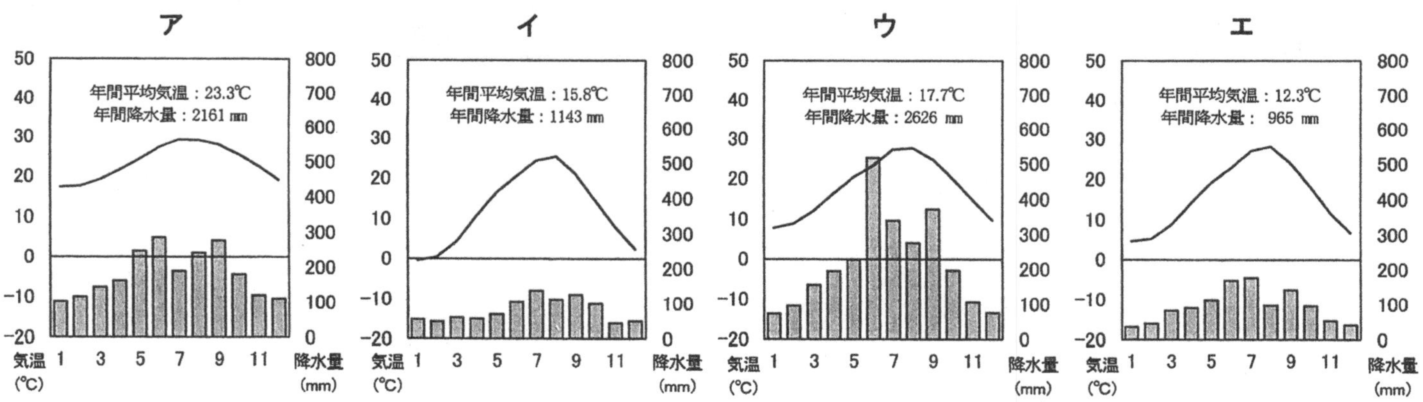

気象庁ホームページより作成。

※解答はすべて解答用紙に記入しなさい。

⑵　平野③で行われる野菜づくりについて説明した以下の文の（　Ⅰ　）～（　Ⅲ　）にあてはまる語句の組み合わせを，あとの**ア**～**カ**から一つ選び，記号で答えなさい。

沖合を流れる（　Ⅰ　）海流の影響による冬でも温暖な気候をいかし，ビニルハウスや温室で（　Ⅱ　）などの夏野菜の栽培を行っている。東京や大阪などの消費地からは遠いため，つくられた野菜は（　Ⅲ　）や保冷車を使って，鮮度を保ったままできるだけ輸送費をかけずに出荷している。

	ア	イ	ウ	エ	オ	カ
Ⅰ	対馬	対馬	対馬	日本	日本	日本
Ⅱ	キャベツ	ピーマン	キャベツ	ピーマン	キャベツ	ピーマン
Ⅲ	カーフェリー	カーフェリー	タンカー	カーフェリー	タンカー	タンカー

問5　ユネスコの世界自然遺産に登録されている島を，**図1**の**ア**～**エ**から一つ選び，記号で答えなさい。また，その島の名前を答えなさい。

問6　**図1**の県**B**の伝統的工芸品を，下の**ア**～**エ**から一つ選び，記号で答えなさい。

ア　瀬戸焼　　**イ**　有田焼　　**ウ**　九谷焼　　**エ**　清水焼

問7　**図2**は，県**E**の農業産出額の割合を示したものであり，**P**～**R**は米，野菜，畜産のいずれかである。**P**～**R**にあてはまる農産物の組み合わせを，下の**ア**～**カ**から一つ選び，記号で答えなさい。

	ア	イ	ウ	エ	オ	カ
P	米	米	野菜	野菜	畜産	畜産
Q	野菜	畜産	畜産	米	野菜	米
R	畜産	野菜	米	畜産	米	野菜

問8　次の⑴～⑷の記述が説明している県を，**図1**の**A**～**G**からそれぞれ一つずつ選び，記号で答えなさい。

⑴　1991年に大規模な火砕流が発生してから，昨年で30年がたった。離島が多く，海岸線も複雑なため，海岸線の長さは北海道についで日本で2番目に長く，水産業がさかんである。

⑵　別府や湯布院といった温泉地が多く，火山のエネルギーを観光業にいかしている。火山のエネルギーは発電にも利用されており，日本で最も発電量の多い地熱発電所がある。

⑶　九州地方で2番目に人口が多い。高度経済成長期に，化学工場から有機水銀がふくまれた廃水が海や河川に流されたため，四大公害病の一つである水俣病が発生した。

⑷　山陽新幹線の終点であり，九州新幹線の起点でもある博多駅がある。日本で最初の本格的な官営製鉄所がつくられた都市と県庁所在都市の2都市が，政令指定都市になっている。

問9　**図3**の道庁所在都市の名前を答えなさい。

問10　湖**x**の名前を答えなさい。また，湖**x**でおもに養殖されている水産物を，下の**ア**～**エ**から一つ選び，記号で答えなさい。

ア　ほたて貝　　**イ**　真珠　　**ウ**　たい　　**エ**　こんぶ

問11　都市**y**の名前と，都市**y**でさかんな工業の組み合わせを，下の**ア**～**エ**から一つ選び，記号で答えなさい。

ア　苫小牧市－石油化学工業　　**イ**　苫小牧市－製鉄業　　**ウ**　室蘭市－石油化学工業　　**エ**　室蘭市－製鉄業

問12　**図4**は，日本の食料自給率の推移を示したものであり，**S**～**U**は小麦，米，果実のいずれかである。**S**～**U**にあてはまる農作物の組み合わせを，下の**ア**～**カ**から一つ選び，記号で答えなさい。

	ア	イ	ウ	エ	オ	カ
S	小麦	小麦	米	米	果実	果実
T	野菜	果実	果実	小麦	米	小麦
U	果実	野菜	小麦	果実	小麦	米

中外
令4

香川誠陵中学校　県外入学試験

社会問題

※解答はすべて解答用紙に記入しなさい。

2　次の地図を見て，あとの問いに答えなさい。

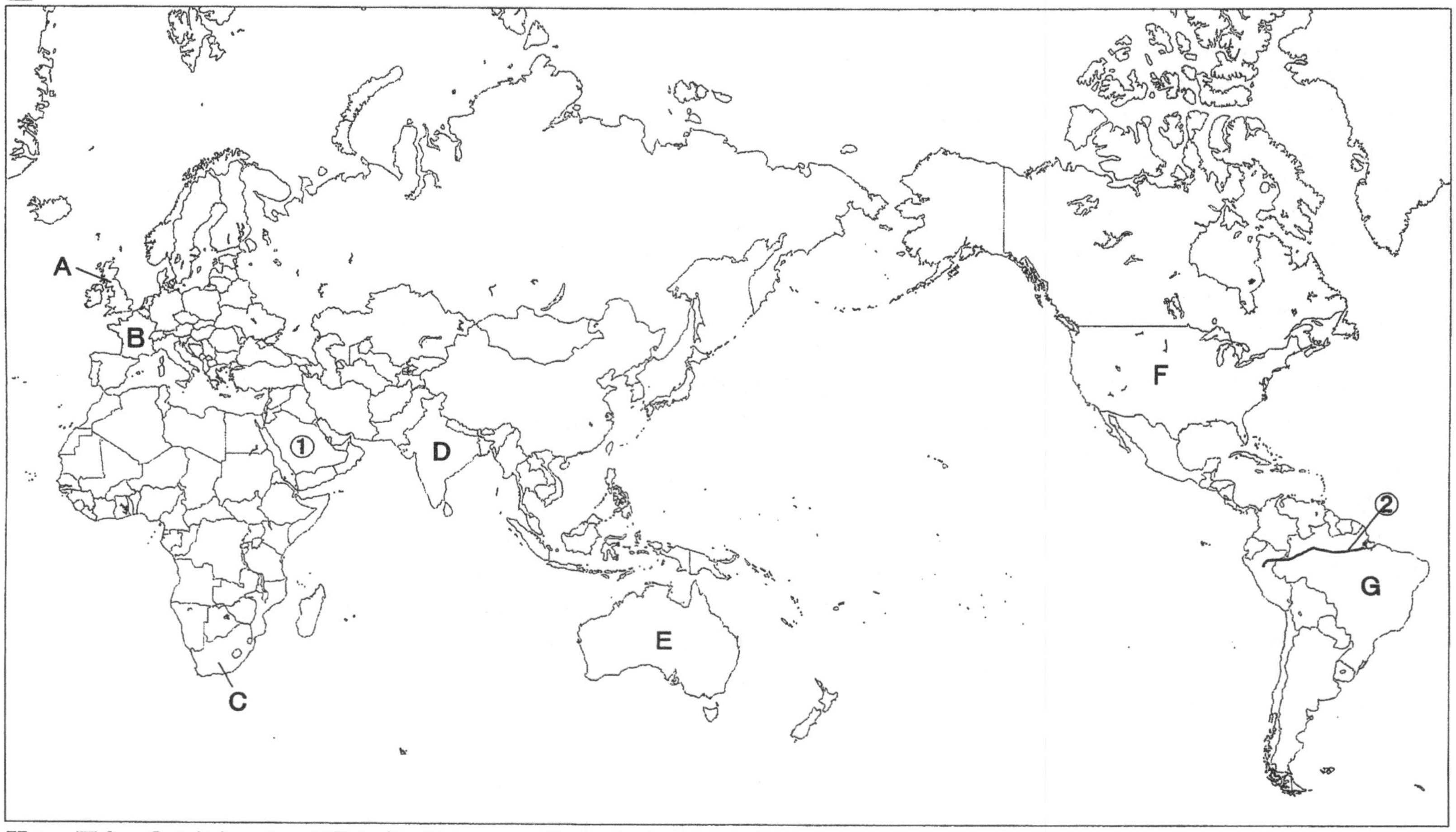

問1　国**A**～**G**のうち，人口が最も多い国を，一つ選び，記号で答えなさい。

問2　国**A**，**C**，**F**，**G**のうち，東京からそれぞれの国の首都までの距離が最も遠いものを，一つ選び，記号で答えなさい。

問3　昨年，東京で夏季オリンピックが開かれ，閉会式で次回の夏季オリンピック開催地が映し出された。下の文を読んで，次回の開催地がある国を，地図の**A**～**D**から一つ選び，記号で答えなさい。

> 閉会式が開かれている間，次回の開催地にあるエッフェル塔近くのトロカデロ広場に市民が集まっていた。オリンピックの旗が東京都知事から，次回開催地の市長に渡されると，オーケストラで国歌のラ・マルセイエーズが演奏され，空軍機が国旗の色である青・白・赤の三色の煙を出してエッフェル塔上空を飛んでいった。

問4　国**E**～**G**に関する以下のX～Zの記述の組み合わせを，あとの**ア**～**カ**から一つ選び，記号で答えなさい。

X　かつて日本から多くの人々が移り住み，コーヒー園などで働いた。サンパウロの東洋街には大きな鳥居がある。

Y　カンガルーやコアラといった珍しい動物がいる。国の中央部にあるウルルはこの国の先住民族の聖地である。

Z　先住民族のほか，世界のさまざまな地域から移り住んだ人がくらすため，人種のサラダボウルと呼ばれる。

	ア	イ	ウ	エ	オ	カ
E	X	X	Y	Y	Z	Z
F	Y	Z	X	Z	X	Y
G	Z	Y	Z	X	Y	X

問5　半島①についての以下の問いに答えなさい。

⑴　この半島の名前を，下の**ア**～**エ**から一つ選び，記号で答えなさい。

ア　イベリア半島　　**イ**　スカンジナビア半島　　**ウ**　アラビア半島　　**エ**　マレー半島

⑵　この半島にあるメッカに聖地がある宗教を，下の**ア**～**エ**から一つ選び，記号で答えなさい。

ア　イスラム教　　**イ**　キリスト教　　**ウ**　ヒンドゥー教　　**エ**　仏教

問6　河川②についての以下の問いに答えなさい。

⑴　流域面積が世界最大であるこの川の名前を答えなさい。

⑵　この川の流域で起きている環境破壊に関する記述として正しいものを，下の**ア**～**エ**から一つ選び，記号で答えなさい。

ア　降水量が少ない上にヤギや羊などの過放牧が原因で植物が少なくなり，砂漠化が深刻化している。

イ　自動車や工場から排出された硫黄酸化物や窒素酸化物による酸性雨の影響を強く受け，木々が枯れている。

ウ　温室効果ガスによってオゾン層の破壊がすすみ河川の水面が上昇したことで，洪水が起きやすくなっている。

エ　農地の確保などのために森林を伐採したり，木々を燃やして肥料にしたりしており，熱帯雨林が減少している。

中外
令4

香川誠陵中学校　県外入学試験

社会問題

※解答はすべて解答用紙に記入しなさい。

3　A～Fの各文を読んで，あとの各問いに答えなさい。

A　中大兄皇子は，百済を助けるために朝鮮半島に出兵し，（　a　）と新羅の連合軍と白村江で戦ったが，敗れた。敗戦後，北九州に大宰府を整備するなど防備を固め，近江大津宮で天智天皇として即位した。
B　平治の乱に勝利し，政権を握った平清盛は，武士として初めて太政大臣の位についた。朝廷の要職を平氏一族で独占するとともに，①大輪田泊を修築して（　b　）との貿易を始めた。
C　北条時宗が政治を行っていたころ，（　c　）軍と高麗軍が２度にわたって博多湾に襲来した。②御家人らは両軍を退けたが十分なほうびを与えられなかったため，幕府に不満をいだくようになった。
D　③室町幕府の第３代将軍（　d　）は南北朝を一つにまとめ，京都の室町に「花の御所」を建てた。また，勘合貿易によって，巨額の利益を得た。
E　④16世紀になると鉄砲やキリスト教が日本に伝わり，スペインやポルトガルとの貿易が始まった。キリスト教を信仰する大名も現れたが，（　e　）はバテレン追放令を出したり，キリシタンを処刑したりして，キリスト教を禁じた。
F　江戸時代初期には朱印船貿易が行われていたが，徳川家光の時代になると日本人の海外渡航と帰国が禁止され，ポルトガル船の来航も禁止された。（　f　）と中国に限り長崎での貿易が許される⑤鎖国政策がとられるようになった。

問１　（　a　）～（　c　）にあてはまる中国の王朝名を，下のア～カからそれぞれ一つずつ選び，記号で答えなさい。
　ア　元　　イ　漢　　ウ　唐　　エ　清　　オ　宋　　カ　明

問２　（　d　）・（　e　）にあてはまる人名，（　f　）にあてはまる国名を，それぞれ答えなさい。

問３　文Aの時代に関する記述として正しいものを，下のア～エから一つ選び，記号で答えなさい。
　ア　聖武天皇は乱れた世の中を仏の力で治めようと考え，全国に国分寺と国分尼寺を建てるように命じた。
　イ　後鳥羽上皇は政権を取り戻そうと承久の乱を起こしたが，失敗して隠岐に流された。
　ウ　浄土教を深く信仰した藤原頼通は，現在の京都府宇治市に平等院鳳凰堂をつくった。
　エ　天皇中心の国づくりを目指した聖徳太子は十七条憲法を制定し，役人の心構えを示した。

問４　下線部①について，大輪田泊の位置を，下図のア～エから一つ選び，記号で答えなさい。

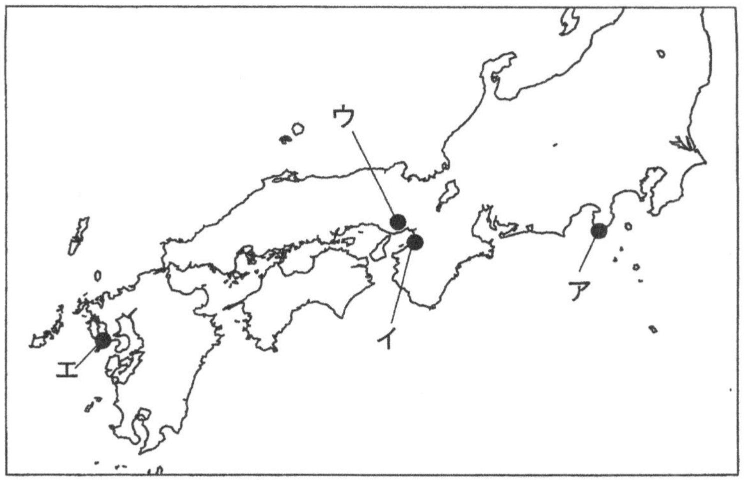

問５　下線部②について，この時生活に困った御家人を救うために幕府が出した法令を，下のア～エから一つ選び，記号で答えなさい。
　ア　墾田永年私財法　　イ　徳政令　　ウ　御成敗式目　　エ　棄捐令

問６　下線部③についての以下の問いに答えなさい。
　⑴　室町幕府の将軍を補佐する役職を，下のア～エから一つ選び，記号で答えなさい。
　　ア　執権　　イ　管領　　ウ　関白　　エ　老中
　⑵　室町時代の人々のくらしに関する記述として正しいものを，下のア～エから一つ選び，記号で答えなさい。
　　ア　稲を地方の役所に納めたり，各地の特産物を都に運んだりした農民の負担は大きかった。
　　イ　月に３回の定期市が始まり，物の売り買いには銅銭が使用されるようになった。
　　ウ　惣村では寄り合いが開かれ，村のきまりにそって自治が行われていた。
　　エ　備中ぐわや千歯こきなど新しい農具が生まれたことで，米の生産量が増えた。

中外
令4

香川誠陵中学校　県外入学試験

社会問題

※解答はすべて解答用紙に記入しなさい。

問7　下線部④についての以下の問いに答えなさい。

(1)　16世紀に起こったできごとに関する以下のX・Yの記述について，内容の正誤の組み合わせを，あとの**ア**～**エ**から一つ選び，記号で答えなさい。

X　織田信長は足利義昭を京都から追放して，室町幕府を滅ぼした。

Y　石田三成が率いる西軍と徳川家康が率いる東軍が壇の浦で戦い，東軍が勝利した。

	ア	**イ**	**ウ**	**エ**
X	正	正	誤	誤
Y	正	誤	正	誤

(2)　キリスト教を日本に伝えた宣教師の名前を答えなさい。

問8　下線部⑤についての以下の問いに答えなさい。

(1)　幕府は基本的に外国との交流を制限したが，琉球，朝鮮，蝦夷地との交易が認められている藩があった。琉球，朝鮮，蝦夷地との交易を認められていた藩の組み合わせを，下の**ア**～**カ**から一つ選び，記号で答えなさい。

	ア	**イ**	**ウ**	**エ**	**オ**	**カ**
琉　球	対馬藩	対馬藩	松前藩	松前藩	薩摩藩	薩摩藩
朝　鮮	松前藩	薩摩藩	対馬藩	薩摩藩	対馬藩	松前藩
蝦夷地	薩摩藩	松前藩	薩摩藩	対馬藩	松前藩	対馬藩

(2)　幕府が鎖国を行っていた間のできごとに関する以下のX～Zの記述を，古いものから年代順にならべたものを，あとの**ア**～**カ**から一つ選び，記号で答えなさい。

X　犬をはじめとして，生き物を大切にする法令が出された。

Y　裁判の基準となる公事方御定書が定められた。

Z　大阪の町奉行所の役人が人々とともに反乱を起こした。

ア　X→Y→Z　　**イ**　X→Z→Y　　**ウ**　Y→X→Z　　**エ**　Y→Z→X　　**オ**　Z→X→Y　　**カ**　Z→Y→X

問9　文**F**の時代の学問や文化に関する記述として正しいものを，下の**ア**～**エ**から一つ選び，記号で答えなさい。

ア　観阿弥・世阿弥父子によって能楽が大成した。

イ　葛飾北斎の『東海道五十三次』などの浮世絵が流行した。

ウ　近松門左衛門が人形浄瑠璃や歌舞伎の脚本を書いた。

エ　狩野永徳が豪華で雄大な画風で『唐獅子図屏風』をえがいた。

4　次のある親子の会話文を読んで，あとの問いに答えなさい。

誠太：香川県がいつできたか知ってる？　明治政府が高松藩を廃止して高松県をつくった後，高松県と丸亀県が合併して1873年に香川県ができたんだって。

父親：よく知っているね。どうして明治政府が藩を廃止したかは知っているかな？

誠太：政府を中心に日本がまとまるためには，政府から全国に役人を派遣して政府の命令が行きわたるようにする必要があったんだよね。日本は幕末に外国と結んだ①不平等条約を改正するためにも，早く欧米列強に追いつかなくてはならなかったんだ。

父親：そうだね。明治政府は「富国強兵」と「殖産興業」をスローガンに②日本の近代化を進めたんだ。

誠太：いろいろ③反発もあったようだけど，国会も開かれるようになったし，④明治時代に起こった2つの戦争にも勝利できたんだから，短い期間で日本は欧米列強にずいぶん近づいたと言えるんじゃないかな。

父親：欧米には日本が大陸へ進出することを警戒する動きもみられるようになったしね。大正時代には⑤第一次世界大戦後に結成された国際連盟に常任理事国として参加することにもなって，国際的な地位がさらに上がったと言えるね。

誠太：でも，昭和時代に入ると世界恐慌の影響も受けて経済的に苦しくなった日本は，国際連盟を脱退して孤立していくんだよね。そして，長い戦争の時代に突入していくんだ。修学旅行で⑥原爆ドームや広島平和記念資料館を見た時，絶対に戦争を繰り返してはいけないってぼくは思ったよ。

父親：⑦戦後にGHQの指導の下でつくられた⑧日本国憲法の平和主義がこれからもずっと守られるように，歴史や世界情勢についてもっと学ばなくてはいけないね。

問1　下線部①について，条約改正の準備交渉のために日本を出発した岩倉使節団とともにアメリカに渡った日本で最初の女子留学生を，下の**ア**～**エ**から一つ選び，記号で答えなさい。

ア　津田梅子　　**イ**　樋口一葉　　**ウ**　平塚雷鳥　　**エ**　市川房枝

中外
令４

香川誠陵中学校　県外入学試験

社会問題

※解答はすべて解答用紙に記入しなさい。

問２　下線部②について，以下のＸ～Ｚの記述と関連の深い人物の組み合わせを，あとの**ア～カ**から一つ選び，記号で答えなさい。

Ｘ　破傷風の治療法を発見しただけでなく，研究所をたてて，研究者の育成に努めた。

Ｙ　国立銀行や多くの会社の設立に関わり，「日本資本主義の父」と呼ばれる。

Ｚ　『学問のすすめ』など多くの本を書いて，日本に西洋文化を紹介した。

	ア	イ	ウ	エ	オ	カ
Ｘ	渋沢栄一	渋沢栄一	福沢諭吉	福沢諭吉	北里柴三郎	北里柴三郎
Ｙ	福沢諭吉	北里柴三郎	渋沢栄一	北里柴三郎	渋沢栄一	福沢諭吉
Ｚ	北里柴三郎	福沢諭吉	北里柴三郎	渋沢栄一	福沢諭吉	渋沢栄一

問３　下線部③について，明治政府に不満を持った士族とともに西南戦争を起こした人物を，下の**ア～エ**から一つ選び，記号で答えなさい。

ア　大久保利通　　**イ**　伊藤博文　　**ウ**　板垣退助　　**エ**　西郷隆盛

問４　下線部④に関する以下のＸ～Ｚの記述について，内容の正誤の組み合わせを，あとの**ア～ク**から一つ選び，記号で答えなさい。

Ｘ　日英同盟を口実に連合国側として日露戦争に参戦した日本は，中国に二十一か条の要求をつきつけた。

Ｙ　与謝野晶子は，「君死にたまふことなかれ」を発表し，日清戦争に出征した弟を心配した。

Ｚ　日清戦争で得たリャオトン半島は，ロシアなどの三国干渉によって返還することになった。

	ア	イ	ウ	エ	オ	カ	キ	ク
Ｘ	正	正	正	正	誤	誤	誤	誤
Ｙ	正	正	誤	誤	正	正	誤	誤
Ｚ	正	誤	正	誤	正	誤	正	誤

問５　下線部⑤について，第一次世界大戦が終わった後に起きたできごとに関する記述として正しいものを，下の**ア～エ**から一つ選び，記号で答えなさい。

ア　日本は韓国と併合条約を結び，朝鮮半島を日本の植民地とした。

イ　ノルマントン号が和歌山沖で沈没して，日本人乗客が全員亡くなった。

ウ　関東大震災が発生し，多くの朝鮮人や社会主義者が殺害された。

エ　小村寿太郎が関税自主権の回復に成功し，条約改正が達成された。

問６　下線部⑥について，広島に原子爆弾が投下された日を，下の**ア～エ**から一つ選び，記号で答えなさい。

ア　８月６日　　**イ**　８月８日　　**ウ**　８月９日　　**エ**　８月15日

問７　下線部⑦について，15年にわたる長い戦争の後のできごとに関する以下のＸ～Ｚの記述を，古いものから年代順にならべたものを，あとの**ア～カ**から一つ選び，記号で答えなさい。

Ｘ　ソビエト連邦との間に国交を回復し，国際連合への加盟が認められた。

Ｙ　アメリカによって占領されていた沖縄県が日本に復帰した。

Ｚ　東海道新幹線が開通し，その10日後に東京でオリンピック大会が開かれた。

ア　Ｘ→Ｙ→Ｚ　　**イ**　Ｘ→Ｚ→Ｙ　　**ウ**　Ｙ→Ｘ→Ｚ　　**エ**　Ｙ→Ｚ→Ｘ　　**オ**　Ｚ→Ｘ→Ｙ　　**カ**　Ｚ→Ｙ→Ｘ

問８　下線部⑧について，日本国憲法で戦争放棄（平和主義）について規定されているのは第何条か。算用数字で答えなさい。

令和四年度 中学校県外入学試験

国語解答用紙

（6枚のうち6枚目）

受験番号

氏名

＊欄には記入しないこと。

＊

※120点満点
（配点非公表）

一

問一 ア い　イ　ウ　エ　オ しい

問二 Ⅰ　Ⅱ　Ⅲ

問三

問四

問五 初め　終わり

問六

問七 初め　終わり

問八

問九

問十

問十一 あ　い　う

＊　＊　＊

二

問一 ア　イ　ウ　エ　オ

問二 Ⅰ　Ⅱ　Ⅲ

問三

問四

問五

問六 あ　い　う

問七 A　B

問八

問九

問十

問十一 初め　終わり

＊　＊　＊　＊　＊

令和４年度　中学校県外入学試験

算数解答用紙

受験番号		氏名		*

＊欄には記入しないこと。

1

(1)		(2)		(3)		(4)		
(5)		(6)		(7)		(8)		*

2

(1)		(2)		(3)		
(4)	分後	(5)	cm	(6)	通り	*

3

(1)	g	(2)	%	(3)	%	*

4

(1)	(ア)	cm^2	(イ)	cm^2	(ウ)	cm^2	(エ)	cm^2	(オ)	cm^2	
(2)		(3)									*

5

(1)	度	(2)	(ア)	倍	(イ)	倍	(3)	cm^3	*

※80点満点
（配点非公表）
（6枚のうち6枚目）

令和４年度　中学校県外入学試験

理科解答用紙

受験番号		氏名		*

＊らんには記入しないこと。

1

(1)		(2)		(3)	①：	②：
(4)		(5)		(6)		
(7)	①：　②：	(8)	m			

＊

2

(1)		(2)	g	(3)	
(4)		(5)	物質A：　g	ホウ酸：　g	

＊

3

(1)	A：	B：	C：	D：
(2)	□ → □ → □ → □ → □			
(3)		(4)		
(5)	A：			
	B：			

＊

4

(1)		(2)		(3)	
(4)	%	(5)	%		

＊

5

(1)		(2)	cm	(3)	
(4)	毎秒　cm	(5)	毎秒　cm		

＊

※80点満点
（配点非公表）
（７枚のうち７枚目）

令和４年度　中学校県外入学試験

社会解答用紙

受験番号		氏名		＊

＊欄には記入しないこと。

1

問1	県	問2	海				
問3	地形名	記号	問4	(1)	(2)		
問5	記号	島名	問6		問7		
問8	(1)	(2)	(3)	(4)			
問9	市	問10	湖名　湖	記号			
問11		問12					

＊

2

問1		問2		問3		問4	
問5	(1)	(2)	問6	(1)　川	(2)		

＊

3

問1	a	b	c		
問2	d	e	f		
問3		問4		問5	
問6	(1)	(2)	問7	(1)	(2)
問8	(1)	(2)	問9		

＊

4

問1		問2		問3		問4	
問5		問6		問7			
問8	第　条						

＊

中外　令5

香川誠陵中学校　県外入学試験

国語問題

（50分）

※解答はすべて解答用紙に記入しなさい。

（7枚のうち1枚目）

一．次の文章を読んで、後の問いに答えなさい。答えに句読点や記号がふくまれる場合はそれらも一字と数えます。

コミュニケーションとは、言葉だけではありません。言葉はコミュニケーション全体のたったの7％といわれています。残りの93％は、声の調子、顔の表情、視線、しぐさ、態度といった言葉以外のもの。僕《ぼく》たちは言葉そのものより、言葉以外のものからずっと多くを受け取って、コミュニケーションをとっているのです。どんなにいいことを言っていても、その人が踏《ふ》ん反り返って横柄《おうへい》な態度でいたら、何か信用ができないと感じてしまうのは、そのためなのです。

注1 SNSでのコミュニケーションのほとんどは、言葉に偏《かたよ》っています。どういう気持ちが込《こ》められているのか、ア コマかなニュアンスを文字から読み取るのは、けっこう難しいもの。人によってはまったく逆の受け取り方をしてしまうこともあるでしょう。相手の姿が見えないところで相手の身になるというのは、もともと難しいことなのです。

［Ⅰ］コロナ時代になって、注2 オンラインでのコミュニケーションが一気に進みました。画面越《こ》しに顔を見て会話ができたとしても、やはり①直接会って話をするのとは違《ちが》って、相槌《あいづち》がぶつかったり、間合いが取れなかったり、何となく話がかみ合わないような感じがします。特に、初めて話す人はストレスを感じるでしょう。こうしたオンラインでのやりとりは、コロナ後もある程度続いていくことが予想されます。

すると、今後も、SNSやオンラインでのX 発信力のあることが重視され、そうした能力をもった人が競争社会でも有利になっていくことは間違いありません。そうすると、ますます相手の身になる力がY ないがしろにされてしまうのではないか。僕はこれをとても危惧《きぐ》しています。

②コミュニケーションは、キャッチボールです。ボールを投げて取る、取っては投げる、この繰《く》り返しで相手のことが少しずつわかってきたり、相手と自分の関係性が出来上がっていきます。それには、相手がキャッチできるようにボールを投げなければなりません。［Ⅱ］、相手の身になって、相手に伝わるように話すことが必要になります。

［Ⅲ］、SNSを中心にした現代のコミュニケーションは、③キャッチボールではなく、自分がいかにすばらしいボールを投げるかに終始しているように思えます。もともと不特定の相手に発信するSNSでは、誰《だれ》にボールを投げているのかさえあいまいです。自分が発した言葉に、誰かが「いいね」を返してくれたら、自分という存在も認められたような気分になります。この気持ちは僕もわかります。自分の言葉をわかってくれる人、イ サンドウしてくれる人の存在はとてもうれしい。そして、もっとおもしろいこと、もっと過激なことを書いてやろうというふうにエスカレートしていきます。ある意味楽しい気分になりますが、その言葉を受け取る相手のことまで考えている人はあまり多くないでしょう。（中略）

誤解のないように言いますが、僕はSNSが悪いと言っているわけではありません。SNSという難しい注3 コミュニケーションツールを使いこなすには、もっと相手の身になる力を身につけなければ、SNSという道具に振《ふ》り回されてしまうと言いたいのです。

相手の身になるということは、相手に興味をもつということです。自分のほうから興味をもつと、たいていは相手もこちらに興味をもってくれます。それがきっかけで、お互《たが》いに話ができたり、わかり合えたりします。そう、相手の身になることは、人と仲よくなる近道なのです。

人にアピールする特技やすぐれたところがないと、友だちはつくれないのではないか。そんなふうに自信をもてないでいるかもしれませんが、それは大きな誤解です。自分のほうから相手に興味をもつこと、そして、相手の身になってみることで、人との距離《きょり》をウ チヂめることができるのです。

相手の身になるということは、自分とは違う考え方、知らなかったことと出合うことでもあります。視野が広がり、自分が思っている「あたりまえ」があたりまえではないことにも気づかせてくれます。世の中にはいろんな考え方がある、エ ジョウシキは一つじゃないと気づくことは、人間として豊かに成長していく上で欠かすことができません。

これから多様性の時代になるといわれています。多様性とは、いろんな個性、いろんな考え方をもった人たちが、それぞれ認め合いながら一緒《いっしょ》に生きていくこと。そんな多様性を大事にする社会では、相手の身になる力がないと④生き抜《ぬ》くことができないと僕は思っています。

そして、最も大切だと思うのは、暴走を防ぐブレーキとしての力です。コロナ禍《か》であらわになったように、残念なことですが人間には人をひぼう中傷したり、言葉の暴力を振るう嫌《いや》な一面があります。けれど、相手の身になる力があれば、⑤その方向に流されそうになる自分にブレーキをかけることもできるのです。お互いに傷つけ合うのではなく、声をかけ合う、気遣《きづか》い合う、助け合うことで、僕たち自身が生み出している⑥「生きづらさ」はずいぶん解消されるのではないでしょうか。

現代は、コンビニがあり、ネットで世界中の人とつながることもでき、ある程度、オ ジョウケンが整えば一人でも生きていける仕組みになっています。自分のことだけ考えて生きていくことも可能かもしれません。しかし、それだけでは幸せに生きられない。一人だけでは心が満たされないことに、みんなが気づき始めています。

相手の身になる力は、人とかかわりながら、だんだんと身についていきます。その大切さに気づくことができれば、もっともっと伸《の》ば

香川誠陵中学校　県外入学試験

国語問題

※解答はすべて解答用紙に記入しなさい。

していくこともできるでしょう。今まで何となく見過ごされてきた、古くて新しい「相手の身になる力」。新しい自分を発見するために、「生きづらさ」を解消するために、人や社会とつながって生きていくために、相手の身になる練習を始めましょう。

（鎌田　實『相手の身になる練習』による。一部改めたところがある。）

注1　SNS＝インターネット上で社会的なネットワークを作り出せるサービス。
注2　オンライン＝インターネットにつながっている状態。
注3　コミュニケーションツール＝コミュニケーションの道具。

問一　――線部ア～オのカタカナを漢字にそれぞれ直し、楷書《かいしょ》でていねいに書きなさい。

問二　[Ⅰ]～[Ⅲ]にあてはまる最も適切な言葉を次の中からそれぞれ選んで、記号で答えなさい。（同じ記号は一度しか使えない。）

ア　けれども　イ　もし　ウ　つまり　エ　さらに　オ　やはり

問三　――線部X「発信」とあるが、この「信」と**異なる意味**で使われているものを次の中から選んで、記号で答えなさい。

ア　通信　イ　迷《めい》信　ウ　電信　エ　送信

問四　――線部Y「ないがしろ」の意味として最も適切なものを次の中から選んで、記号で答えなさい。

ア　重宝する様子　イ　あいまいな様子　ウ　嫌がる様子　エ　軽《かろ》んじる様子

問五　――線部①「直接会って話をする」とあるが、この時のコミュニケーションのとり方の特徴《とくちょう》とはどのようなものか。文章中から四十五字以上五十字以内で見つけ、初めと終わりの五字をぬき出して答えなさい。

問六　――線部②「コミュニケーションは、キャッチボールです」とあるが、ここで使われている表現技法として、最も適切なものを次の中から選んで、記号で答えなさい。

ア　擬人《ぎじん》法　イ　比ゆ法　ウ　倒置《とうち》法　エ　反復法

問七　――線部③「キャッチボールではなく、自分がいかにすばらしいボールを投げるか」とあるが、これはどういうことか。その説明として最も適切なものを次の中から選んで、記号で答えなさい。

ア　相手にきちんと情報が伝わるように話すのではなく、自分の注目度が上がることを第一に考え言葉を発信すること。
イ　相手に内容が伝わるように考えながら、相手がより楽しめる言葉や内容を考えて情報を発信すること。
ウ　相手が楽しい気分になる内容を発信するのではなく、過激で相手を刺激《しげき》するような言葉を発信すること。
エ　相手に正確な内容を伝えるのではなく、自分より目立とうと事実をいつわった内容を発信すること。

問八　――線部④「生き抜くことができない」とあるが、その理由として最も適切なものを次の中から選んで、記号で答えなさい。

ア　ネット環境《かんきょう》がなく人とつながれないなど、現代の生活に欠かせない仕組みが整っていないから。
イ　人にアピールする特技やすぐれたところがないので友だちが作れなくなってしまうから。
ウ　相手に興味関心を持つことができず、自分とは違う考え方を受け入れることができないから。
エ　SNSやオンラインにのみたより、直接人とつながることを拒否《きょひ》した結果、孤独《こどく》になるから。

問九　――線部⑤「その方向」の指す内容を、次の形に合うように文章中から二十字で見つけ、初めと終わりの五字をぬき出して答えなさい。

（　　　　　　　　）**という方向**

問十　――線部⑥「『生きづらさ』はずいぶん解消されるのではないでしょうか」とあるが、筆者はどうすればよいと考えているか。それを説明した次の文の空らんにあてはまる言葉を文章中からぬき出して答えなさい。ただし、かっこ内の字数にしたがうこと。

> 一人でも生きていける仕組みが整った現代であるからといって、[**あ**（十五字）]のではなく、様々な人や社会と時間をかけて関わりながら、[**い**（八字）]を大切にして生きていくこと。

問十一　本文の内容にあてはまるものとして最も適切なものを次の中から選んで、記号で答えなさい。

ア　人はコミュニケーションを取るときに、半分以上は相手の言葉を手がかりにしている。
イ　コロナ後の社会では、SNSやオンラインでの高い発信力を身につけることが大切だ。
ウ　SNSで自分の存在を認め、共感してくれる人が多ければ多いほど幸せに生きられる。
エ　自分とは異なる考え方に触《ふ》れ、新しい自分を発見することは生きる上で欠かせない。

香川誠陵中学校　県外入学試験

国語問題

※解答はすべて解答用紙に記入しなさい。

二、次の文章を読んで、後の問いに答えなさい。答えに句読点や記号がふくまれる場合はそれらも一字と数えます。

《小市航太《おちこうた》は瀬戸内海の島にある五木高校の分校に通う三年生である。同級生の河野日向子《こうのひなこ》は俳句甲子園《こうしえん》への出場を目指している。》

「……これ、どこかで聞いたことがあるかな……」
「あるでしょ、もちろん。私が散々ホームルームで呼びかけたじゃない」
「あ、ああ……」
「それに、毎年夏になるといろんなところで話題になってるじゃない」
「そ、そう?」
航太は記憶《きおく》を絞《しぼ》り出そうとする。
「ほら、八月に松山市[注1]で全国大会があるの。テレビをつければ、必ずニュースが流れる」
航太の興味は野球の甲子園にしかないのだが、河野女史[注2]にそれを言ったら叱《しか》り飛ばされそうだ。
「どうにか、うちの学校から参加できないかと思っていたんだけど……。新学期になってからずっと呼びかけ続けていて、もう来月半ばがぎりぎりエントリーのタイムリミットだっていうのに、どうしても人が集まらない」
「はあ、なるほど」
①航太は、今度は深くうなずく。国語の成績が底辺をさまよっている航太でも、五木分校で「人を集める」ことの難しさだけは、最大級に共感できる。
「そんなことしてたんだ」
「だから、やってたじゃない。小市、ロングホームルームの時間何してたの?」
その時間を睡眠《すいみん》に充《あ》てていることは、言わないでおこう。
「ええと、本校には声かけないの?　やっぱり気は進まないのかな、おれもそうだったけど」
本校なら生徒数が段違《だんちが》いに多い。だが、五木分校は昔から本校とそれほど交流がない。そもそもは独立した県立高校だったのに過疎《かそ》化のせいで統合され、分校にされたという経緯《けいい》に、島の人たちがわだかまりを残しているせいだ。
球技部部長の航太にもその思いはあるし、表情から察するに、②河野女史も同じらしい。
「私は、この分校でチームを作りたいの。私たち今年で最後だし、五木分校だって、もうなくなっちゃうでしょ。だから、みんなで俳句甲子園に出たい。私の取り柄《え》は俳句だけなんだけど」
「うん」
言ってから、航太はあわててつけ加える。「あ、今のは、河野女史の取り柄が俳句ってことへの『うん』であって、『だけ』ってことへの『うん』じゃないから、あの、」
河野女史は［ I ］と笑う。
「わかってる、小市。ありがとう」
河野女史は、左の頬《ほお》にだけえくぼができるんだ。今まで知らなかった。こんな至近距離《きょり》で向かい合ったことなんてなかったから。
「で、聞いてもいい?　そもそも、何なの?　俳句甲子園って」
河野女史は深い③ため息をついた。
「本当に聞いてなかったな。でもまあ、小市みたいな筋肉男は興味なくて当たり前か。五人一チームで、あらかじめ用意しておいた俳句を出し合って戦う大会」
「俳句で戦う?」
航太の頭に浮《う》かんだのは、俳句を書いたカードみたいなものを河野女史がふりかざして、対戦相手に襲《おそ》いかかる図だ。何か、風鈴《ふうりん》についている紙みたいなカードを。
女史に似合っている。だが、それは絶対に違うだろう。
「互《たが》いの句について、ここはどうなのか、もっとこうしたほうがいいんじゃないか、そういうようなことを言い合う。句そのものの出来ももちろん採点されるけど、相手の句をちゃんと鑑賞《かんしょう》できるかについても点がつけられて、合計点で勝ち負けが決まる」
「ああ、なるほど」
やっぱり想像とは全然違った。
河野女史はパソコンの電源を落として、また④ため息をつく。
「でもね。人前に出て自分の作った俳句について語るなんて絶対無理だって、俳句が嫌《きら》いじゃなさそうな人に声をかけても、みんなそう言って A尻込《しりご》みするの。まったく、ガッツがないんだから。一番有望そうな男は、点数化した団体勝負なんて何があっても願い下げだって、聞く耳持たないし」
なんとなくわかった。その「一番有望そうな男」がたぶん、恵一《けいいち》だ。頭がいい。国語の成績なんか、勉強しなくてもクラスで一番か二

国語問題

※解答はすべて解答用紙に記入しなさい。

番。この河野女史とトップ争いだ。しかも、恵一が特別大事そうに持ち歩いているノート。［　Ⅱ　］見せてもらったことはないけど、あれに書きつけているのは俳句だ、たぶん。

「対戦試合を避《さ》けようとするなら、最初のうちは投句審査《しんさ》でいくこともできるのに……」

「とうくしんさ？」

「だいたいの学校は、予選である地方大会から試合するんだけど、普通《ふつう》のコンクールみたいに、投句――俳句を応募《おうぼ》――して、それがよくできていたら、地方大会を飛ばして全国大会に進むこともできる。そっちを選ぶ学校もあるし、それだったら、とにかく私のほかに四人集めて俳句を作ってもらえれば、それで参加資格はクリアできる」

「ああ、なるほど。俳句コンテストみたいな形式もあるんだ。それだったら、ハードル低いのかな？　愛媛の高校生は、みんな小学校の時から俳句の授業を受けてるもんな」

「でしょ？　なのにいくらそれを言っても、誰《だれ》もやる気なし。もったいない。せっかく俳句に親しんできてるのに。全国から松山を目指す高校生がたくさんいるのに、お膝元《ひざもと》の瀬戸内《せとうち》の学校が出ないで、どうするのよ？」

河野女史は一人で怒《おこ》っている。

「うん、まだあきらめたくないんだな。エントリー締《し》め切りまでまだ時間はある」

自分に言い聞かせるようにつぶやいてから、河野女史は改めて航太を見た。

「ところで、筋肉男、こんなところで何してるの？　部活は？」

「ああ、それは……」

話の流れで、なんとなく、航太は球技部がとうとう消滅《しょうめつ》しそうなことを説明するア羽目になった。⑤するとと、途中《とちゅう》で、河野女史の目の色が変わった。

「な、何？」

「つまり、球技部の二年生四人が今、行き場を失っているわけね？」

「行き場を失ってって、そんな救いのない言い方しなくても……。でもまあ、そう言えるかもしれない」

そこで河野女史がいきなり立ち上がった。

「小市、案内して」

「え？　どこに？」

「その、球技部員二年生のところ。そうよ、三年生に限らなくてもいいんだわ」

あとのほうは独り言みたいだった。航太は引っ張られるようにして、職員準備室を出た。

職員室の前を通ると、人待ち顔の恵一が目の隅《すみ》を横切った。だが、航太が目でイ合図するまでもなく、あわててまた引っ込《こ》んだ。さっき、⑥恵一はこの河野女史とやりあったばかりだからだろう。

前しか見ていない河野女史は恵一に気づかない。自分に言い聞かせるように［　Ⅲ　］とつぶやいている。

「とにかく、四人。四人、掻《か》き集めればいいのよ」

十分後。広い校庭の隅で、河野女史は仁王《におう》立ちをしていた。なんとなく悪いことをしたような気がして、⑦航太はその前で小さくなっている。

「やっぱり、筋肉男たちはどこまでいっても筋肉だけだったわね」

「あの……」

「いいんだ、私が悪かった。ウ安易に誰でもいいってものじゃないことくらい、気づくべきだった」

「はあ……」

「いいよ、小市。ありがとう」

河野女史が四人と口走っていたのは、球技部の二年生部員たちのことだ。

「ちょうどぴったりの数だったもので、舞《ま》い上がっちゃった。足を怪我《けが》してたって俳句の試合なら問題ない、私が車椅子《いす》を押《お》してやるからってね。とりあえず県内有数の強豪校《きょうごうこう》と対戦してぼろ負けしても崩《くず》れないメンタルは持っているから、俳句の試合くらいでびびらないだろうと思ったし。肝心《かんじん》の俳句だって、愛媛県で生まれ育った人間なら、小学校の時からずっと作らされてきているもの、問題解決だと思ったんだけど……」

そう思いどおりにはいかなかったのだ。

球技部のむさくるしい部室には誰もいなかった。河野女史に引っ張られながら探し回ると、球技部の二年生たちは広い校庭で練習していた。二対一でのパス練習。

――まだあきらめません。おれたちにはまだ来年がある。今年は無理でも、あと一人部員を増やせれば、来年には五人そろう。最後の大会をめざします！

国語問題

※解答はすべて解答用紙に記入しなさい。

日焼けした顔にいっぱいの笑顔《えがお》でそう言われて、さすがの河野女史も、「俳句」の一言も出せずに引き下がるしかなかったのだ。

「あ、じゃあ、おれはこれで……」

ようやく解放されるかとほっとした航太だったが、河野女史は**エ**意外なことを言い出した。

「小市、まだ時間ある？　何かおごる」

河野女史に購買《こうばい》部のダブルチョコアイス――一番高い奴《やつ》――を押しつけられて、屋上へ行った。あいかわらず海は青い。

「小市、スマートフォン持ってる？　ちょっとネット開いてみて」

促《うなが》されるままに操作した検索《けんさく》エンジンに河野女史が何か打ち込むと、やがてどこかで見たことのある景色が現れた。

奥《おく》行きのあるアーケード街。ハの字形に赤と白の机が置かれ、そこにすわっている制服姿の高校生たち。机の間には天井《てんじょう》から二枚の大きな垂れ幕……と、そこに書かれた、たぶん俳句。

「あれ、これ……」

「よく知ってる場所でしょ。松山市の、大街道《おおかいどう》商店街。ここが俳句甲子園の試合会場」

「こんなところで？」

「ねえ、小市君。やってみない？」

「お、おれが？」

驚《おどろ》きすぎたせいで、チョコレートのかけらが変なところに入ってしまった。河野女史に優《やさ》しい声で「君」づけされたのも、気味が悪い。

河野女史はその優しい声でなおも続ける。

「さっき話してたでしょ。愛媛の高校生は、みんな小学生の時から俳句の授業を受けてるって。つまり、あんたもよね。どう？」

「無理無理、おれには無理」

航太はあわてて首を振《ふ》る。小学生の時から俳句を作る授業は特に苦手だったのだ。

「縁《えん》がない世界だよ」

「どうして？　俳句、難しくないよ？　すなおにありのままを言葉にすればいいだけ」

「あ、あのさ」

航太はどうにか態勢を立て直す。

「そういうのが［Ⅳ］できるのは、国語が得意とか本読むのが好きとか、やっぱ**オ**素質が必要なんだよ。おれ、そういうの一切《いっさい》なし。本当になし」

「やってみなくちゃわからないじゃない」

「そんなこと簡単に言うなよ。自慢《じまん》じゃないけど、おれ、小中学校通して、作文も俳句も全部逃《に》げ回ってきたような人間なんだって。今さら俳句作れなんて、絶対無理。だから帰らせて」

河野女史が肩《かた》を落とした。

「やっぱり、無理か」

どうしよう。こわい女史といえども、女の子をがっかりさせるのは落ち着かない。だが、人間には向き不向きというものがあるのだ。

⑧「じゃあさ、メンバー集めには協力するから」

せめてもの罪滅《つみほろ》ぼしのつもりでそう言ってみると、河野女史がにっこり笑った。

「よろしく。じゃあ、そのアイスは協力費ってことで」

（森谷　明子『南風吹く』光文社文庫による。一部改めたところがある。）

注1　松山市＝俳句甲子園全国大会の会場となる愛媛県の街。正岡子規《まさおかしき》・高浜虚子《たかはまきょし》など著名な俳人の出身地。

注2　河野女史＝「女史」とは女性に対する敬称《けいしょう》。航太は彼女《かのじょ》に敬意を込め「女史」と付けている。

問一　線部**ア**～**オ**の漢字の読みを、ひらがなで書きなさい。

問二　［Ⅰ］～［Ⅳ］にあてはまる最も適切な言葉を次の中からそれぞれ選んで、記号で答えなさい。（同じ記号は一度しか使えない。）

ア　すらすら　　**イ**　くすり　　**ウ**　とぼとぼ　　**エ**　ぶつぶつ　　**オ**　じっくり

問三　線部**A**「尻込みする」の意味として最も適切なものを次の中から選んで、記号で答えなさい。

ア　ことわる　　**イ**　あせりだす　　**ウ**　ためらう　　**エ**　おどける

国語問題

香川誠陵中学校　県外入学試験

※解答はすべて解答用紙に記入しなさい。

問四　——線部①「航太は、今度は深くうなずく」とあるが、この時の航太の心情として最も適切なものを次の中から選んで、記号で答えなさい。

ア　国語の成績が振るわないので俳句甲子園に参加したくてもできないが、河野女史の大変さはよくわかっている。
イ　俳句甲子園に出場するために参加者を探す河野女史の努力に共感し、自分も何か力になりたいと感じている。
ウ　俳句甲子園には興味が持てない以上、参加者を探す河野女史の力にはなれないので申し訳なく思っている。
エ　俳句甲子園は人ごとのように思えるが、参加するための人集めをする河野女史の苦労には理解を示している。

問五　——線部②「河野女史も同じらしい」とあるが、何が同じなのか。その内容として最も適切なものを次の中から選んで、記号で答えなさい。

ア　俳句甲子園に出場するためにいっしょに参加してくれる仲間を何としてでも見つけたいと考えていること。
イ　人数の多い本校の力を借りずに分校だけでチームを作り、俳句甲子園に出場したいと考えていること。
ウ　分校にいる学生だけで俳句甲子園のチームを作らなければ島の人に文句を言われると考えていること。
エ　本当は生徒人数が少ない分校でなく、本校から参加者を探す方が早く見つかるだろうと考えていること。

問六　——線部③・④の河野女史の「ため息」について説明したものとして最も適切なものを次の中から選んで、記号で答えなさい。

ア　——線部③は、河野女史の取り柄が俳句作りだけだと思っている航太に嫌気《いやけ》がさして出たため息で、——線部④は、俳句甲子園に誘《さそ》った人物に俳句が嫌いと言われ、悲しくなって出たため息である。
イ　——線部③は、俳句甲子園の面白《おもしろ》さを伝えても、理解しない航太に失望して出たため息で、——線部④は、俳句甲子園に参加する有望な人物が近くにおらず、がっかりして出たため息である。
ウ　——線部③は、俳句甲子園に誰も興味を持ってくれずがっかりして出たため息で、——線部④は、俳句甲子園について全く違った想像をしていた航太にあきれてついたため息である。
エ　——線部③は、俳句甲子園について全く無知であった航太にあきれて出たため息で、——線部④は、俳句甲子園の参加者として有望な人物に断られて、がっかりして出たため息である。

問七　——線部⑤「すると、途中で、河野女史の目の色が変わった」とあるが、この時の河野女史の心情について説明したものとして最も適切なものを次の中から選んで、記号で答えなさい。

ア　航太から球技部がもうすぐなくなってしまいそうだという事情をはじめて聞かされて、予想もしなかったことに驚いている。
イ　球技部がなくなると困る二年の部員を救う方法がやっと見つかったので、早くそれを実行したいと気持ちがはやっている。
ウ　何としても出場メンバーを集めたいと探し回っていたが、一気に出場メンバーの人数がそろうチャンスを見つけ期待している。
エ　思いもしなかった球技部から、俳句に興味を持つメンバーを集められそうな可能性が出てきたので、うれしくて興奮している。

問八　——線部⑥「恵一はこの河野女史とやりあったばかりだからだろう」とあるが、恵一は河野女史にどのようなことを言ったと考えられるか。文章中から二十字以上二十五字以内で見つけ、初めと終わりの五字をぬき出して答えなさい。

問九　——線部⑦「航太はその前で小さくなっている」とあるが、その理由として最も適切なものを次の中から選んで、記号で答えなさい。

ア　球技部の二年生を紹介《しょうかい》して、自分のせいではないが結果的に河野女史の期待を裏切ることになり申し訳なく思っているから。
イ　俳句甲子園の参加メンバーが集まらないのは自分にも原因があるので、自分がとった軽はずみな行動を反省しているから。
ウ　俳句甲子園のメンバーがそろうかもしれないというあてが外れ、怒《いか》りで仁王立ちになっている河野女史の様子が恐《おそ》ろしいから。
エ　球技部の二年生に俳句甲子園の参加を断られ、河野女史をがっかりさせたので、部長としての自分に自信が持てなくなったから。

問十　——線部⑧「じゃあさ、メンバー集めには協力するから」とあるが、この時の航太の気持ちを文章中の言葉を使って、「……を申し訳なく思い、……という気持ち。」という形で、六十字以上六十五字以内で説明しなさい。

問十一　この文章から読み取れる河野女史の人物像として**適切でない**ものを次の中から一つ選んで、記号で答えなさい。

ア　俳句甲子園に出場するという目的を何としてでも実現したいという、自分の気持ちを優先し行動しようとする人物。
イ　人数の少ない分校で参加者を集めるという難しい問題を解決するため、慎重《しんちょう》に策を練って実行に移そうとする人物。
ウ　球技部の二年生を参加させる計画が失敗しても、そこでめげずに、次の手段を考えようとするねばり強さがある人物。
エ　航太にアイスをおごって、俳句甲子園に参加するよう説得しようとたくらむなど、抜《ぬ》け目のないところがある人物。

中外
令5

香川誠陵中学校　県外入学試験

算数問題

※解答はすべて解答用紙に記入しなさい。

(50分)

1 次の計算をしなさい。

(1) $2197-846-154$

(2) $12\div7\times21$

(3) $(1.23+6.54)\div0.7$

(4) $9\times8.7+(6.5-4.3)\div2$

(5) $\dfrac{1}{12}+\left(\dfrac{1}{2}-\dfrac{1}{3}\right)$

(6) $\dfrac{32}{51}\div\dfrac{6}{17}\times\dfrac{3}{8}$

(7) $6\dfrac{2}{5}\times\left(2\dfrac{5}{8}-0.75\right)$

(8) $53\times2.5+2.65\times50-0.6\times25$

2 次の □ にあてはまる数を答えなさい。

(1) 1から100までの整数の中で，7の倍数をすべて加えると □ です。

(2) 0より大きい整数Aに $\dfrac{8}{15}$ をかけても，$\dfrac{5}{21}$ をかけても答えが整数になります。Aとして考えられる最小の数は □ です。

(3) 分母と分子の和が56で，約分すると $\dfrac{3}{5}$ となる分数は □ です。

(4) 2000mはなれたA地点とB地点の間をタロウさんとジロウさんが往復します。A地点からタロウさんが分速120mで出発し，その8分後にA地点からジロウさんが分速200mで出発しました。ジロウさんがタロウさんを初めて追いぬくのは，B地点から □ mはなれたところです。

(5) 男子の人数が女子の人数よりも4人多い48人のグループに，ペットを飼っているかどうかのアンケートをとりました。ペットを飼っている人数とペットを飼っていない人数の比は5：3で，ペットを飼っていない男子の人数とペットを飼っている女子の人数の比は1：2でした。このとき，ペットを飼っている男子の人数は □ 人です。

(6) $\boxed{0}$, $\boxed{2}$, $\boxed{2}$, $\boxed{3}$ の4枚《まい》のカードがあります。これらのカードを並《なら》べて作ることのできる4けたの整数は □ 通りです。

中外

令5

香川誠陵中学校　県外入学試験

算数問題

※解答はすべて解答用紙に記入しなさい。

3　ある商品を1個につき600円で仕入れ，仕入れ値の35％増しの定価をつけて売り出しました。仕入れた個数の75％にあたる商品が売れたところで売り上げを調べると，145800円でした。その後，残りの商品を定価の2割引きで売ったところ，すべて売り切れました。次の問いに答えなさい。

(1)　この商品の定価は何円ですか。

(2)　仕入れた商品の個数は全部で何個ですか。

(3)　利益は全部で何円になりましたか。

4　ある規則にしたがって，ご石を下のように並《なら》べていきます。例えば3番目の並べ方の場合，黒いご石と白いご石があわせて13個並んでいます。次の問いに答えなさい。

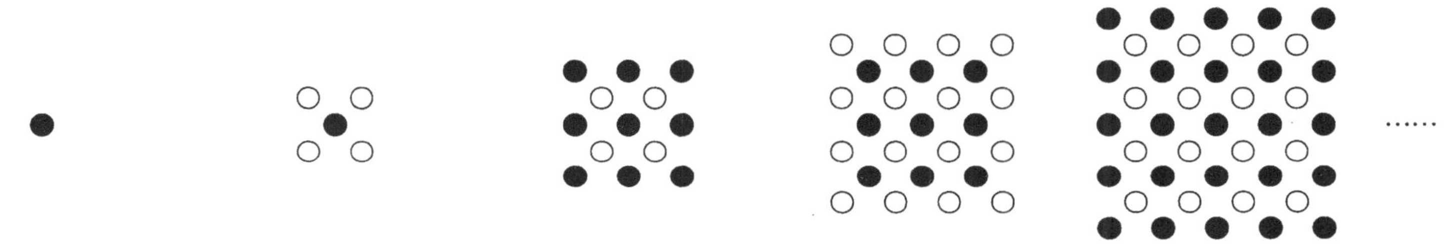

1番目　　2番目　　3番目　　4番目　　5番目　　……

(1)　6番目に白いご石は何個並んでいますか。

(2)　7番目に黒いご石と白いご石はあわせて何個並んでいますか。

(3)　□番目に並んでいるご石の数は（□＋1）番目に並んでいるご石の数より100個少ないそうです。□にあてはまる数を答えなさい。ただし，いずれの□にも同じ数が入ります。

中外

令5

香川誠陵中学校　県外入学試験

算数問題

※解答はすべて解答用紙に記入しなさい。

5　次の問いに答えなさい。

(1)　右の図は2つの二等辺三角形を重ねたものです。OA＝OB＝OC＝ODであり，○の角の大きさが●の角の大きさの2倍であるとき，アの角の大きさは何度ですか。

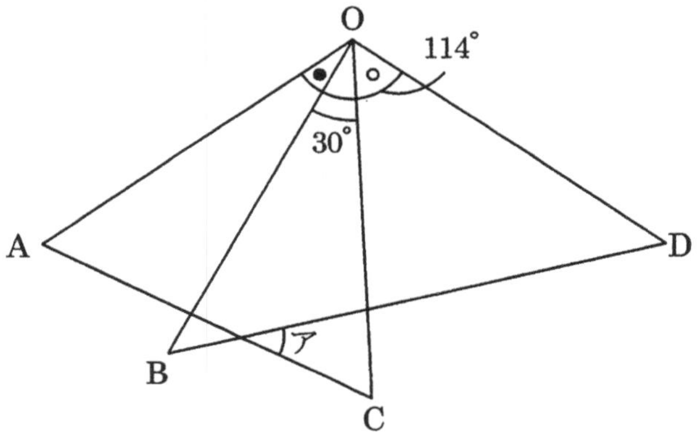

(2)　右の図の四角形ABCDは1辺の長さが9 cmの正方形です。点E，点F，点G，点Hはそれぞれ正方形の1辺を3等分する点で，四角形GIJFと四角形GKLEはそれぞれFGとEGを1辺とする正方形です。

①　四角形GKLEの面積は何cm^2ですか。

②　四角形GKLEと四角形GIJFが重なっている部分の面積は何cm^2ですか。

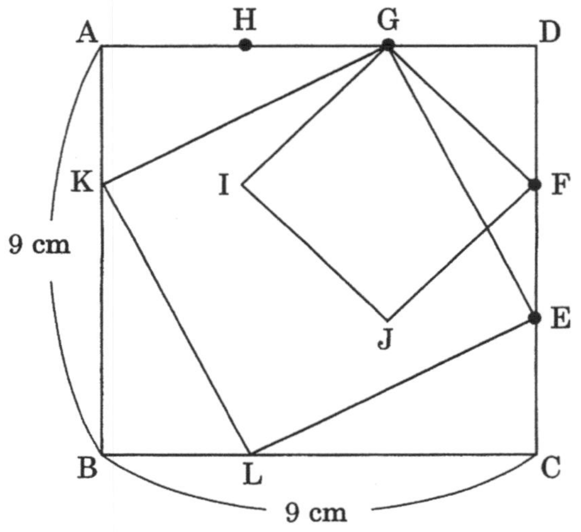

(3)　右の図は1辺の長さが2 cmの立方体を15個積み重ねたものです。この立体の表面に赤い色をぬりました。ただし，底の面にはぬっていません。

①　赤くぬった面積は何cm^2ですか。

②　2つの面だけに色をぬられた立方体は何個ありますか。

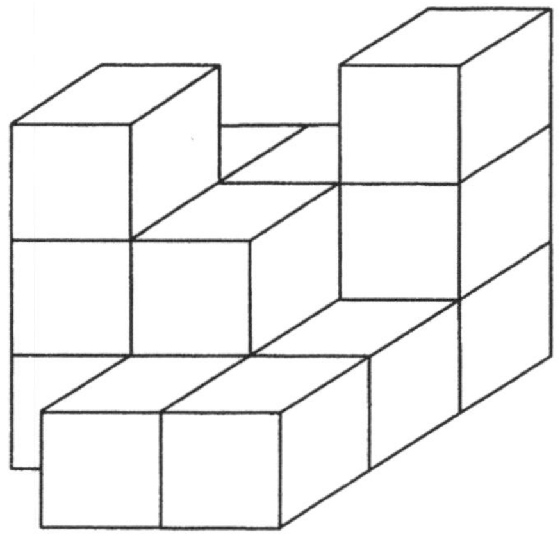

中外
令5

香川誠陵中学校　県外入学試験

理科問題

※解答はすべて解答用紙に記入しなさい。

(40分)

1 次の(1)～(8)の各問いにそれぞれ答えなさい。

(1) 卵《たまご》からふ化したときのすがた（幼生《ようせい》）のときはえら呼吸《こきゅう》を行うが，その後，からだの構造を大きく変化させて肺《はい》呼吸を行う生物として正しいものを次の**ア**～**エ**から1つ選び，記号で答えなさい。

ア　タツノオトシゴ　　**イ**　トカゲ　　**ウ**　サンショウウオ　　**エ**　カワセミ

(2) マグマが地下深いところでゆっくりと冷えてできた岩石として正しいものを次の**ア**～**エ**から1つ選び，記号で答えなさい。

ア　レキ岩　　**イ**　カコウ岩　　**ウ**　ギョウカイ岩　　**エ**　アンザン岩

(3) 次の**表**はいろいろな温度の水100gにとけるホウ酸の最大量を示しています。

表

温度[℃]	0	20	40	60	80	100
ホウ酸[g]	3	5	9	15	24	38

① 60℃の水にホウ酸をとかせるだけとかした水溶液《すいようえき》230gの温度を，20℃まで下げたときにできるとけ残りの量として正しいものを次の**ア**～**エ**から1つ選び，記号で答えなさい。

ア　10g　　**イ**　20g　　**ウ**　30g　　**エ**　40g

② 100℃の水300gにホウ酸を15gとかした水溶液の温度をゆっくりと下げていくとき，とけ残りができはじめる温度として正しいものを次の**ア**～**エ**から1つ選び，記号で答えなさい。

ア　0℃　　**イ**　20℃　　**ウ**　40℃　　**エ**　80℃

(4) −20℃の氷100gをビーカーに入れ，一定の強さであたため，あたためはじめてからの時間とビーカー内の氷や水の温度の関係を調べると右の**グラフ**のようになりました。

① あたためはじめてから16分後のビーカー内の状態として正しいものを次の**ア**～**エ**から1つ選び，記号で答えなさい。

ア　氷だけの状態　　**イ**　氷と水が混ざった状態

ウ　水だけの状態　　**エ**　水と水蒸気《すいじょうき》が混ざった状態

② ビーカーの中身を−40℃の氷50gに入れかえて，同じ強さであたためたとき，40℃になるのはあたためはじめてから何分後であるか，整数で答えなさい。

グラフ

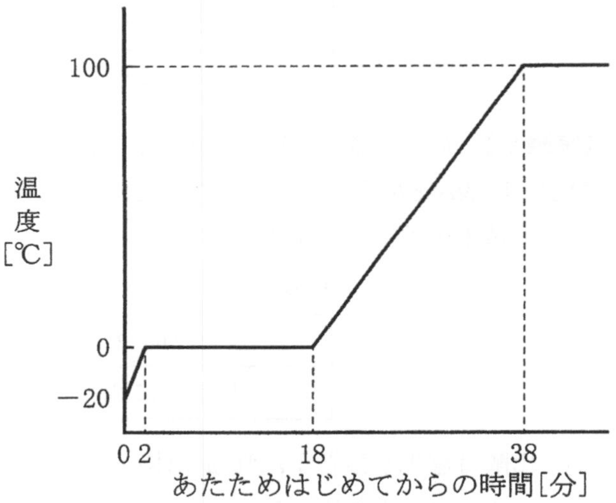

(5) 植物の葉のすじがほぼ平行に通っている植物の組み合わせとして正しいものを次の**ア**～**エ**から1つ選び，記号で答えなさい。

ア　アサガオとイネ　　**イ**　ツツジとサクラ　　**ウ**　ツユクサとトウモロコシ　　**エ**　エノコログサとアブラナ

(6) 香川県のある場所で皆既《かいき》日食が見られました。その日の月と太陽について述べた文として正しいものを次の**ア**～**エ**から1つ選び，記号で答えなさい。

ア　その日の月は新月であり，太陽の右側(西側)から欠けていった。

イ　その日の月は満月であり，太陽の右側(西側)から欠けていった。

ウ　その日の月は新月であり，太陽の左側(東側)から欠けていった。

エ　その日の月は満月であり，太陽の左側(東側)から欠けていった。

理科問題

※解答はすべて解答用紙に記入しなさい。

(7)　ある濃《こ》さの塩酸に鉄を加えたところ気体が発生しました。この気体について述べた文として正しいものを次の**ア**～**エ**から１つ選び，記号で答えなさい。

ア　強いにおいがあり，同体積の空気よりも軽い気体である。

イ　無色であり，水にほとんどとけない気体である。

ウ　空気中に体積で約 0.04 %含《ふく》まれる気体である。

エ　水酸化ナトリウム水溶液《すいようえき》に鉄を加えても同じ気体が発生する。

(8)　右の**グラフ**はばねAとばねBにおもりをつるしたときの，おもりの重さとばねの長さの関係を示しています。右の**図**のようにばねAとばねBを軽い棒《ぼう》でつないで 100 g のおもりをつるしたとき，２本のばねの長さが同じになりました。このときのばね１本の長さは何 cm であるか答えなさい。

グラフ

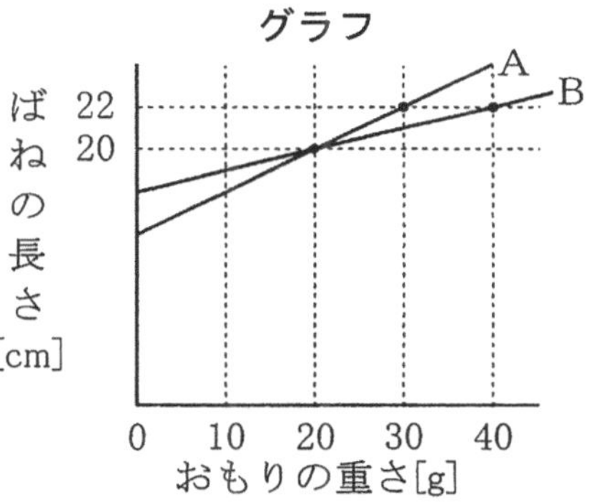

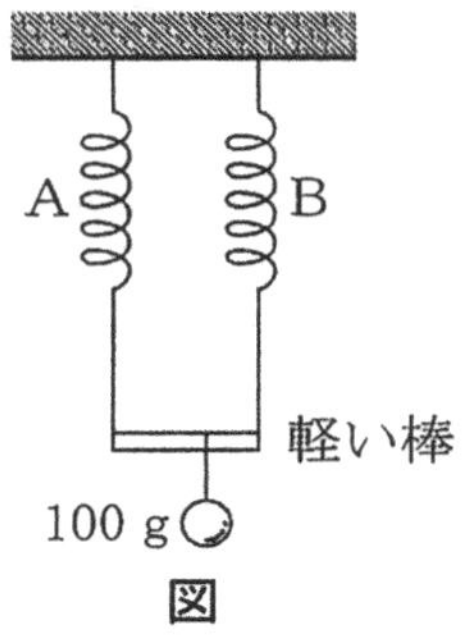

図

2　たろうさんとたかこさんは塩酸Aと水酸化ナトリウム水溶液Bを用いて次の**【実験１】**と**【実験２】**を行いました。

【実験１】　たろうさんはビーカーに塩酸A 50 cm^3をはかりとったものをいくつか用意して，それぞれにいろいろな量の水酸化ナトリウム水溶液Bを加えて混ぜました。それぞれの液を加熱して水を完全に蒸発《じょうはつ》させた後に残った白色固体の量をはかりました。**表１**はその結果を示しています。

表１

加えた水酸化ナトリウム水溶液B[cm^3]	10	20	30	40	50
加熱後に残った白色固体[g]	1.2	2.4	3.4	4.2	5.0

【実験２】　たかこさんはビーカーに水酸化ナトリウム水溶液B 50 cm^3をはかりとったものをいくつか用意して，それぞれにいろいろな量の塩酸Aを加えて混ぜました。それぞれの液を加熱して水を完全に蒸発させた後に残った白色固体の量をはかりました。**表２**はその結果を示しています。

表２

加えた塩酸A[cm^3]	0	50	100	150	200
加熱後に残った白色固体[g]	X	5.0	Y	6.0	Z

(1)　塩酸は塩化水素とよばれる気体が水にとけてできた酸性の水溶液です。塩酸と同様に気体が水にとけてできた酸性の水溶液として正しいものを次の**ア**～**エ**から１つ選び，記号で答えなさい。

ア　アンモニア水　　**イ**　アルコール水　　**ウ**　炭酸水　　**エ**　石灰水《せっかいすい》

(2)　**【実験１】**において，加えた水酸化ナトリウム水溶液Bが 30 cm^3のとき，混合液中に緑色に調整した BTB 溶液を加えると液の色は何色になると考えられるか，正しいものを次の**ア**～**エ**から１つ選び，記号で答えなさい。

ア　赤色　　**イ**　緑色　　**ウ**　黄色　　**エ**　青色

(3)　**【実験１】**の結果から，塩酸A 50 cm^3と過不足なく反応する水酸化ナトリウム水溶液Bの体積は何 cm^3であるか答えなさい。また，その混合液を加熱して水を完全に蒸発させた後に残った白色固体の量は何 g であるか答えなさい。

(4)　**【実験２】**の**表２**のX，Y，Zにあてはまる適切な数値《すうち》をそれぞれ答えなさい。

中外
令5

香川誠陵中学校　県外入学試験

理 科 問 題

※解答はすべて解答用紙に記入しなさい。

(5) 【実験1】と【実験2】で用いた塩酸A 80 cm³と水酸化ナトリウム水溶液《すいようえき》B 60 cm³を混ぜあわせた液を加熱して水を完全に蒸発《じょうはつ》させた後に残った白色固体の量は何 g であるか，小数第1位まで答えなさい。

3 わたるさんはヒトの呼吸《こきゅう》器官について調べるために，次の**【実験】**を行いました。また，**図1**はヒトの肺《はい》の一部を，**図2**は**図1**の肺のふくろ内における気体の出入りのようすを模式的《もしきてき》に示したものです。

【実験】 1回の呼吸で吸《す》う息とはく息の中に含《ふく》まれる気体A～Cの割合《わりあい》[%]を調べました。**表**はその結果を示しています。また，1分間の呼吸回数を10回測定し，その平均値《へいきんち》を安静時における1分間の呼吸回数とすることにしました。同様に，1回の呼吸で出入りする気体の体積を10回測定し，その平均値を1回の呼吸において出入りする気体の体積とすることにしました。

表

	吸う息	はく息
気体A[%]	0.04	4.8
気体B[%]	21.0	16.5
気体C[%]	78.0	78.0

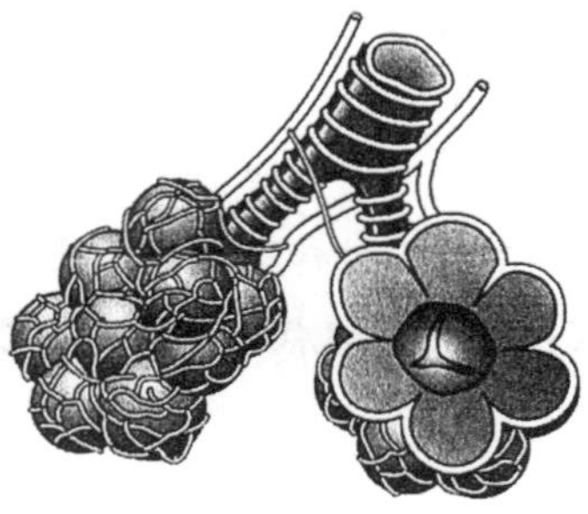

図1

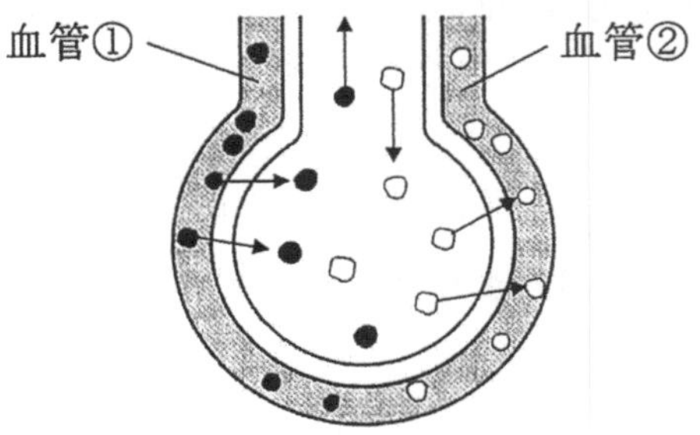

図2

(1) **図1**のように，ヒトの肺には直径0.2 mmほどの小さなふくろが数億個あつまっており，そのふくろのまわりには血管がとりまいています。この小さなふくろの名前と，それをとりまく血管の名前をそれぞれ答えなさい。

(2) **図2**の●と○は肺と血液との間で出入りする気体をそれぞれ表しています。●と○の気体はそれぞれ何の気体を表しているか，正しいものを次の**ア**～**エ**から1つずつ選び，記号で答えなさい。

ア　**表**中の気体A　　**イ**　**表**中の気体B　　**ウ**　**表**中の気体C　　**エ**　**表**中のA～C以外の気体

(3) **図2**の血管①と血管②について述べた文として正しいものを次の**ア**～**エ**から1つ選び，記号で答えなさい。

ア　血管①は肺静脈《はいじょうみゃく》が枝分かれしてできた血管であり，血管②は肺動脈が枝分かれしてできた血管である。

イ　血管①は肺動脈が枝分かれしてできた血管であり，血管②は肺静脈が枝分かれしてできた血管である。

ウ　血管①は大動脈が枝分かれしてできた血管であり，血管②は大静脈が枝分かれしてできた血管である。

エ　血管①は大静脈が枝分かれしてできた血管であり，血管②は大動脈が枝分かれしてできた血管である。

(4) **表**中の気体A以外で吸う息よりもはく息の方に多く含まれている気体があります。その気体の名前を1つ答えなさい。

(5) **【実験】**の結果から，わたるさんの安静時における1分間の呼吸回数は20回，1回の呼吸において500 cm³の気体が出入りすることがわかりました。安静時においてわたるさんは1時間に何Lの酸素を体内に取り込《こ》むことになるか，整数で答えなさい。

香川誠陵中学校　県外入学試験

理科問題

※解答はすべて解答用紙に記入しなさい。

4　まみさんは1日の太陽の動きを調べるために，次の【観察】を行いました。

【観察】 日本のある地点Xで，春分の日に図のような透明《とうめい》半球を水平な板の上におき，サインペンで透明半球上の太陽の位置に印をつけてその印をなめらかな曲線で結びました。図のNは北の方角を表しています。また，透明半球上の曲線PWの長さは12 cmで，円周NWSEの長さは180 cmであることがわかりました。なお，透明半球上の点Pを記録したのは16時28分でした。

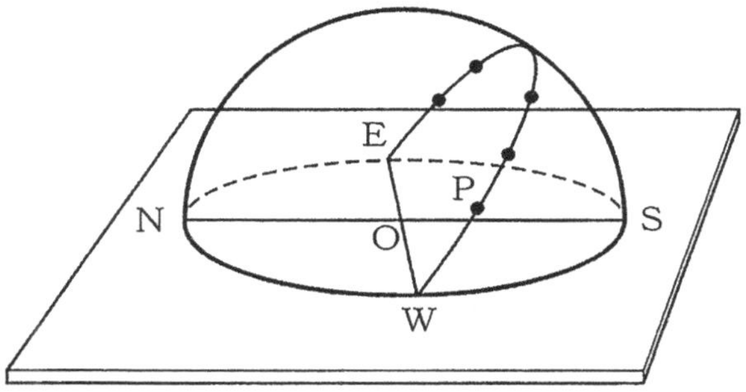

図

(1)　太陽について述べた文として正しいものを次の**ア**～**エ**から1つ選び，記号で答えなさい。

ア　太陽の表面は地球と同じように岩石でおおわれているが，表面温度は約6000℃である。
イ　太陽と地球の距離《きょり》は約5000万kmであり，直径は地球の約20倍である。
ウ　太陽の表面の黒い部分を黒点といい，黒点が動いて見えることから太陽も自転していることがわかる。
エ　太陽が自ら光を放つのは太陽の表面が燃焼《ねんしょう》しているからである。

(2)　**【観察】**において，記録した透明半球上の太陽が南中した位置からSまでの距離は27.5 cmでした。この観察を行った地点は北《ほく》緯《い》何度であったと考えられるか，整数で答えなさい。

(3)　**【観察】**を行った日の太陽の南中時刻《じこく》を24時制で答えなさい。ただし，春分の日は昼の長さが12時間であるものとします。

【観察】を行ってから2ヶ月後に，同じ地点Xで同じ透明半球を用いて太陽の動きを観察しました。このとき，図の太陽の動きとは異《こと》なる動きをしていることがわかりました。また，この日に地点Xとは別の地点Yでも，同じ透明半球を用いて太陽の動きを観察しました。

(4)　このときの地点Xにおける太陽の動きの観察結果として正しいものを次の**ア**～**エ**からすべて選び，記号で答えなさい。

ア　太陽が南中したときの時刻は2ヶ月前よりも30分ほど遅《おそ》い時刻であった。
イ　日の入りの時刻は2ヶ月前よりも遅い時刻であり，南中高度は2ヶ月前よりも低かった。
ウ　日の出の時刻は2ヶ月前よりも早い時刻であり，南中高度は2ヶ月前よりも高かった。
エ　太陽が南中したときの時刻は2ヶ月前とほとんど変わらなかった。

(5)　地点Yで太陽の動きを観察したところ，同じ日に観察した地点Xでの観察と比べて昼の長さは長く，太陽の南中時刻は早かった。

①　地点Yは地点Xからどの方角に位置するか，正しいものを次の**ア**～**エ**から1つ選び，記号で答えなさい。

ア　北西　　**イ**　南西　　**ウ**　北東　　**エ**　南東

②　**【観察】**を行ってから8ヶ月後に，地点Xと地点Yで太陽の動きを観察したとき，太陽の南中時刻と昼の長さについて述べた文として正しいものを次の**ア**～**エ**から1つ選び，記号で答えなさい。

ア　太陽の南中時刻は地点Xの方が地点Yよりも早く，昼の長さは地点Xの方が地点Yよりも長い。
イ　太陽の南中時刻は地点Yの方が地点Xよりも早く，昼の長さは地点Yの方が地点Xよりも長い。
ウ　太陽の南中時刻は地点Xの方が地点Yよりも早く，昼の長さは地点Yの方が地点Xよりも長い。
エ　太陽の南中時刻は地点Yの方が地点Xよりも早く，昼の長さは地点Xの方が地点Yよりも長い。

中外
令5

香川誠陵中学校　県外入学試験

理 科 問 題

※解答はすべて解答用紙に記入しなさい。

5　とおるさんは学校の授業でてことそのはたらきについて学び，それを利用して「さおばかり」をつくりました。

【学んだ内容】　てこには「支点」「力点」「作用点」の３点があり，３点のうちのどの点が間にくるかによって**図１**のA～Cの３種類に分類されます。てこのはたらきを利用した道具はその使い道によってそれぞれA～Cのタイプのてこが用いられています。

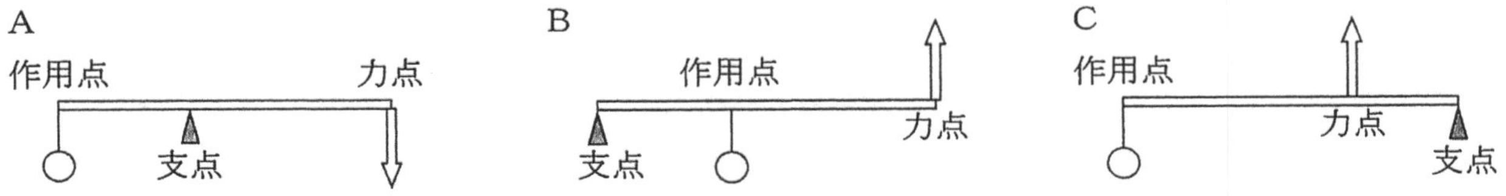

図１

(1)　**図１**のA～Cのタイプのてこの中で，作用点にはたらく力が力点に加える力よりも常に小さくなってしまうが，力点よりも作用点の方が常に大きく動くものとして正しいものを**図１**のA～Cから１つ選び，記号で答えなさい。

(2)　**図１**のBのタイプのてこが用いられている道具として正しいものを次の**ア～エ**からすべて選び，記号で答えなさい。

ア　くぎぬき　　**イ**　せんぬき　　**ウ**　ピンセット　　**エ**　おし切りカッター

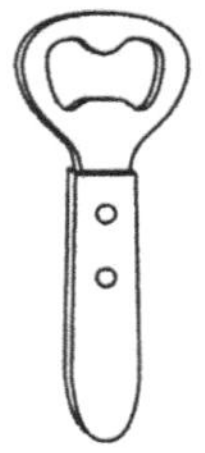

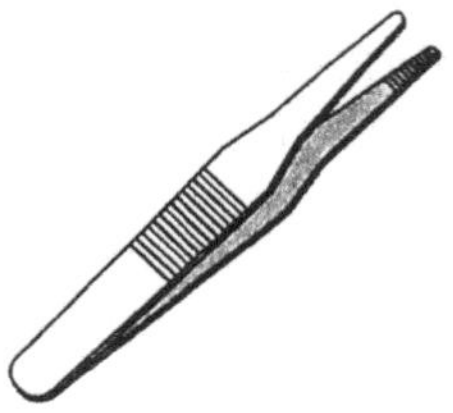

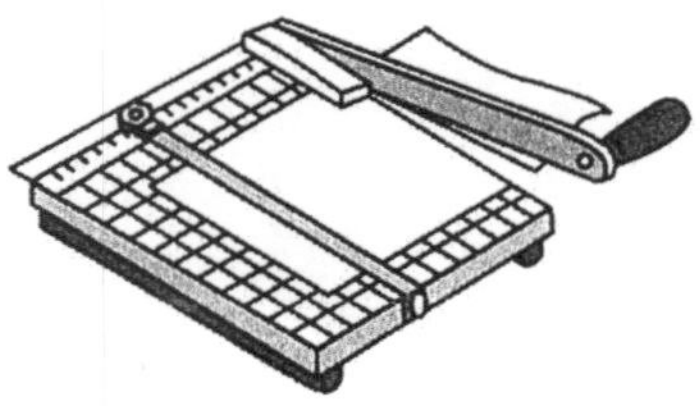

図２のように，長さ60 cmの軽い棒《ぼう》の左端《ひだりはし》のA点に20 gの皿をつるし，A点から10 cmはなれたB点に下げひもをとりつけました。さらに50 gのおもりをある位置につるし，下げひもで全体を支えると棒は水平になった状態でつりあいました。このときのおもりの位置を「0 g」の位置として棒に印をつけました。皿の上に10 g，20 g，30 g，…の分銅をのせて，それぞれの分銅をのせたときに棒が水平につりあうときのおもりの位置に「10 g」「20 g」「30 g」…と棒に印をつけて「さおばかり」を完成させました。このさおばかりでは，例えば皿にある重さの物体をのせ，おもりを「0 g」の位置から右に動かして棒が水平につりあったとき，おもりが「50 g」の印の位置にあったならば，皿にのせた物体の重さも50 gであるということになります。

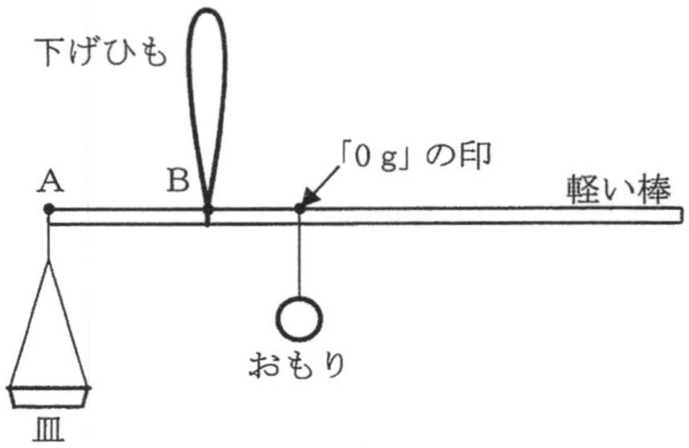

図２

(3)　「10 g」と「20 g」の印の間かくは何cmとなるか答えなさい。

(4)　皿にある重さの物体をのせたとき，棒が水平につりあったときのおもりの位置は棒の右端から８ cmのところでした。この物体の重さは何gであるか答えなさい。

(5)　はかることのできる最大の重さをより大きくするためには，このさおばかりにどのような工夫《くふう》をすればよいか，正しいものを次の**ア～エ**から１つ選び，記号で答えなさい。

ア　おもりの重さをより重くして，AB間の距離《きょり》をより短くする。
イ　おもりの重さをより重くして，AB間の距離をより長くする。
ウ　おもりの重さをより軽くして，AB間の距離をより短くする。
エ　おもりの重さをより軽くして，AB間の距離をより長くする。

中外
令5

香川誠陵中学校　県外入学試験

社会問題

※解答はすべて解答用紙に記入しなさい。

(40分)

1　次の**図**を見て，あとの問いに答えなさい。

図1　中国・四国地方の地図

図2　県Fの県庁所在地の雨温図

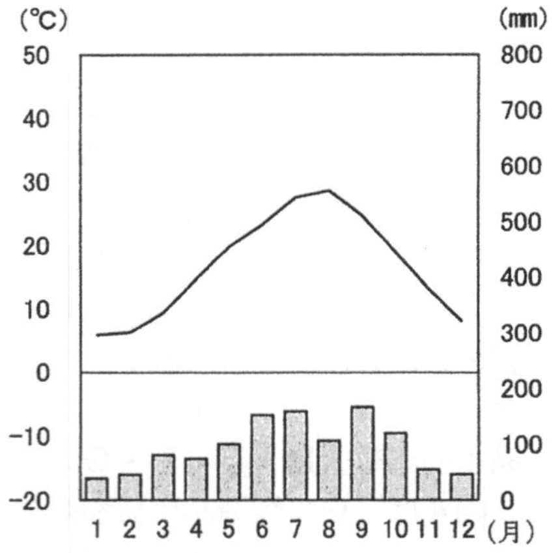

気象庁ホームページより作成。

図3　県Cの農業産出額上位の農作物

農作物	農業産出額に占める割合(%)
米	20.1
鶏卵	16.1
P	13.3
生乳	9.4
肉用牛	6.8

2020年。
「令和2年 生産農業所得統計」により作成。

図4　県Gの製造品出荷額等の割合

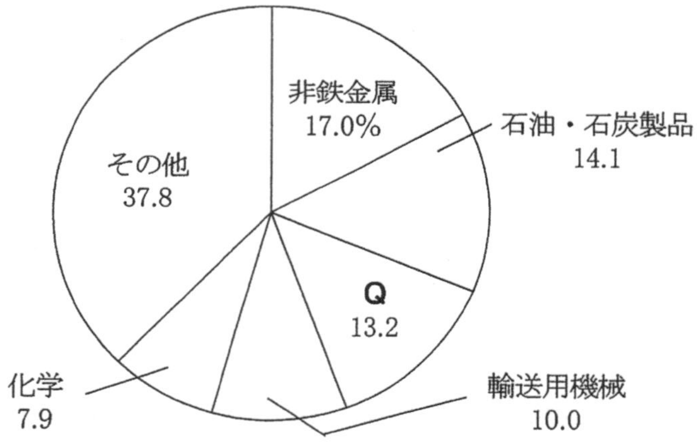

2019年。
『データで見る県勢2022』により作成。

図5　漁業種類別生産量の推移

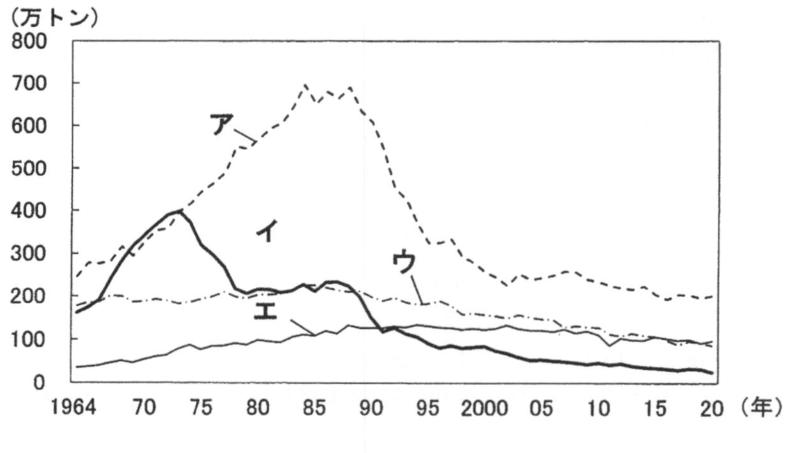

『日本国勢図会2022/23』により作成。

問1　中国・四国地方には，県名と県庁所在都市名とが異なる県が三つある。その県を**図1**の**A**～**I**から三つ選び，記号で答えなさい。また，その中で県庁所在都市が最も北に位置する県の県庁所在都市名を答えなさい。

問2　**図1**の島①は，小説『二十四の瞳』の舞台になり，現在ではオリーブの産地として知られる。この島の名前を答えなさい。

問3　**図1**の河川②は，本流に大規模なダムがつくられていないことから，「日本最後の清流」と呼ばれている。この川の名前を，下の**ア**～**エ**から一つ選び，記号で答えなさい。

ア　吉野川　　**イ**　筑後川　　**ウ**　四万十川　　**エ**　淀川

問4　**図1**の台地③は，石灰岩でできており，石灰岩が雨水や地下水でとけてできた鍾《しょう》乳《にゅう》洞《どう》などの地形が見られる。このような地形を何というか，**カタカナ**で答えなさい。

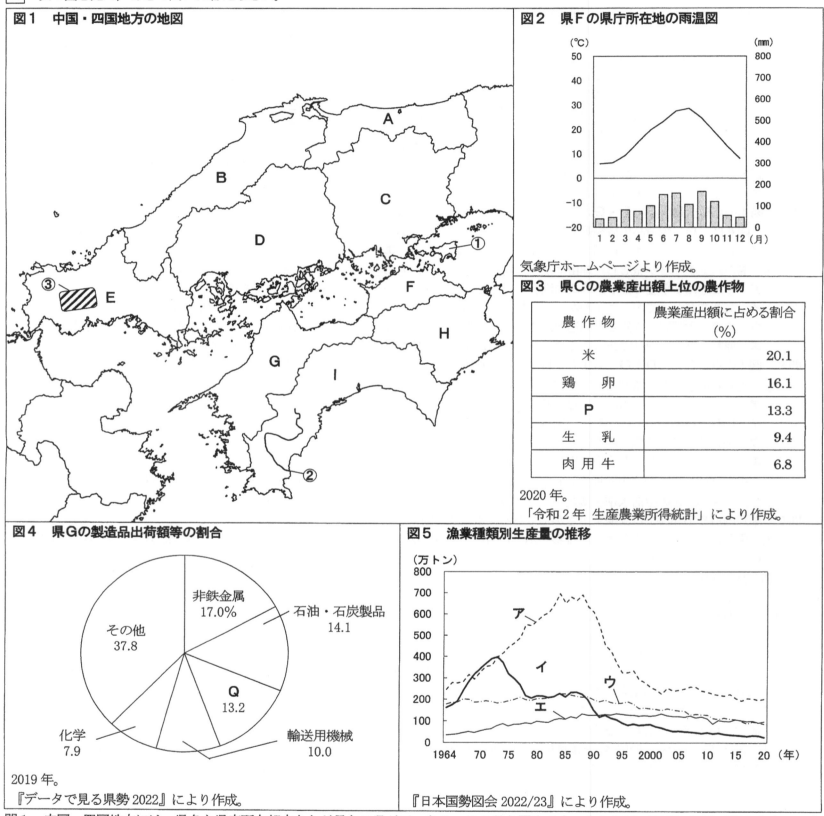

中外
令5

香川誠陵中学校　県外入学試験

社会問題

※解答はすべて解答用紙に記入しなさい。

問5　**図2**は**図1**の県**F**の県庁所在地の平年の気温と降水量を示したものである。これを参考にして，この地域における気候について説明した以下の文の（　Ⅰ　）～（　Ⅲ　）にあてはまる語句の組み合わせを，あとの**ア～カ**から一つ選び，記号で答えなさい。

> 夏の（　Ⅰ　）の季節風は四国山地にさえぎられ，冬の（　Ⅱ　）の季節風は中国山地にさえぎられるため，1年を通して降水量が少なく比較的温暖な気候である。そのため，しばしば（　Ⅲ　）に悩まされてきた。

	ア	イ	ウ	エ	オ	カ
Ⅰ	南西	南西	南西	南東	南東	南東
Ⅱ	北東	北西	北東	北西	北東	北西
Ⅲ	干害	干害	霜害	干害	霜害	霜害

問6　**図3**は県**C**の農業産出額上位の農作物を示したものである。**P**にあてはまる農作物を，下の**ア～エ**から一つ選び，記号で答えなさい。

ア　ぶどう　　**イ**　レタス　　**ウ**　みかん　　**エ**　ピーマン

問7　**図1**の県**C**・**D**・**E**・**F**・**G**の臨海部に広がる瀬戸内工業地域に関する以下の問いに答えなさい。

(1)　**図4**は県**G**の製造品出荷額等の割合を示したものである。**Q**にあてはまる製造品を，下の**ア～エ**から一つ選び，記号で答えなさい。

ア　食料品　　**イ**　鉄鋼　　**ウ**　パルプ・紙　　**エ**　電子部品

(2)　瀬戸内工業地域が発展した理由に関する記述として正しいものを，下の**ア～エ**から一つ選び，記号で答えなさい。

ア　砂丘地にY字型の掘り込み式の港をつくったことでタンカーなどの大型船が入港できるようになった。
イ　海運業がかつてからさかんなことに加え，塩田跡地や埋め立て地などを工業用地として利用することができた。
ウ　東京－大阪間に位置し，高速道路や鉄道で両都市と結ばれているため関東と関西の両方を市場とすることができた。
エ　原料の調達に便利であったため，明治政府によって八幡製鉄所がつくられ，早くから鉄鋼業が発達した。

問8　**図1**の県**C**と**F**，**D**と**G**，兵庫県と**H**はそれぞれ橋によって結ばれている。これに関する以下の問いに答えなさい。

(1)　これらの橋に関する記述として正しいものを，下の**ア～エ**から一つ選び，記号で答えなさい。

ア　鉄道で結ばれているのは県**C**と**F**のルートだけである。
イ　県**D**と**G**のルートは児島・坂出ルートと呼ばれている。
ウ　歩行者が自由に橋を渡ることができるのは，兵庫県と**H**のルートだけである。
エ　橋の起点と終点がある市の中に，県庁所在地はふくまれない。

(2)　橋で結ばれていない中国地方の日本海側や四国地方の太平洋側の県では，山間部などで人口の流出が進んだ結果，社会機能が低下し，住民が一定の生活水準を満たすことが困難になっている。このような現象を何というか，答えなさい。

問9　瀬戸内海や宇和海では養殖業がさかんである。水産業に関する以下の問いに答えなさい。

(1)　**図5**は，漁業種類別生産量の推移を示したものであり，**ア～エ**は海面養殖業，沿岸漁業，沖合漁業，遠洋漁業のいずれかを表している。海面養殖業を表しているものを**図5**の**ア～エ**から一つ選び，記号で答えなさい。

(2)　富栄養化によってプランクトンが異常発生し，その死がいが海面に浮かびあがることがある。瀬戸内海の養殖業にかつて大きな被害をもたらした，このような現象を何というか，答えなさい。

問10　次の(1)～(4)の記述が説明している県を，**図1**の**A～I**からそれぞれ一つずつ選び，記号で答えなさい。

(1)　世界遺産登録地を2つもち，そのうちの一つは「負の遺産」と呼ばれている。人口は中国・四国地方の県の中で最も多い。県庁所在地は中国地方の中枢をになう都市である。

(2)　かつて米の二期作がさかんであったが，米の消費量の減少とともに野菜づくりがさかんになった。冬でも温暖な気候を利用し，全国有数のナスの生産量をほこる。

(3)　日本最大級の砂丘では，スプリンクラーを使ったかんがいに成功し，日本なしやすいか，らっきょうなどが生産される。県境に位置する境港は日本有数の漁港として知られる。人口は日本で最も少ない。

(4)　県庁所在地で夏に開催される阿波踊りは，400年の歴史をもつ阿波国の盆踊りで，祭りの時期には多くの観光客が訪れる。また，阿波尾鶏や鳴門金時などこの県に関する地名がついたブランド農産品の生産が進められている。

中外
令5

香川誠陵中学校　県外入学試験

社会問題

※解答はすべて解答用紙に記入しなさい。

2　次の地図を見て，あとの問いに答えなさい。

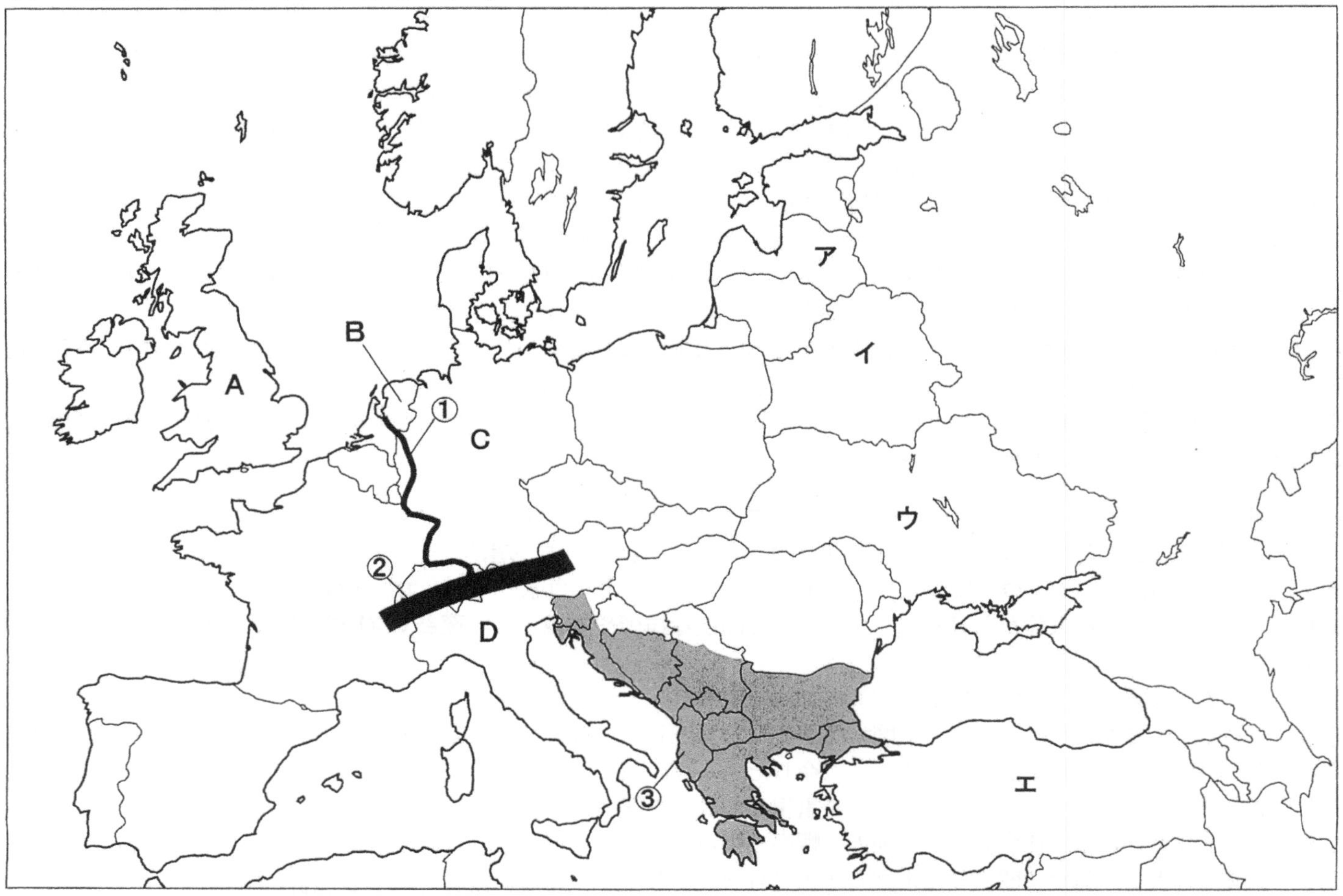

問1　六大陸のうち，ヨーロッパ州が含まれる大陸の名前を答えなさい。

問2　昨年の2月，ロシアがある国への軍事侵攻を始めた。ロシアが軍事侵攻を行った国を，地図の**ア**～**エ**から一つ選び，記号で答えなさい。また，その国の名前を答えなさい。

問3　国**A**～**C**に関する以下のX～Zの記述の組み合わせを，あとの**ア**～**カ**から一つ選び，記号で答えなさい。

X　2021年にＥＵを離脱した。日本の皇室とも親交の深い国家元首のエリザベス女王が，昨年亡くなられた。

Y　ヨーロッパ最大の工業国であり，日本にも自動車を多く輸出している。環境先進国としても知られる。

Z　低地が多い国で，排水などに風車が使われた。チューリップの球根の栽培や，酪農がさかんな国である。

	ア	**イ**	**ウ**	**エ**	**オ**	**カ**
A	X	X	Y	Y	Z	Z
B	Y	Z	X	Z	X	Y
C	Z	Y	Z	X	Y	X

問4　国**A**が正午の時の日本の時刻として正しいものを，下の**ア**～**エ**から一つ選び，記号で答えなさい。

ア　午前3時　　**イ**　午前6時　　**ウ**　午後6時　　**エ**　午後9時

問5　国**D**についての以下の問いに答えなさい。

(1)　この国の首都の名前を，下の**ア**～**エ**から一つ選び，記号で答えなさい。

ア　パリ　　**イ**　ロンドン　　**ウ**　マドリード　　**エ**　ローマ

(2)　この国の首都には，ある宗教の総本山と呼ばれる場所がある世界で最も面積の小さい独立国がある。この宗教に関する記述として正しいものを，下の**ア**～**エ**から一つ選び，記号で答えなさい。

ア　ラマダンと呼ばれる月には断食をしなくてはならない。

イ　正しい修行をして悟りを開くことで，慈悲の心が生まれる。

ウ　日本での布教が始まったのは，16世紀のことである。

エ　牛は神の乗り物として崇拝される，聖なる生き物とされる。

問6　河川①と山脈②と半島③の名前の組み合わせを，下の**ア**～**カ**から一つ選び，記号で答えなさい。

	ア	**イ**	**ウ**	**エ**	**オ**	**カ**
①	ミシシッピ	ミシシッピ	ミシシッピ	ライン	ライン	ライン
②	アルプス	ヒマラヤ	アルプス	ヒマラヤ	アルプス	ヒマラヤ
③	カムチャツカ	カムチャツカ	バルカン	カムチャツカ	バルカン	バルカン

香川誠陵中学校　県外入学試験

社会問題

※解答はすべて解答用紙に記入しなさい。

3　**A**～**F**の各文を読んで，あとの各問いに答えなさい。

A　4世紀にヤマト政権（ヤマト王権）が勢力を強め，支配の範囲を広めていった。そして，朝鮮半島南部にまで進出するようになった結果，大陸から（　a　）と呼ばれる①高度な技術や知識を持った人々が移り住み，日本の社会や文化が大きく発展した。

B　②聖武天皇が即位したころ，都ではききんやえき病，貴族どうしの争いなどが起こり，社会が不安定になっていた。そこで天皇は，仏の力で国を治めようと考え，全国に国分寺と国分尼寺を建て，都の（　b　）寺には大仏をつくらせた。

C　末法の世になると考えられた中，念仏を唱えて阿弥陀仏にすがることで極楽に往生できるという浄土教が広がった。父とともに摂関政治の全盛期を築いた（　c　）も浄土教を信仰し，京都府宇治市に平等院を開いて阿弥陀堂を建てた。

D　後鳥羽上皇は政治の実権を取り戻そうと兵を挙げたが，北条政子のことばで団結した幕府軍に敗れ，隠岐に流された。この乱の後，御家人どうしの土地をめぐる争いが増加したため，幕府は初の武家法となる（　d　）式目を定めた。

E　③室町幕府8代将軍の足利義政の跡継ぎ争いに守護大名の勢力争いなどが加わり，（　e　）の乱が起こった。争いが京都を主戦場に10年余り続いたため京都は荒廃し，室町幕府の権威も低下して，④戦国の世に突入した。

F　江戸幕府の大老井伊直弼は，（　f　）の大獄で⑤日米修好通商条約の締結に反対した人々を次々に処罰したため反感を買い，水戸藩や薩摩藩の浪士らによって桜田門外で暗殺された。

問1　（　a　）・（　b　）にあてはまる語句，（　c　）にあてはまる人名を，それぞれ答えなさい。

問2　（　d　）～（　f　）にあてはまる年号名を，下の**ア**～**カ**からそれぞれ一つずつ選び，記号で答えなさい。

ア　壬申　　**イ**　応仁　　**ウ**　安政　　**エ**　承久　　**オ**　貞永　　**カ**　天保

問3　下線部①について，このころ大陸から日本にもたらされた高度な技術や知識として**適当でないもの**を，下の**ア**～**エ**から一つ選び，記号で答えなさい。

ア　漢字　　**イ**　火薬　　**ウ**　養蚕　　**エ**　須恵器

問4　下線部②について，この人物が行ったことに関する記述として正しいものを，下の**ア**～**エ**から一つ選び，記号で答えなさい。

ア　日本で初めての貨幣である富本銭をつくるように命じた。
イ　冠位十二階を制定し，家柄ではなく個人の能力を重視して役人を登用した。
ウ　坂上田村麻呂を征夷大将軍に任命し，東北地方の蝦夷を平定した。
エ　墾田永年私財法を出し，新たに開墾した土地の永久私有を認めた。

問5　文**C**の時代につくられた文学作品として正しいものを，下の**ア**～**エ**から一つ選び，記号で答えなさい。

ア　『土佐日記』　　**イ**　『日本書紀』　　**ウ**　『新古今和歌集』　　**エ**　『おくのほそ道』

問6　文**D**の時代についての以下の問いに答えなさい。

(1)　鎌倉幕府が西国の御家人や朝廷を監視するために置いた役所を，下の**ア**～**エ**から一つ選び，記号で答えなさい。

ア　鎌倉府　　**イ**　京都所司代　　**ウ**　大宰府　　**エ**　六波羅探題

(2)　鎌倉時代に武士や民衆の間に広がった仏教とその開祖の組み合わせを，下の**ア**～**エ**から一つ選び，記号で答えなさい。

ア　浄土真宗　－　親鸞　　**イ**　時宗　－　道元　　**ウ**　法華宗　－　法然　　**エ**　曹洞宗　－　栄西

問7　下線部③についての以下の問いに答えなさい。

(1)　足利義政が将軍になる以前に起こった出来事に関する以下のX～Zの記述を，古いものから年代順にならべたものを，あとの**ア**～**カ**から一つ選び，記号で答えなさい。

X　近江の馬借が中心となって酒屋や土倉を襲い，徳政令を求めた。
Y　倭寇の取り締まりを求められた足利義満が，明と勘合を使った貿易を始めた。
Z　後醍醐天皇が吉野に逃れて南朝を開き，京都の北朝と対立した。

ア　X→Y→Z　　**イ**　X→Z→Y　　**ウ**　Y→X→Z　　**エ**　Y→Z→X　　**オ**　Z→X→Y　　**カ**　Z→Y→X

(2)　足利義政が京都の東山に営んだ東求堂同仁斎には，現代の和室の原型となる建築様式が取り入れられている。この建築様式の名前を答えなさい。

問8　下線部④について，右図の**a**～**c**の領地を治めた戦国大名の組み合わせを，下の**ア**～**カ**から一つ選び，記号で答えなさい。

	ア	イ	ウ	エ	オ	カ
a	北条氏	北条氏	武田氏	武田氏	上杉氏	上杉氏
b	武田氏	上杉氏	北条氏	上杉氏	北条氏	武田氏
c	上杉氏	武田氏	上杉氏	北条氏	武田氏	北条氏

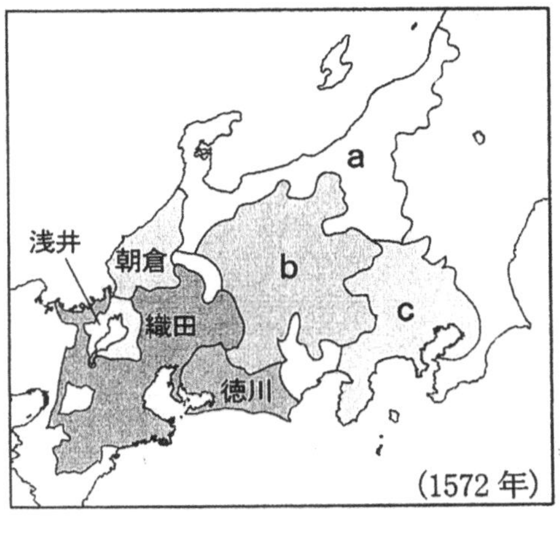

香川誠陵中学校　県外入学試験
社会問題

※解答はすべて解答用紙に記入しなさい。

問9　下線部⑤に関する以下のX～Zの記述について，内容の正誤の組み合わせを，あとの**ア**～**ク**から一つ選び，記号で答えなさい。

X　函館・新潟・横浜・下田・長崎の5つの港が新たに開かれ，おもに横浜港で貿易が行われた。
Y　領事裁判権を認めたため，日本人が外国で罪を犯しても日本の法律で裁くことができた。
Z　貿易が始まると国内で生糸などが品不足になり，物価が上昇して経済が混乱した。

	ア	**イ**	**ウ**	**エ**	**オ**	**カ**	**キ**	**ク**
X	正	正	正	正	誤	誤	誤	誤
Y	正	正	誤	誤	正	正	誤	誤
Z	正	誤	正	誤	正	誤	正	誤

問10　次の文章が説明している時代と同じ時代のものを，文**C**～**F**から一つ選び，記号で答えなさい。

> 儒教の中でも，身分や秩序を重んじる朱子学が特に重視された。5代将軍は湯島に学問所をつくり，松平定信は政治改革の中でその学問所を昌平坂学問所として，朱子学以外の学問を教えることを禁じた。一方，仏教や儒教の影響を受ける前の日本古来の考え方を明らかにする国学が本居宣長によって大成された。

4　次の年表を見て，あとの問いに答えなさい。

年	主な出来事	
1868	①五箇条の御誓文が出される	
1885	②内閣制度ができる	A
1889	大日本帝国憲法が発布される	
1894	（　**O**　）戦争が始まる	
1904	（　**P**　）戦争が始まる	B
1910	韓国を併合する	
1914	③第一次世界大戦が始まる	
1923	関東大震災が起こる	C
1937	（　**Q**　）戦争が始まる	
1946	日本国憲法が公布される	D
1950	④朝鮮戦争が始まる	

問1　下線部①について，明治政府は五箇条の御誓文の中で，「広く会議を興し，万機公論に決すべし」としている。明治政府が中央集権体制を整え，国会を開設するまでに起こった出来事に関する以下のX～Zの記述を，古いものから年代順にならべたものを，あとの**ア**～**カ**から一つ選び，記号で答えなさい。

X　板垣退助らが民撰議院設立の建白書を政府に提出した。
Y　埼玉県で農民たちが秩父事件を起こした。
Z　西郷隆盛が，鹿児島で士族を率いて西南戦争を起こした。

ア　X→Y→Z　　**イ**　X→Z→Y　　**ウ**　Y→X→Z　　**エ**　Y→Z→X　　**オ**　Z→X→Y　　**カ**　Z→Y→X

問2　下線部②について，初代内閣総理大臣を下の**ア**～**エ**から一つ選び，記号で答えなさい。

ア　原敬　　**イ**　大隈重信　　**ウ**　犬養毅　　**エ**　伊藤博文

問3　下線部③について，第一次世界大戦の講和会議や講和条約に関する記述として**誤っているもの**を，下の**ア**～**エ**から一つ選び，記号で答えなさい。

ア　パリで開かれた講和会議に日本は戦勝国として参加し，ベルサイユ条約に調印した。
イ　条約の内容に反対した中国では三・一独立運動，朝鮮では五・四運動が起きた。
ウ　アメリカのウィルソン大統領の提案で，国際連盟をつくることが決まった。
エ　日本はドイツが持っていた山東省の権益や南洋諸島の統治権を引き継ぐことになった。

問4　下線部④以降に起きた出来事に関する記述として**誤っているもの**を，下の**ア**～**エ**から一つ選び，記号で答えなさい。

ア　日本の国民総生産（GNP）が資本主義諸国の中でアメリカに次いで2位になった。
イ　農地改革が行われ，政府は大地主から土地を安く買い上げ，小作農たちに安く売り渡した。
ウ　第4次中東戦争の勃発によって石油危機が起こり，世界経済が混乱した。
エ　日米安全保障条約を結び，独立後もアメリカ軍が日本にとどまることを認めた。

香川誠陵中学校 県外入学試験

社会問題

※解答はすべて解答用紙に記入しなさい。

問5 年表中の(**O**)～(**Q**)にあてはまる戦争名の組み合わせを，下の**ア**～**カ**から一つ選び，記号で答えなさい。

	ア	**イ**	**ウ**	**エ**	**オ**	**カ**
O	日中	日中	日清	日清	日露	日露
P	日露	日清	日露	日中	日清	日中
Q	太平洋	日露	日中	日露	日中	太平洋

問6 年表中の大日本帝国憲法と日本国憲法についての以下の問いに答えなさい。

(1) 2つの憲法について説明した以下の文の下線部**ア**～**エ**のうち，内容が**誤っているもの**を一つ選び，記号で答えなさい。

> 大日本帝国憲法は1989年2月11日に発布され，日本国憲法は1946年**ア** 11月3日に公布された。現在，大日本帝国憲法の発布日にあたる2月11日は**イ**「建国記念の日」，日本国憲法の公布日にあたる月日は「**ウ**憲法記念日」という国民の祝日になっている。この2つの憲法の大きな違いは，主権者である。前者は君主権の強い**エ**ドイツの憲法を手本にして，天皇を主権者とし，国家元首として多くの権限を与えた。一方，後者においては，国民を主権者とし，天皇を政治的な決定権のない象徴と位置付けた。

(2) いずれの憲法においても国民の義務と条文に規定されているものを，下の**ア**～**エ**から一つ選び，記号で答えなさい。

ア 納税の義務　**イ** 勤労の義務　**ウ** 教育を受けさせる義務　**エ** 兵役の義務

問7 次の(1)・(2)の記述は，年表中の**A**～**D**のどの時期の出来事か。正しいものをそれぞれ一つずつ選び，記号で答えなさい。

(1) 陸軍青年将校らが軍部独裁を目指してクーデターを起こし，大蔵大臣の高橋是清らが暗殺された。

(2) 栃木県出身の衆議院議員であった田中正造は，足尾銅山鉱毒事件について天皇に直訴しようとした。

令和五年度　中学校県外入学試験

国語解答用紙

（7枚のうち7枚目）

受験番号

氏名

＊欄には記入しないこと。

＊

※120点満点
（配点非公表）

一

問一　ア　かな　イ　ウ　める　エ　オ

問二　Ⅰ　Ⅱ　Ⅲ

問三

問四

問五　初め　終わり

問六

問七

問八

問九　初め　終わり

問十　あ　い

問十一

＊　＊　＊　＊

二

問一　ア　イ　ウ　エ　オ

問二　Ⅰ　Ⅱ　Ⅲ　Ⅳ

問三

問四

問五

問六

問七

問八　初め　終わり

問九

問十　60

問十一

＊　＊　＊　＊　＊　＊

令和５年度　中学校県外入学試験

算 数 解 答 用 紙

受験番号		氏名	

＊ ※120点満点 （配点非公表）

＊欄には記入しないこと。

1

(1)		(2)		(3)		(4)	
(5)		(6)		(7)		(8)	

＊

2

(1)		(2)		(3)	
(4)	m	(5)	人	(6)	通り

＊

3

(1)	円	(2)	個	(3)	円

＊

4

(1)	個	(2)	個	(3)	

＊

5

(1)	度	(2)	①	cm^2	②	cm^2
(3)	①	cm^2	②	個		

＊

令和5年度　中学校県外入学試験

理科解答用紙

受験番号		氏名	

＊
※80点満点（配点非公表）

＊らんには記入しないこと。

1

(1)		(2)		(3)	①：	②：
(4)	①：	②：　分後		(5)		
(6)		(7)		(8)	cm	

＊

2

(1)		(2)				
(3)	水酸化ナトリウム水溶液Bの体積：　cm³		白色固体の量：　g			
(4)	X：	Y：	Z：	(5)	g	

＊

3

(1)	ふくろの名前：	血管の名前：		
(2)	●：	○：	(3)	
(4)		(5)	L	

＊

4

(1)		(2)	北緯　度	(3)	時　分
(4)		(5)	①：	②：	

＊

5

(1)		(2)		(3)	cm
(4)	g	(5)			

＊

令和5年度　中学校県外入学試験

社 会 解 答 用 紙

受験番号		氏名	

＊
※80点満点（配点非公表）

＊欄には記入しないこと。

1

問1	記号	都市名　　市					
問2	島	問3		問4	地形		
問5		問6		問7	(1)	(2)	
問8	(1)	(2)　　化					
問9	(1)	(2)					
問10	(1)	(2)	(3)	(4)			＊

2

問1	大陸	問2	記号	国名				
問3		問4		問5	(1)	(2)	問6	＊

3

問1	a	b　　寺	c			
問2	d	e	f			
問3		問4		問5		
問6	(1)	(2)	問7	(1)	(2)	
問8		問9		問10		＊

4

問1		問2		問3		問4		
問5		問6	(1)	(2)				
問7	(1)	(2)						＊

香川誠陵中学校　県外入学試験

国語問題 (50分)

※解答はすべて解答用紙に記入しなさい。

一．次の文章を読んで、後の問いに答えなさい。答えに句読点や記号がふくまれる場合はそれらも一字と数えます。

思考を深めるのにX読書が役立つのは言うまでもない。それには、語彙《ごい》がアユタかになるという意味だけでなく、自分自身を見つめる機会になるという意味もある。

読書を情報収集と位置づけている人は、今すぐ役立つ情報のみを求めて実用書ばかりを読む傾向《けいこう》があるため、思考は深まらない。表面的に情報をなぞるだけだ。だが、実学志向の強い時代であるため、そうした読書の仕方をする人も珍《めずら》しくない。［　A　］多数派かもしれない。

しかし、本を読むことの意味は、けっして情報収集のためだけではない。本を読んでいると、自分の記《き》憶《おく》のなかに眠《ねむ》っているさまざまな素材が活性化され、ふだん意識していなかった記憶の断片が浮《う》かび上がり、それをきっかけにいろいろなことが連想によって引き出されてくる。

「そういえば、あんなことがあった」

「こういう思いになったことがある気がする」

「同じようなことを考えたことがあったなぁ」

「あれはいつのことだったかなぁ」

「自分も似たような状況《じょうきょう》に陥《おちい》ったことがあったな」

などといった思いが頭のなかを駆《か》けめぐる。

記憶の断片のなかには、他の本で出会った言葉や考え方もある。

「似たようなことを言ってたイチョシャがいたなぁ」

「［　①　］」

「あの本の主人公はどうやって葛藤《かっとう》を解決したんだったっけなぁ」

などと、過去の読書経験をもとにした記憶の断片が心に浮かんできたりする。

読解力や思考力を高めるには、②このような読書の効用を踏《ふ》まえて、読書習慣の形成を促《うなが》すような教育的な働きかけをする必要があるだろう。

思考力を磨《みが》くためには、いろんな視点を自分のなかに取り込《こ》むことが必要である。そのためには新聞を読むことが大事だと言うと、ネットでニュースを読んでいるから、自分には新聞は必要ないと言う人もいる。だが、それは新聞のニュースとネットニュースの基本的な性質の違《ちが》いを理解していない。

新聞を読む場合、まずページをパラパラめくることで、政治問題の記事、経済問題の記事、社会問題の記事、文化的テーマの記事、スポーツ関係の記事など、あらゆるジャンルの記事が目に飛び込んでくる。各ページの主な記事を飛ばし読みするだけでも、あらゆるジャンルについての情報を得ることができる。

それは、なにも新聞にウカギらない。テレビでニュースを見る場合も、政治、経済、社会問題、文化、スポーツなど、あらゆるジャンルのニュースがつぎつぎに流れてくるので、ニュースの番組にチャンネルを合わせさえすれば、あらゆるジャンルについての情報を万遍《まんべん》なく得ることができる。

それに対して、ネットでニュースを読む場合は、気になるテーマをクリックして主なニュースを引き出すことになる。新聞のように、各欄《らん》の記事がすべて目に飛び込んでくるのではなく、各記事のタイトルしか見えないため、クリックして引き出したもの以外の記事の内容はまったくわからないままになる。

［　B　］、ネットの場合は、経済ニュースしか読まず、文化的テーマやスポーツ、社会で起こっている事件などについてはほとんど知らないという人や、社会で起こっている事件についての記事はよく読んでいるのに、政治や経済についてのニュースはまったく知らないという人も出てくる。

ネットの時代になって、関心のあるニュースばかりをつぎつぎに引き出して読むことができるようになり、関心のあるジャンルについては非常に詳《くわ》しくても、あまり関心のないジャンルの情報にはまったく触《ふ》れることがなくなった。

それにより、各個人のもっている情報は個性化されてきた。求める情報を手に入れやすいという点においてネットは非常にエベンリであり、関心のある情報ばかりで自分の頭のなかの世界を埋《う》め尽《つ》くすことができるのだから、きわめて心地がよい。

［　C　］、そうした③情報摂取《せっしゅ》の個性化の進展によって、頭のなかの世界にかなりの偏《かたよ》りができてしまう。自分の価値観とY相容《あいい》れない異質な考えを排除《はいじょ》した心の世界に生きていると、視野が非常に狭《せま》くなり、一面的なものの見方しかできなくなる。

ゆえに、④新聞やテレビなどのセットメニューのニュースに絶えず触れておくことは、視野が狭くなるのを避《さ》け、複眼的にものごとを

国語問題

※解答はすべて解答用紙に記入しなさい。

検討する心の姿勢を保つ上で、とても大事なことと言ってよいだろう。

本を読むことの効用については前項《ぜんこう》で指摘《してき》したが、読書には異質な知識やものの見方・考え方に出会うという効用もある。

ネットの世界では、何かを検索《けんさく》すると、関連する情報が自動的に選別されて出てくるし、使用者の履歴《りれき》をもとに関心をもちそうな情報が選び出されて表示される。また、興味のある見出ししかクリックしないため、出会う情報が非常に偏ったものになってしまう。自分の考えに対する反証になるような情報には、あえて目を向けようとしない。興味のない情報や意見にはわざわざ目を向けることがない。

そのため、異質なものの見方・考え方に触れる機会がなく、⑤自分のものの見方・考え方に凝《こ》り固まってしまいがちである。ネット上で喧嘩《けんか》のような誹謗《ひぼう》中傷が目立つのも、自分と違うものの見方・考え方を理解できないし、理解しようというオココロガマえもないからだろう。いわゆる自己中心性からの脱却《だっきゃく》ができない。異質な他者の考えや感じ方を理解できるようになるためにも、読書によっていろんなものの見方・考え方に触れることが大切である。

そうした読書の効用を活かすには、関心の幅《はば》を狭めずに、あえていろんな領域の本を読むように心がけるのがよい。その意味でも、家庭や学校では、さまざまな領域の本を揃《そろ》える工夫が必要であり、さまざまなジャンルの本を読むように促す教育的な働きかけが必要となる。

（榎本博明《えのもとひろあき》『思考停止という病理《やまい》』による。）

問一　――線部**ア**～**オ**のカタカナを漢字にそれぞれ直し、楷書《かいしょ》でていねいに書きなさい。

問二　［A］～［C］にあてはまる最も適切な言葉を次の中からそれぞれ選んで、記号で答えなさい。（同じ記号は一度しか使えない。）

ア　だが　**イ**　そのうえ　**ウ**　むしろ　**エ**　なぜなら　**オ**　そこで

問三　――線部X「読書」と同じ組み立ての熟語を次の中から選んで、記号で答えなさい。

ア　出発　**イ**　投球　**ウ**　国営　**エ**　青空

問四　――線部Y「相容れない」の意味として最も適切なものを次の中から選んで、記号で答えなさい。

ア　世間一般《いっぱん》の常識とは多少なりとも違いがある

イ　世間一般の常識の範囲を互いに超《こ》えている

ウ　互いの主張や立場が一部分だけ異なっている

エ　互いの主張や立場が異なっていて両立しない

問五　［①］にあてはまる最も適切な言葉を次の中から選んで、記号で答えなさい。

ア　あの本は、ちょっと違った視点から書かれていたなぁ

イ　この本は、自分の考えに大きな影響を与えるものだなぁ

ウ　あの本は、結局最後まで読むことができなかったなぁ

エ　この本は、多くの人に受け入れられそうな内容だなぁ

問六　――線部②「このような読書の効用」について、次の問いに答えなさい。

(1)　「このような読書の効用」とあるが、読書にはどのような効用があるというのか。それを説明した次の文の空らんにあてはまる言葉を文章中からぬき出して答えなさい。ただし、かっこ内の字数にしたがうこと。

> 読書には、単に［あ（四字）］だけではなく、自分の記憶のなかに眠っていたふだん意識していなかった記憶の断片や、［い（十八字）］が心に浮かび、それがさまざまな連想につながり、その結果［う（十一字）］ことに役立つという効用がある。

(2)　「このような読書の効用」以外に、どのような効用が読書にはあるのか。――線部③と⑤の間の文章中から十九字で見つけ、初めと終わりの五字をぬき出して答えなさい。

問七　――線部③「情報摂取の個性化」とあるが、どういうことか。その説明として最も適切なものを次の中から選んで、記号で答えなさい。

ア　ネットにおいて、関心の幅を狭めずに情報を検索すると多くの視点が養われ、結果的に個性的な考えを獲得できるということ。

イ　ネットにおいて、興味のあるジャンルの情報ばかりを検索することで、その特定の分野の情報にだけ非常に詳しくなること。

ウ　ネットにおいて、自分とは異なる考えを排除《はいじょ》して検索することで、首尾一貫した考えをもち続けることができるということ。

エ　ネットにおいて、様々なジャンルの情報を検索して視野が広くなると、真の意味で唯一無二の考えをもてるようになること。

香川誠陵中学校　県外入学試験

国語問題

※解答はすべて解答用紙に記入しなさい。

問八　――線部④「新聞やテレビなどのセットメニューのニュース」とあるが、これらにはどのような効用があるのか。その説明として最も適切なものを次の中から選んで、記号で答えなさい。

ア　多くの領域の情報に触れることで異なる考えを受け入れる下地がつくられ、様々な場面で活躍できるようになるという効用。

イ　あらゆる領域の情報に幅広く触れることで、自分が本当に関心ある領域が見つかり、知識を深めることができるという効用。

ウ　多くの領域の情報に触れて知識を広く浅く得ることで、どのような相手とも意思疎通をはかることができるという効用。

エ　あらゆる領域の情報に触れて様々な視点を取り込むことで、ものごとを多方面から見ることが可能になるという効用。

問九　――線部⑤「自分のものの見方・考え方に凝り固まってしまいがち」とあるが、これと同じ内容の部分を文章中から十五字で見つけ、初めと終わりの五字をぬき出して答えなさい。

問十　本文の内容にあてはまるものとして最も適切なものを次の中から選んで、記号で答えなさい。

ア　様々なジャンルの本を読める環境を整えて、多くのジャンルの本を読むように促すことが、広い視野を養うことにつながる。

イ　新聞を読んで、自分とは異なる考えを受け入れることができるようになることが、ネットでの誹謗中傷の根絶につながる。

ウ　読書習慣の形成を促すためには、まず常日頃から新聞やニュースに目を通すようにして、活字に慣れることが大切である。

エ　今は実学志向が強い時代だからこそ、遠回りではあっても様々なジャンルの本を読むことで、知識を深めるべきである。

二．次の文章を読んで、後の問いに答えなさい。答えに句読点や記号がふくまれる場合はそれらも一字と数えます。

吉田《よしだ》葵《あおい》は、ときどき夢を見る。

小学校に入ったばかりのころの夢だ。

赤いランドセルを背負って学校に行き、友達と笑い合う。通学路や教室で会話を交わす。

葵ちゃんのランドセル、すごく可愛いね。

うん。

だけど、①そんなことは起こらなかった。赤いランドセルを背負って学校に行ったことはない。

買ってもらったのに、千葉のおばあちゃんの家に置いてある。

使われることもなければ、きっと捨てられることもない。

ずっと、ずっと置いたままだ。

葵は、小学校四年生になった。十歳《さい》をすぎたのに身体が小さく、一年生と間違《まちが》えられることもあった。それをクラスの男子たちにからかわれて悩《なや》んでいると、お父さんが言った。

「女の子なんだから、小さいほうが可愛いよ」

慰《なぐさ》めたつもりらしいけれど、それは駄目《だめ》な言葉だった。②特に、お母さんの前では言うべきではなかった。

「それ、どういう意味？　女をマスコットか何かだと思ってるの？」

お母さんが問い詰《つ》めるように言った。ドラマや映画なら夫婦喧嘩《げんか》が始まるところだけど、お父さんは弱い。ア余計なことを言うくせに、お母さんには勝てない。首を竦《すく》めるようにして言い訳をする。

「そういう意味じゃなくて……」

「じゃあ、どういう意味？　『小さいほうが可愛い』って言葉に、それ以外の意味があるの？」

いつだって、お母さんはこの調子だ。近所でも学校でも同じだ。出版社で働いているけれど、［ A ］会社でもこうなのだろう。お母さんは、正しくないことを聞くと怒《おこ》り出す。それから、その言葉を言った人を問い詰める。悪気がなくてもa容赦《ようしゃ》しない。塾《じゅく》の先生が、少し前に言っていた「意識高い系」というやつだ。

――意識高い系。

よく分からないけれど、お母さんにぴったりの言葉だ。③迷惑《めいわく》な人だと思う一方で、ちょっぴり羨《うらや》ましくもあった。

葵は、お母さんには似ていない。見た目はともかく、性格は正反対だ。お父さんと同じように弱い。思っていることを上手く言えず、喧嘩になるのが怖《こわ》くて、相手の意見に流されてしまう。嫌《いや》なことを「嫌だ」と言えない。

あのときも、そうだった。四年前、葵が小学校に入る年のことだ。

冬休みに家族みんなでお父さんの田舎《いなか》に行った。そのとき、おばあちゃんが赤いランドセルをくれた。

おじいちゃんは、葵が幼稚《ようち》園に入る前に死んでしまった。お父さんの他に子どもはいない。だから、おばあちゃんは一人暮らしをしている。ときどき病院や買い物に行く以外は、築四十年の古い家にずっといる。年金暮らしだと言っていた。イ裏に小さな畑があって、菜

の花や野菜を作っている。アニメに出てきそうな田舎のおばあちゃんだった。

葵の家は東京都にあって、おばあちゃんの家は千葉県君津《きみつ》市にある。葵の家からそう遠くはないが、すごく近いというわけでもない。会うのは、お父さんとお母さんの仕事が休みのとき——お盆《ぼん》と正月くらいだった。

そんなふうに滅多《めった》に会えないけれど、葵は、おばあちゃんが好きだった。やさしいし、お母さんみたいに口うるさくない。話もちゃんと聞いてくれる。そのおばあちゃんが、葵のために入学祝いを用意してくれた。

「よかったら使ってね」

そう言って、赤いランドセルを手渡《わた》してきた。

赤は、葵の好きな色だったし、ランドセルも可愛かった。一目で気に入った。嬉《うれ》しかった。

——ありがとう、おばあちゃん。

お礼を言おうとした瞬間《しゅんかん》、お母さんが口を挟《はさ》んだ。ランドセルを見て、おばあちゃんに言ったのだった。

「女の子だからって、赤いランドセルを使う時代じゃないんですよ」

お母さんに悪気はない。それどころか、新しい時代の考え方を教えてあげているつもりだと思う。おばあちゃんはお父さんの母親だから、やさしい性格をしていた。やっぱり、お母さんとは正反対だ。驚《おどろ》いた顔で聞き返した。

「そうなのかい？」

「最近では、女の子も自分の好きな色のランドセルを持つんですよ。『女の子は赤』なんて決めつけですから」

「昔と違うんだね」

「多様性の時代なんです。赤いランドセルを使う女の子なんて、今は、ほとんどいないと思いますよ」

お母さんは自信たっぷりだった。それが本当なら、学校で浮《う》いてしまう。みんなが持っていない色のランドセルを使うのが怖いという気持ちがウ芽生えた。笑われたら——いじめられたら、どうしよう。仲間外れにされて友達ができなかったら、どうしよう。

赤いランドセルを背負って歩いている女の子を見たことがあるが、葵より年上で、お母さんの言う「④」ではないのだろう。

「私、赤じゃないほうがいいかも」

葵は思わず言った。見た瞬間に可愛いと思ったランドセルを拒《こば》んだのだった。おばあちゃんはしょんぼりした顔で、「ごめんなさいね」と謝《あやま》った。

結局、⑤葵はスミレ色のランドセルを買ってもらった。選んだのは、お母さんだ。東京に帰った後、新宿タカシマヤで買ってくれた。お洒落《しゃれ》だとは思ったけれど、可愛くはなかった。赤いランドセルは、おばあちゃんの家に置いてきた。

小学校が始まると、葵はスミレ色のランドセルを背負って通った。そして、赤いランドセルを使っている女の子がたくさんいることを知った。お母さんにそのことを言うと、「おかしいわね」と首を捻《ひね》った。でも、ただ、それだけだった。おばあちゃんみたいに謝ってはくれない。

葵は忙《いそが》しい。

ピアノを習い、スイミングに通い、その上、私立中学受験をするために塾にも行っている。全部、お母さんの決めたことだ。

「今のうちに勉強をしておかないと、大人になってからエ苦労するのよ。すごく大変なんだから」

苦労するのも大変なのも嫌だったから、真面目に勉強をした。そうでなくとも、お母さんには逆らえない。

四年生の夏休みになると、勉強が忙しくなってきた。模擬《もぎ》テストも増《ふ》えたし、夏期講習もある。宿題もたくさん出た。田舎に行く余裕《よゆう》もなかった。

そんなとき、おばあちゃんが倒《たお》れた。救急車で病院に運ばれたというのだった。お父さんとお母さんが病院に駆《か》けつけたけれど、その日のうちに、お父さんは帰ってきた。

「入院しなくちゃ駄目みたいだけど、とりあえず大丈夫《だいじょうぶ》みたいだ。お母さんが、いろいろとやってくれている」

葵は、ほっとした。軽い盲腸《もうちょう》みたいなもので、すぐに治るんだと思ったのだ。お正月には会えるとも思った。

だけど、その予想は外れる。お父さんの言葉は、当てにならなかった。盲腸なんかじゃなかった。倒れてから二週間もしないうちに、おばあちゃんは死んでしまった。お見舞《みま》いに行く暇《ひま》もなく、どこか遠くに行ってしまった。

（中略）

おばあちゃんの家に着いた。自動車は庭先に駐《と》めた。［B］見ないうちに、雑草がたくさん生えていた。

家の鍵《かぎ》は、お父さんが持っている。おばあちゃんが生きていたころから、合鍵を持っていた。その鍵を差し込《こ》んで、玄関《げんかん》の引き戸を開けながら言った。

「ただいま」

当たり前だけど、誰《だれ》も返事をしない。葬式《そうしき》のときの線香《せんこう》のにおいが残っているような気がした。

家の中は片付いていた。おばあちゃんは綺麗《きれい》好きだったし、葬式のときに掃除《そうじ》をしたのだから散らかっているはずがなかった。

香川誠陵中学校　県外入学試験

国語問題

※解答はすべて解答用紙に記入しなさい。

それでも、簡単に掃除をした。葵も手伝って玄関を掃《は》いた。あっという間に終わった。

ふたたび、お父さんとお母さんが自動車に乗った。葵は乗らなかった。庭先で見送ることにした。

「本当に一人でだいじょうぶ？」

お母さんに質問され、葵は答える。

「銀行とか市役所に一緒《いっしょ》に行っても仕方ないし」

「そうだなあ。時間もかかりそうだしなあ」

お父さんが同意した。お寺はともかく、銀行や市役所に行って退屈《たいくつ》しないわけがない。

でも、それは口実で、一緒に行きたくない理由があった。葵は、一人になりたかった。その理由は、お父さんにもお母さんにも言えない。きっと、頭がどうかしたと思われてしまう。

「気をつけるのよ」

お母さんが心配そうに言った。本当は葵を連れていきたいのだろうが、娘《むすめ》にお金や相続の話を聞かせたくないという気持ちもあるみたいだ。子どもは、親が思っているよりも大人の事情を知っている。親が何を考えているかだって、［ C ］分かる。特に、お母さんは顔に出やすかった。

「大丈夫。勉強したり本を読んだりしてるから」

葵は安心させるつもりで言った。でも、お母さんは簡単には安心しない。意識高い系のくせに心配性だ。

「足りないものがあったら、コンビニで買うのよ」

「うん」

「コンビニに行くときは、ちゃんと戸締《とじ》まりしてね」

「うん」

「何かあったら電話するのよ」

「分かった」

我慢《がまん》強く何度か頷《うなず》いた後、お父さんがようやく自動車のエンジンをかけた。きりがないと思ったのだろう。

「じゃあ、行ってくるから」

お母さんが助手席から言い、葵は「行ってらっしゃい」と言葉を返した。自動車が、ゆっくりと走り出した。

親がいなくなると、葵は一人になった。おばあちゃんの家には、誰もいない。何の音もなかった。漫画《まんが》だったら、「しーん」と書かれそうなくらい静かだった。

この家には何度も来ているけど、一人になったのは初めてだ。いつだって、おばあちゃんがいた。葵は、おばあちゃんと仲よしだった。何度も一緒に遊んでいる。

何の理由もなく、おばあちゃんと二人で、裏の畑に菜の花を取りに行ったときのことを思い出した。葵が青虫のくっついた菜の花を摘《つ》んでしまい、泣きべそをかきながらオ悲鳴を上げると、おばあちゃんは青虫を払《はら》ってくれた。それから、「大丈夫だよ」と声をかけてくれた。

いつだって、おばあちゃんはやさしかった。葵にも、お父さんにもお母さんにもやさしかった。それなのに、ひどいことをしてしまった。⑥やさしいおばあちゃんを傷つけてしまった。

赤いランドセルが、いつも頭の片隅《かたすみ》にあった。おばあちゃんがせっかく買ってくれたのに、背負うことさえしなかった。この家に置いたまま、お母さんに新しいランドセルを買ってもらった。

赤いランドセルは、おばあちゃんの部屋にずっと置いてある。そのことを思うと、涙《なみだ》があふれてくる。胸が、［ D ］締《し》めつけられる。「ごめんなさい、ごめんなさい」と謝りたくなる。

でも、もう、おばあちゃんはこの世にいない。

葵には、泣くことしかできない。

お墓に行って謝ることしかできない。

ずっと、そう思っていた。⑦取り返しのつかないことをしたと思っていた。あの店のことを知るまでは。

（高橋由太《たかはしゆた》『ちびねこ亭《てい》の思い出ごはん―たび猫とあの日の唐揚げ』光文社文庫による。）

問一　＝＝線部**ア**〜**オ**の漢字の読みを、ひらがなで書きなさい。

問二　［ A ］〜［ D ］にあてはまる最も適切な言葉を次の中からそれぞれ選んで、記号で答えなさい。（同じ記号は一度しか使えない。）

ア　ちょっと　　**イ**　きゅっと　　**ウ**　きっと　　**エ**　だいたい　　**オ**　もっと

国語問題

※解答はすべて解答用紙に記入しなさい。

問三　——線部**a**「容赦しない」の意味として最も適切なものを次の中から選んで、記号で答えなさい。

ア　手が回らない　**イ**　手加減しない　**ウ**　手心を加える　**エ**　手をのばす　**オ**　手の施《ほどこ》しようがない

問四　——線部①「そんなことは起こらなかった」とあるが、その理由として最も適切なものを次の中から選んで、記号で答えなさい。

ア　おばあちゃんがくれた赤いランドセルを可愛いと思ったが、お母さんの言葉から不安になり、使うことを拒んでしまったから。

イ　おばあちゃんがくれた赤いランドセルを可愛いと思ったが、お母さんをいい気分にさせるため、使うことを拒んでしまったから。

ウ　おばあちゃんがくれた赤いランドセルを可愛いと思ったが、他の子と同じ色になることは嫌で、使うことを拒んでしまったから。

エ　おばあちゃんがくれた赤いランドセルを可愛いと思ったが、都会でははやらない色なので、使うことを拒んでしまったから。

問五　——線部②「特に、お母さんの前では言うべきではなかった」とあるが、それはお母さんがどのような考えを持っているからか。次の形に合うように文章中から六字で見つけ、ぬき出して答えなさい。

今は（　　　　）だという考えを持っているから。

問六　——線部③「迷惑な人だと思う一方で、ちょっぴり羨ましくもあった」とあるが、わかりやすく説明したものとして最も適切なものを次の中から選んで、記号で答えなさい。

ア　お母さんは常に自分が一番正しいと自信を持っていて協調性がない点では付き合いにくく迷惑だと思うが、周囲を気にしすぎる葵とは異なり自分に自信がある点は羨ましくもある。

イ　お母さんは常に自分が一番正しいと自信を持ち、異なる考えを徹底《てってい》的に排除《はいじょ》する点では迷惑者だと思うが、自信のない葵とは異なり、周りに流されない点は羨ましくもある。

ウ　お母さんは自分が正しいと信じることを相手に遠慮《えんりょ》せず主張するために、葵も迷惑者あつかいされてつらくなるが、相手が強者でもひるまない強さを持っている点は羨ましくもある。

エ　お母さんは自分が正しいと信じることを相手に遠慮せず主張して相手を追いこむ点でそれは迷惑だと思うが、正反対の性格である葵にはできないことなので羨ましくもある。

問七　**④**に入る漢字一字を文章中から見つけ、ぬき出して答えなさい。

問八　——線部⑤「葵はスミレ色のランドセルを買ってもらった」とあるが、葵はこのランドセルで小学校へ通うことになる。そのことについて葵はどのような気持ちになったか。その説明として最も適切なものを次の中から選んで、記号で答えなさい。

ア　スミレ色より赤色が好きなことをわかってくれて買ってくれた赤いランドセルなのに、一度も背負わず不愉快《ふゆかい》にさせてしまったことをおばあちゃんに謝りたいと願っている。

イ　お母さんに買ってもらったスミレ色のランドセルよりおばあちゃんの赤いランドセルの方が好きということを、おばあちゃんが元気なうちに伝えて謝りたいとあせっている。

ウ　おばあちゃんが用意してくれた赤いランドセルを一度も背負わず、持って帰りもしなかったことで、おばあちゃんをとても傷つけてしまったと思い、とてもくやんでいる。

エ　おばあちゃんが用意してくれた赤いランドセルを一度も背負わないだけでなく、買ってくれたおばあちゃんに謝らせるという、お母さんと似てきた自分が嫌になっている。

問九　葵のお母さんのことを説明した次の文の空らんにあてはまる言葉を文章中からぬき出して答えなさい。ただし、かっこ内の字数にしたがうこと。

葵のために赤いランドセルを用意してくれたおばあちゃんに、お礼を言うどころか、今はそんな色のものを使う女の子はほとんどいないという自分の考えを信じて **あ（六字）** に言い放ち、 **い（五字）** の態度をとるが、実は、お母さんには **う（五字）** 。このような態度をとるのは、おばあちゃんや葵のことを **え（二字）** する気持ちの表れだと考えられる。

問十　——線部⑥「やさしいおばあちゃんを傷つけてしまった」とあるが、おばあちゃんが傷ついたことがわかる一文を文章中から見つけ、初めの十字をぬき出して答えなさい。

問十一　——線部⑦「取り返しのつかないことをしたと思っていた」とあるが、なぜ取り返しがつかないと思うのか。文章中の言葉を使って、「やさしかったおばあちゃんは……ので、……しかできないから。」という形で、六十字以上六十五字以内で説明しなさい。

中 外
令 6

香川誠陵中学校　県外入学試験

算 数 問 題　（50分）

※ 解答はすべて解答用紙に記入しなさい。

---

1 次の計算をしなさい。

(1) $3142 - 876 - 2142$

(2) $136 \times 9 \div 17$

(3) $(0.52 + 0.2) \div 0.8$

(4) $0.7 \times 8 - (2.1 + 8.1) \div 4$

(5) $\dfrac{35}{52} \div \dfrac{9}{13} \times \dfrac{3}{14}$

(6) $\dfrac{5}{6} - \left(\dfrac{1}{3} - \dfrac{1}{4}\right)$

(7) $3 - 2.5 \div 4 + 1.75 \times 3$

(8) $3.125 + 2\dfrac{5}{6} - 2\dfrac{1}{2} \times \left(0.2 + 1\dfrac{1}{2}\right)$

2 次の □ にあてはまる数を答えなさい。

(1) 0より大きく2より小さい分数のうち，分母が24で，それ以上約分できない分数は □ 個です。

(2) 分数 $\dfrac{23}{40}$ の分母と分子に同じ数 □ を加えると $\dfrac{2}{3}$ になります。

(3) 1から30までの整数をかけた数は，末尾に □ 個の0が続きます。

(4) マコトさんは，24 km はなれた上流のA町と下流のB町を，時速 10 km のボートに乗って往復するのに □ 時間かかりました。ただし，川の流れる速さは時速 2 km とします。

(5) はじめにマコトさんとリョウさんの所持金の比は5 : 3でした。マコトさんがリョウさんに350円あげると，2人の所持金の比は7 : 5になりました。マコトさんのはじめの所持金は □ 円です。

(6) 2，4，6，7，8と書かれたカードがそれぞれ1枚ずつ，全部で5枚あります。これらのカードから2枚選んで並べて，2けたの整数を作るとき，3の倍数は □ 通り作ることができます。

中 外
令 6

香川誠陵中学校 県外入学試験

算 数 問 題

※ 解答はすべて解答用紙に記入しなさい。

3 ある仕事をマコトさん，リョウさん，アイさんの3人でします。この仕事をするのにマコトさんだけなら20日，リョウさんだけなら30日かかります。

(1) この仕事をマコトさんとリョウさんの2人ですると何日かかりますか。

(2) この仕事をマコトさんとリョウさんの2人で3日した後，4日目からはリョウさんの代わりにアイさんがマコトさんといっしょに仕事をしたところ，マコトさんとリョウさんの2人でするときと比べて4日早く終わりました。アイさんが1人だけでこの仕事をした場合，何日かかりますか。

4 次の図のような2辺の長さが1 cmと3 cmの長方形のシール (色つきの長方形) がたくさんあり，これらのシールをAB = 3 cm，BC = n cmの長方形の台紙ABCDの全面に，重ならず，すき間ができないようにはっていきます。そのとき，シールが台紙からはみ出さないようにします。たとえばn = 1，2，3，4，5のとき，台紙ABCDとシールの異なるはり方は下のようになります。

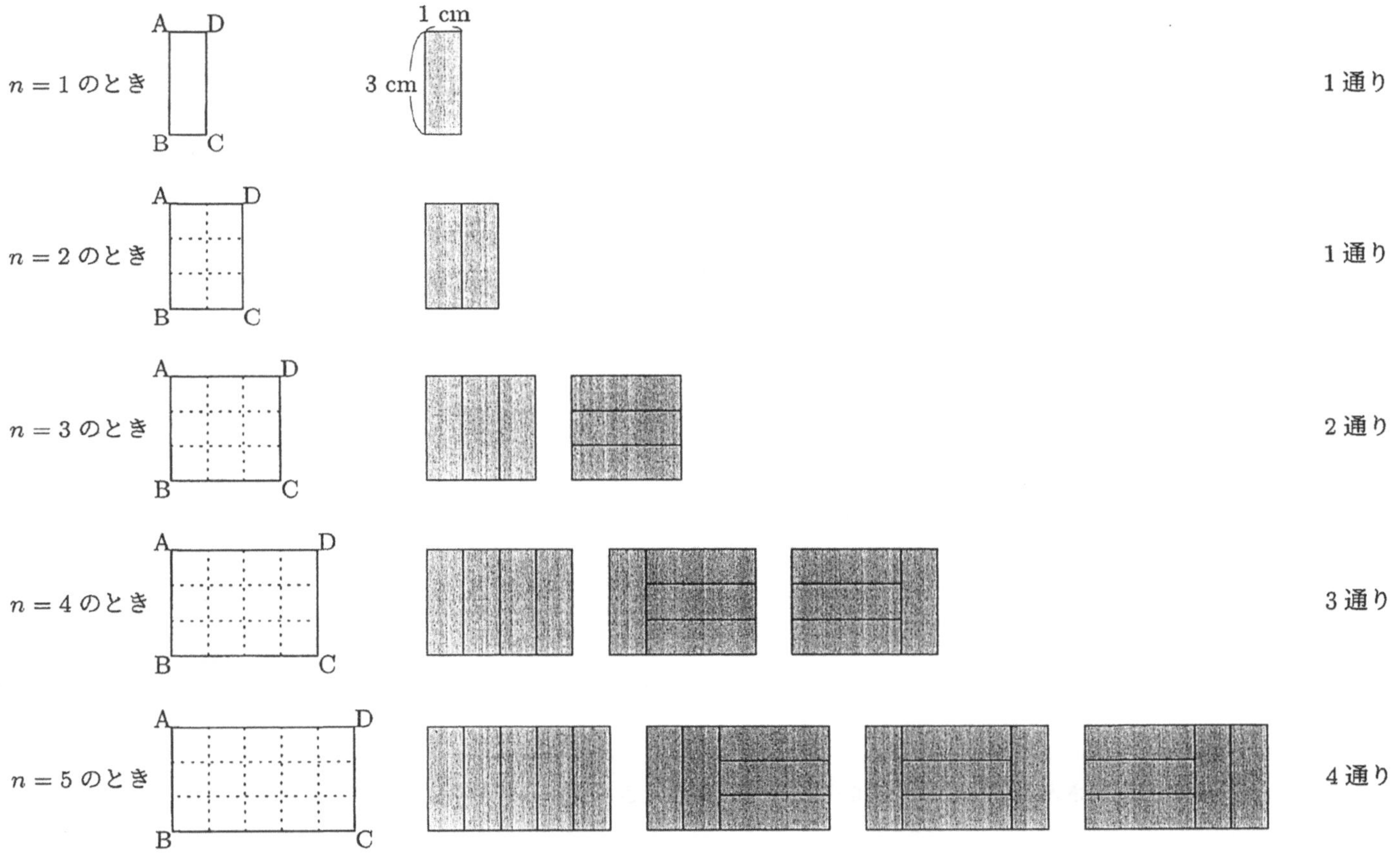

(1) n = 6のとき，シールの異なるはり方は何通りありますか。

(2) n = 9のとき，シールの異なるはり方は何通りありますか。

中　外
令6

香川誠陵中学校　県外入学試験

算数問題

※ 解答はすべて解答用紙に記入しなさい。

5 次の問いに答えなさい。ただし，円周率は3.14とします。

(1) 次の図のような底面が直角三角形である三角柱の体積は何 cm^3 ですか。

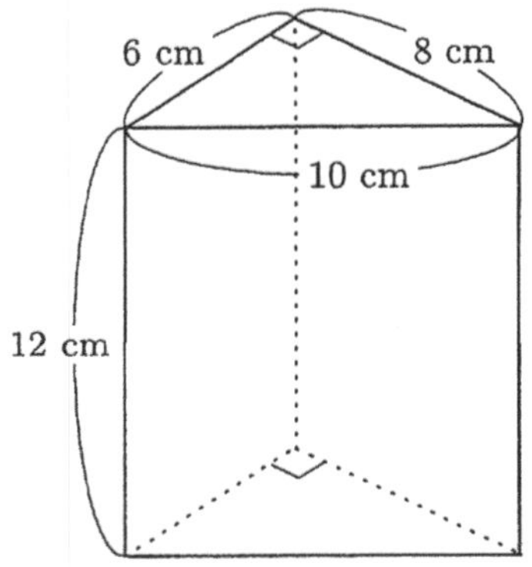

(2) 次の図は，ABを直径とする半円と，角Bが直角となっている直角三角形ABCを重ねたものです。

かげをつけた部分 ア の面積と イ の面積はどちらが何 cm^2 大きいですか。

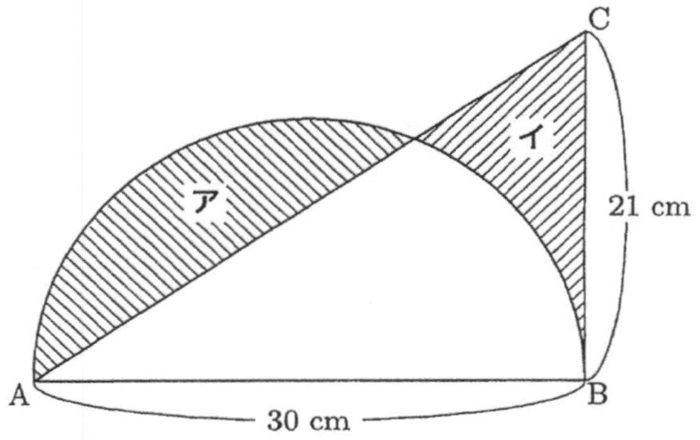

(3) 次の図は，円の一部に1辺の長さが20 cmの正方形を重ねたものです。

① 図のかげをつけた部分の面積の和は何 cm^2 ですか。

② 図の角アの大きさは何度ですか。

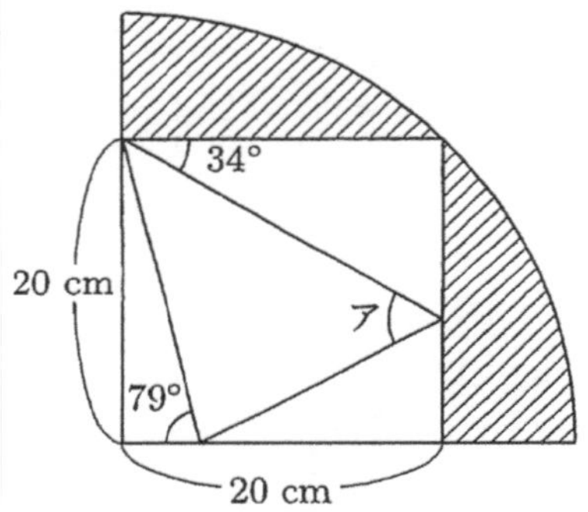

中外
令6

香川誠陵中学校　県外入学試験

理　科　問　題　(40分)

※解答はすべて解答用紙に記入しなさい。

1　次の(1)～(6)の各問いに答えなさい。

(1)　生き物どうしの「食べる・食べられる」というつながりを何といいますか，答えなさい。

(2)　香川県で産出《さんしゅつ》されるサヌカイトは，アンザン岩である。このアンザン岩の説明として正しいものを次の**ア**～**エ**から1つ選び，記号で答えなさい。

ア　マグマが地下の深いところでゆっくり冷やされてでき，結晶《けっしょう》が大きく成長せず，小さなつぶの中に大きなつぶが散らばっている。

イ　マグマが地下の深いところでゆっくり冷やされてでき，結晶が大きく，大きさもほぼそろっている。

ウ　マグマが地表または地表近くで急に冷やされてでき，結晶が大きく成長せず，小さなつぶの中に大きなつぶが散らばっている。

エ　マグマが地表または地表近くで急に冷やされてでき，結晶が大きく，大きさもほぼそろっている。

(3)　光の三原色に含まれない色を次の**ア**～**オ**から**すべて**選び，記号で答えなさい。

ア　赤色　　**イ**　黄色　　**ウ**　緑色　　**エ**　青色　　**オ**　紫色

(4)　物質を水にとかした溶液《ようえき》で，電流が流れないものを次の**ア**～**エ**から1つ選び，記号で答えなさい。

ア　塩酸　　**イ**　硫酸　　**ウ**　アルコール水　　**エ**　アンモニア水

(5)　**図1**はある日の日没直後の午後6時の西の空を観測した様子です。このときの月は三日月でした。月を3日後同じ時刻に観測すると，月は**図1**の**ア**～**エ**のうちどの方向に見えますか。1つ選び，記号で答えなさい。

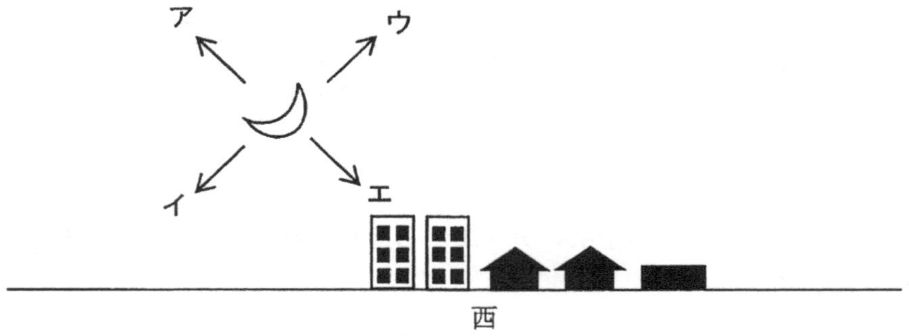

図1

(6)　**図2**のように，長さ48cm，太さが一様な棒の左端に60gのおもりを，右端に重さの分からないおもりXをそれぞれ同じ長さの糸でつるし，左端から30cmのところを支点にすると，棒は水平になってつり合いました。次に，**図3**のように，60gのおもりを完全に水の中に入れ，おもりXをつるす位置を支点のほうに，6cm近づけると，棒は水平になってつり合いました。
ただし，棒と糸の重さは考えないものとします。

①　おもりXの質量は何gか答えなさい。

②　**図3**の60gのおもりにはたらく浮力の大きさは何gか答えなさい。

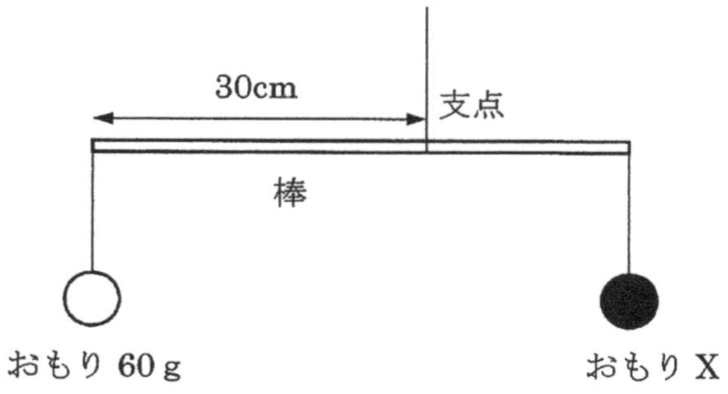

図2

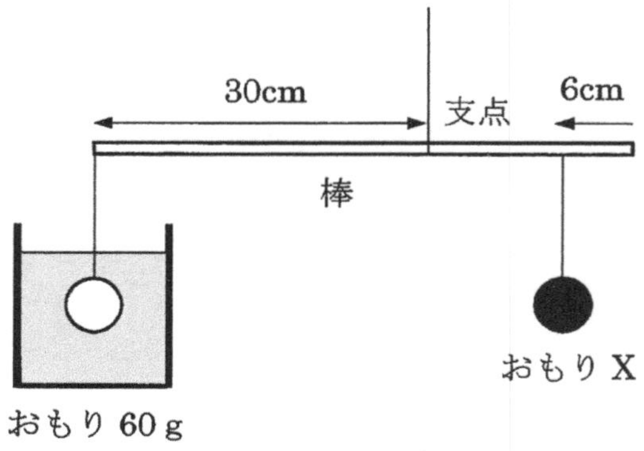

図3

中外
令6

香川誠陵中学校　県外入学試験

理　科　問　題

※解答はすべて解答用紙に記入しなさい。

2　たかこさんとかおりさんは気体Aと気体Bを発生させるために，次の**【実験1】**と**【実験2】**を行いました。

【実験1】　たかこさんは三角フラスコに0.2gの二酸化マンガンを入れ，うすい過酸化水素水10mLを加えて反応させた時間と発生した気体Aの体積を調べました。**グラフ**はその結果を示しています。

グラフ

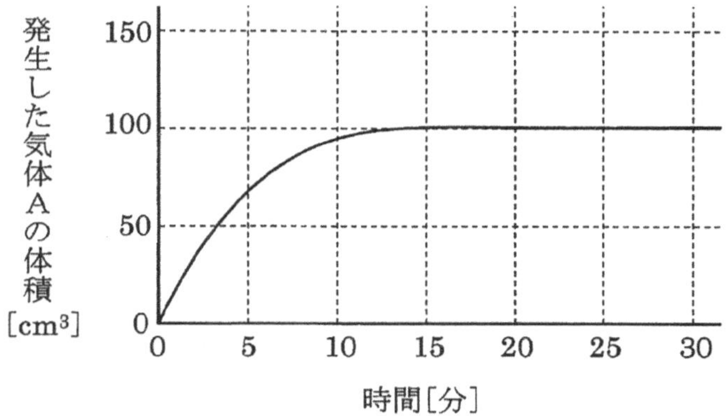

【実験2】　かおりさんは試験管に1.00gの重ソウ(炭酸水素ナトリウム)を入れました。この試験管を加熱すると，重ソウが気体B，水，固体Cに分解しました。かおりさんは加熱した時間と試験管内に残っている固体の重さを調べました。**表**はその結果を示しています。

表

加熱した時間 [秒]	0	20	40	60	80	100	120
固体の重さ [g]	1.00	0.88	0.78	0.70	0.66	0.63	0.63

(1)　気体Aと気体Bについて述べた文として正しいものを次の**ア**～**エ**からそれぞれ1つずつ選び，記号で答えなさい。

ア　石灰水に通すと，石灰水が白くにごる。
イ　同じ体積の空気の0.07倍の重さである。
ウ　鼻をさすような特有のにおいがある。
エ　火のついた線香を入れると，いきおいよく燃え出す。

中外
令６

香川誠陵中学校　県外入学試験

理　科　問　題

※解答はすべて解答用紙に記入しなさい。

（２）**【実験１】**において，三角フラスコに入れる二酸化マンガンを 0.1g にして，うすい過酸化水素水 10mL を加えました。反応させた時間と発生した気体Aの体積を示すグラフとして正しいものを，次の**ア**～**エ**から１つ選び，記号で答えなさい。

ア

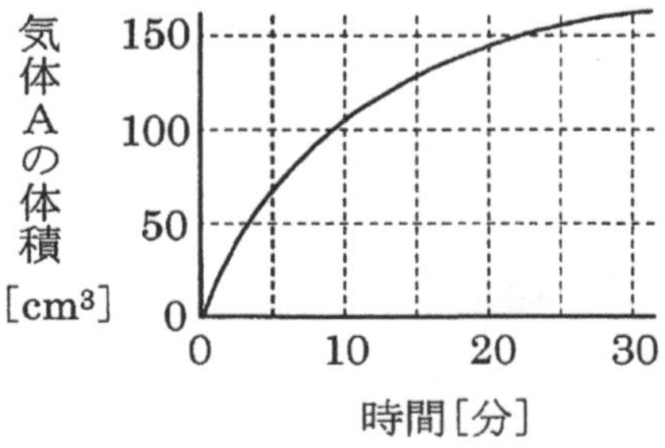

イ

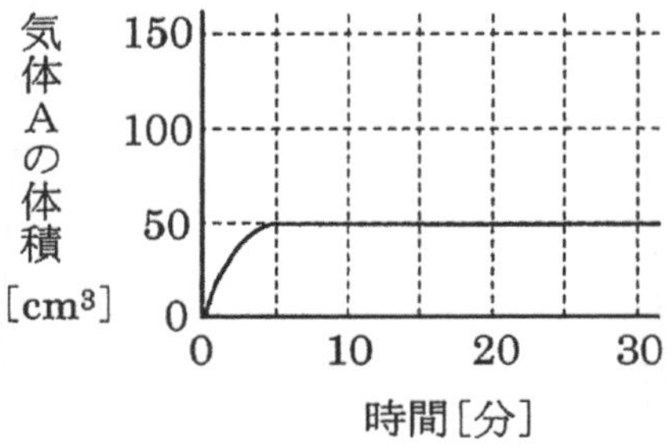

ウ

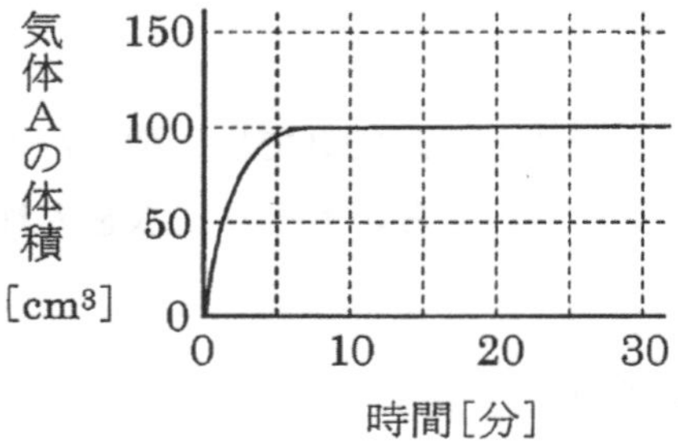

エ

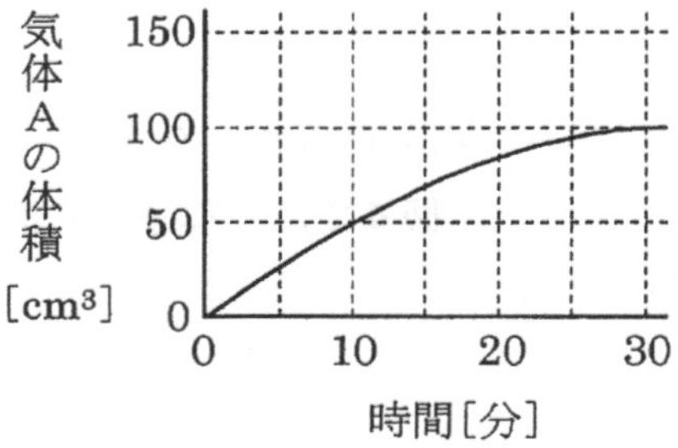

（３）次の①～⑤はガスバーナーに火をつける手順を示しています。④と⑤で操作する部分を下の図の**ア**～**エ**からそれぞれ１つずつ選び，記号で答えなさい。

①　ガス調節ねじ，空気調節ねじが閉じていることを確認する。

②　元せんを開く。

③　コックを開く。

④　マッチの火を近づけ，ガス調節ねじを開いて火をつける。

⑤　空気調節ねじを開いて，ほのおの色を青色にする。

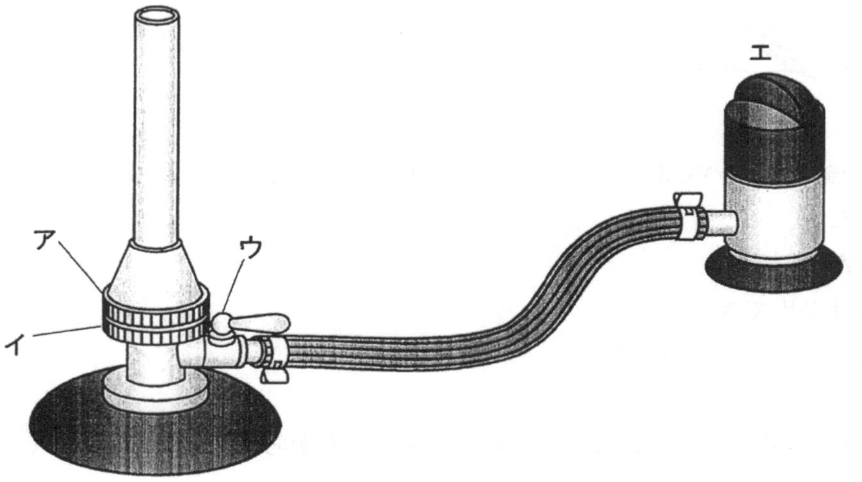

図

（４）**【実験２】**において，加熱をはじめてから 40 秒の間に分解した重ソウの重さは何 g であるか，小数第２位まで答えなさい。

（５）2.50g の重ソウを試験管に入れて加熱しました。加熱後，試験管内に残った固体の重さは 1.90g でした。加熱によって分解した重ソウの重さと試験管内の固体Cの重さはそれぞれ何 g であるか，小数第２位まで答えなさい。

香川誠陵中学校　県外入学試験

理　科　問　題

※解答はすべて解答用紙に記入しなさい。

3　りょうさんはインゲンマメの種子の発芽について，次の**【実験１】**，**【実験２】**を行いました。

【実験１】　**図１**，**２**のように，水そうにだっし綿をしいて，インゲンマネの種子をまきました。**図１**の水そうには水でしめらせただっし綿，**図２**の水そうにはかわいただっし綿を入れ，だっし綿の上にインゲンマメの種子をまきました。それぞれの種子のようすを観察しました。

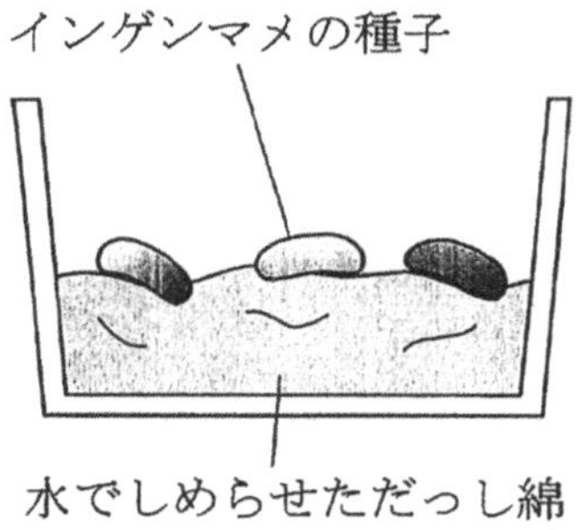

図１

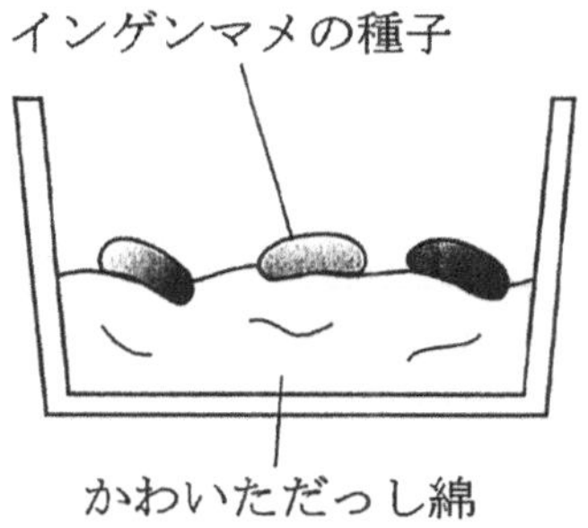

図２

【実験２】　**図３**，**図４**のように，水そうにだっし綿をしいて，インゲンマメの種子をまきました。**図３**では，種子が水にしっかりつかるように水そうに水を入れました。**図４**では，種子の表面が空気中に少し出るくらい水そうに水を入れました。それぞれの種子のようすを観察しました。

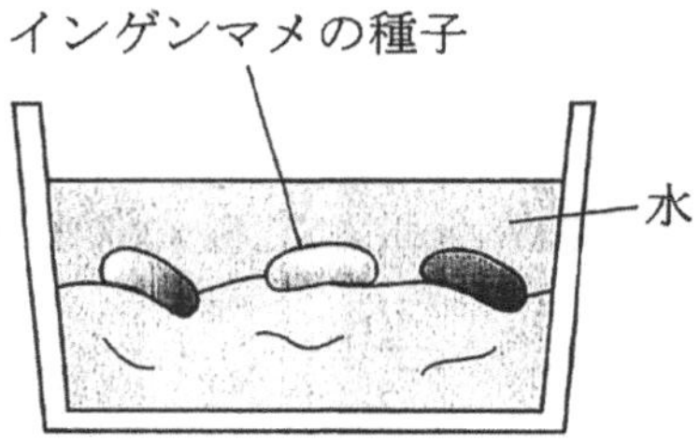

図３

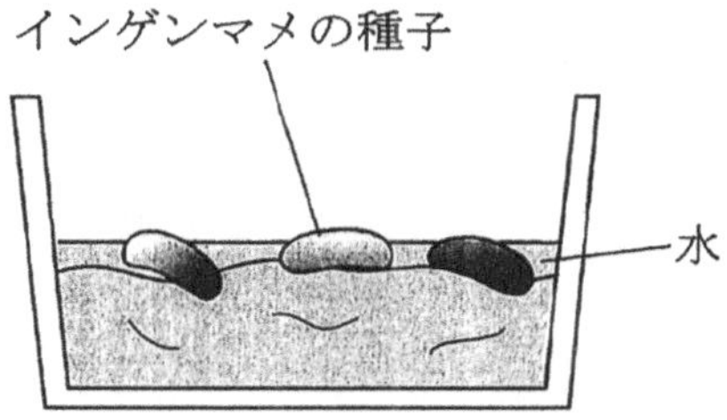

図４

（1）　**図５**のように種子が芽を出すことを何といいますか，答えなさい。

図５

（2）　次の**ア**～**エ**のうち，**【実験１】**の結果について正しく述べたものを１つ選び，記号で答えなさい。

ア　**図１**の種子だけから芽が出てきた。
イ　**図２**の種子だけから芽が出てきた。
ウ　**図１**，**２**のどちらの種子からも芽が出てきた。
エ　**図１**，**２**のどちらの種子からも芽が出てこなかった。

（3）　次の文は，**【実験１】**の結果が（2）のようになることについてりょうさんが考えたものである。（　　　　）にあてはまる適当な言葉を答えなさい。

【実験１】の結果が（2）のようになるのは，種子が芽を出すには（　　　　）が必要であるからである。

（4）　次の**ア**～**エ**のうち，**【実験２】**の結果について正しく述べたものを１つ選び，記号で答えなさい。

ア　**図３**の種子だけから芽が出てきた。
イ　**図４**の種子だけから芽が出てきた。
ウ　**図３**，**４**のどちらの種子からも芽が出てきた。
エ　**図３**，**４**のどちらの種子からも芽が出てこなかった。

中外
令6

香川誠陵中学校　県外入学試験

理　科　問　題

※解答はすべて解答用紙に記入しなさい。

（5）　次の文は，【実験２】の結果が（4）のようになることについてりょうさんが考えたものです。(　　　　)にあてはまる適当な言葉を答えなさい。

【実験２】の結果が（4）のようになるのは，種子が芽を出すには(　　　　　)が必要であるからである。

（6）　種子が芽を出すには，ほかにも必要な条件があります。次のア～ウのうち，必要だと思われる条件として適当なものを１つ選び，記号で答えなさい。

ア　光　　　　　イ　温度　　　　　ウ　養分

4　表は，地震が発生したときの観測地点Ａ，Ｂ，Ｃ，Ｄでのはじめの小さなゆれ(Ｐ波)が到着《とうちゃく》した時刻と，あとからくる大きなゆれ(Ｓ波)が到着した時刻を表しています。ただし，この地震の震源《しんげん》は非常に浅いものとします。

表

観測地点	震源からの距離〔ｋｍ〕	小さなゆれが到着した時刻	大きなゆれが到着した時刻
A	30	10時48分32秒	10時48分37秒
B	78	10時48分40秒	10時48分53秒
C	120	10時48分47秒	10時49分07秒
D	X	10時49分04秒	10時49分41秒

（1）たつろうさんはこの地震について調べてみると，この地震はプレートのひずみによって起《お》こったものではなく，断層によって起こったものであることがわかりました。断層には，正断層と逆断層がありますが，このうち逆断層の様子をあらわしたものを，次のア～エから１つ選び，記号で答えなさい。ただし，矢印は力が加わった向きを表しています。

ア

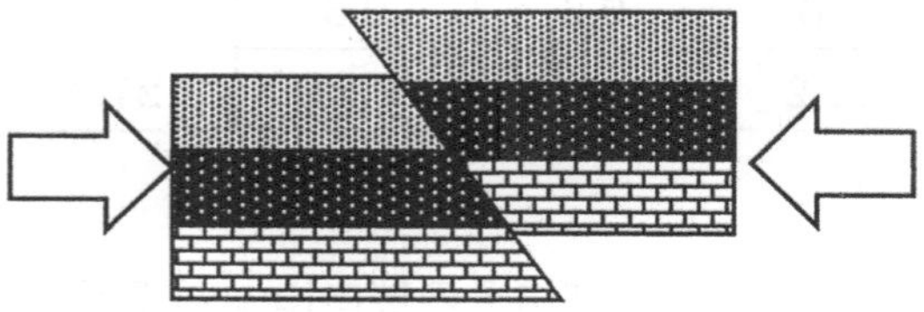

イ

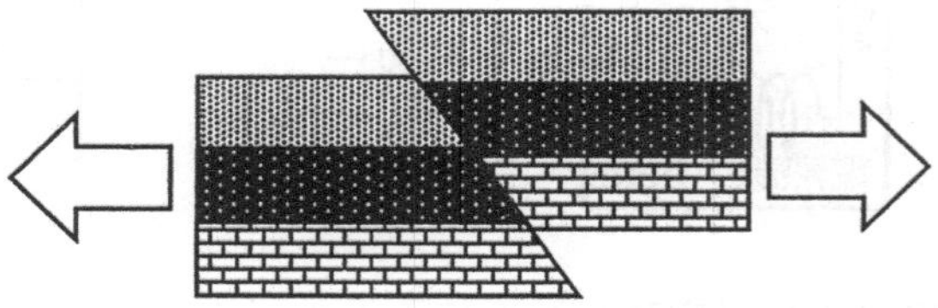

ウ

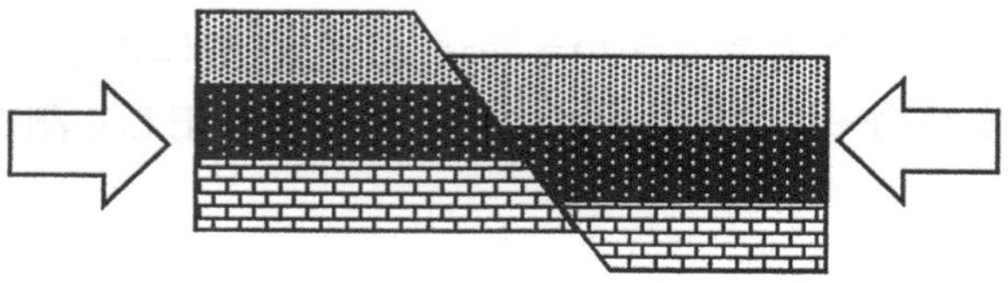

エ

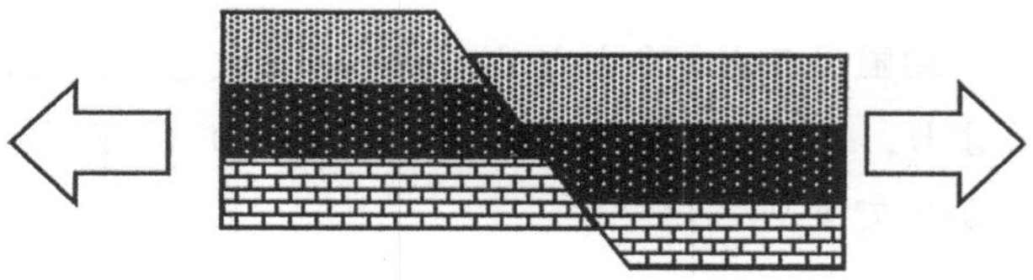

（2）大きなゆれが到着した時刻と小さなゆれが到着した時刻の差を初期微動継続時間《しょきびどうけいぞくじかん》といいます。表の観測地点Ａ，Ｂ，Ｃから，初期微動継続時間と震源からの距離はどのような関係がありますか。次のア～エから１つ選び，記号で答えなさい。

ア　初期微動継続時間は，震源からの距離によらず一定である。

イ　初期微動継続時間は，震源からの距離に比例する。

ウ　初期微動継続時間は，震源からの距離に反比例する。

エ　初期微動継続時間は，震源からある一定の距離までは増加するが，その後，減少する。

（3）表のＸにあてはまる数字を答えなさい。

（4）Ｐ波の速さは，Ｓ波の速さの何倍ですか。その数値を整数で答えなさい。

（5）この地震が発生した時刻は，10時何分何秒ですか。答えなさい。

香川誠陵中学校　県外入学試験

理　科　問　題

※解答はすべて解答用紙に記入しなさい。

5　電熱線による水のあたたまり方を調べるために，【実験１】，【実験２】を行いました。ただし，はじめポリエチレンのビーカーに入れた水の温度は20.0℃であり，電熱線で発生する熱はすべて水の温度上昇のみに使われるものとする。

【実験１】

図１のように，100ｇの水をポリエチレンのビーカーに入れて，電熱線の太さはすべて同じにして長さだけを変えて，3.0Ｖの電池につなげて，14分後の水の温度を温度計で測定しました。電熱線に流れた電流の大きさと，水の温度は**表１**のようになりました。

図１

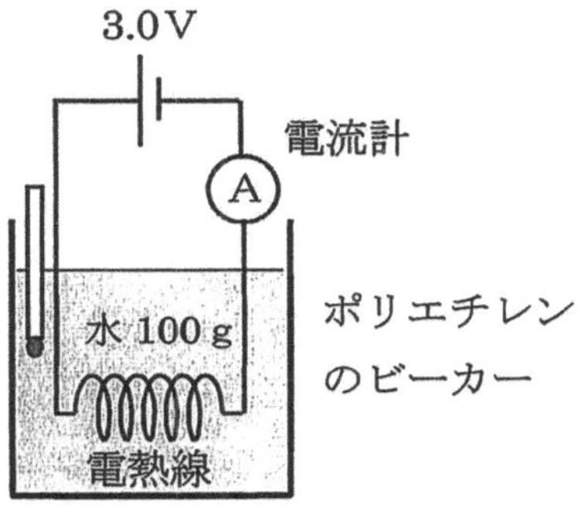

表１

電熱線の長さ〔cm〕	5	10	15	20
電流の大きさ〔A〕	0.6	0.3	0.2	0.15
水の温度〔℃〕	23.6	21.8	21.2	20.9

【実験２】

図２のように，長さが5cmの電熱線を用いて水の質量だけを変えて，3.0Ｖの電池につなげて，14分後の水の温度を温度計で測定しました。電流の大きさと，水の温度は**表２**のようになりました。

図２

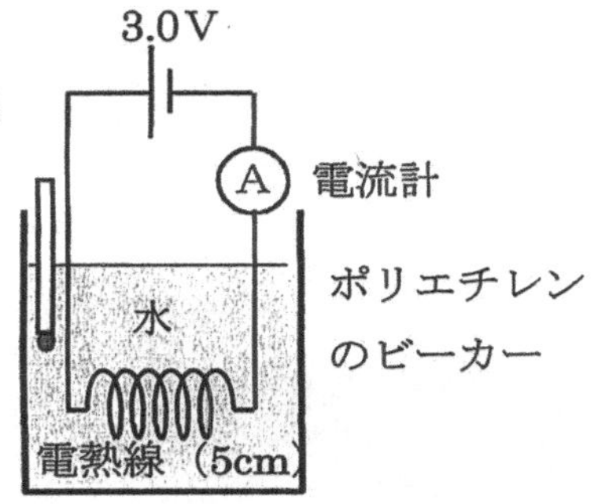

表２

水の質量〔g〕	50	100	150	200
電流の大きさ〔A〕	0.6	0.6	0.6	0.6
水の温度〔℃〕	27.2	23.6	22.4	21.8

（1）**【実験１】**，**【実験２】**を行うとき，水をときどきかき混ぜる必要がありました。下の文はその理由について実験を行ったまみさんが考えたものです。（　Ａ　），（　Ｂ　）にあてはまる言葉を書きなさい。

お風呂の水をあたためているときにこの理由について気付きました。水をときどきかき混ぜないと，熱による（　Ａ　）により，あたためられた水がビーカーの（　Ｂ　）側にいき，水の温度が均一にならないので，水の温度が正しく測定できないからです。

（2）**【実験１】**から，電熱線の長さに対して，電流の大きさと水の上昇温度はどのような関係がありますか。次の**ア**～**エ**から１つ選び，記号で答えなさい。

ア　電流の大きさ，水の上昇温度ともに，電熱線の長さに比例する。

イ　電流の大きさは，電熱線の長さに比例して，水の上昇温度は，電熱線の長さに反比例する。

ウ　電流の大きさは，電熱線の長さに反比例して，水の上昇温度は，電熱線の長さに比例する。

エ　電流の大きさ，水の上昇温度ともに，電熱線の長さに反比例する。

（3）**【実験２】**から，水の質量に対して，電流の大きさと水の上昇温度はどのような関係がありますか。次の**ア**～**エ**から１つ選び，記号で答えなさい。

ア　電流の大きさは一定であり，水の上昇温度は，水の質量に比例する。

イ　電流の大きさは一定であり，水の上昇温度は，水の質量に反比例する。

ウ　電流の大きさは一定ではなく，水の上昇温度は，水の質量に比例する。

エ　電流の大きさは一定ではなく，水の上昇温度は，水の質量に反比例する。

中外
令6

香川誠陵中学校　県外入学試験

社会問題　(40分)

＊解答はすべて解答用紙に記入しなさい。

1　次の図を見て，あとの問いに答えなさい。

図１　中部地方の地図

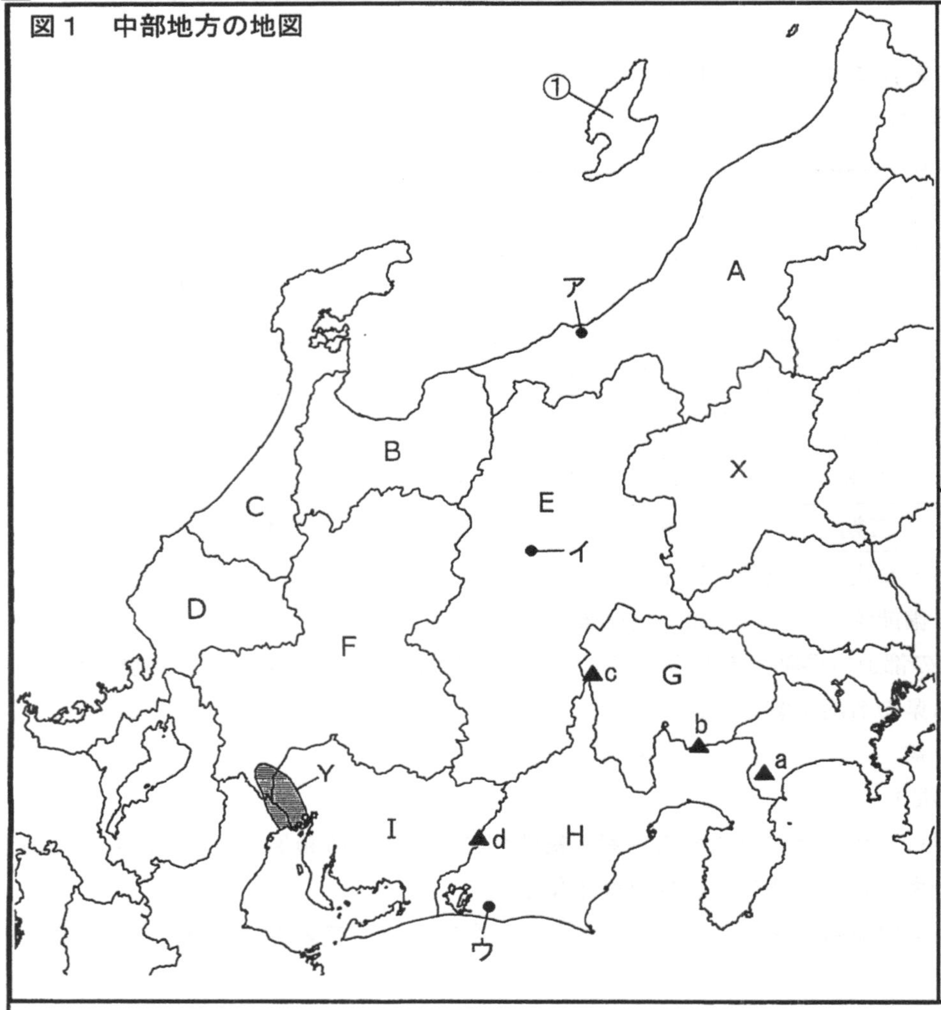

図２　ある都市の雨温図

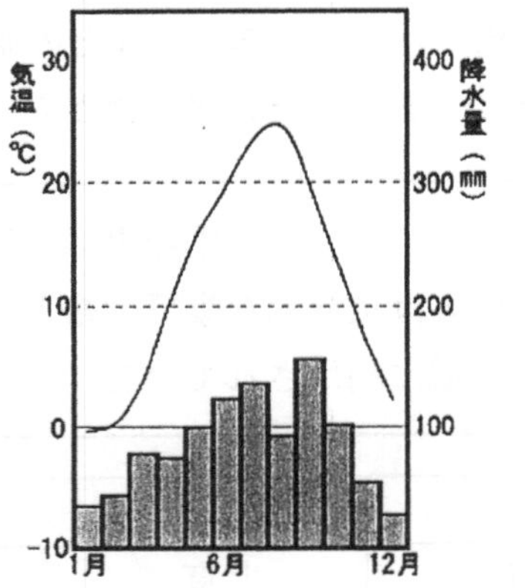

図３　「ある農作物」の都道府県別生産割合

都道府県名	全国生産に占める生産割合（%）
P	62.8
E	16.7
岩手県	6.4
山形県	4.9

2021 年産

『データでみる県勢 2023』により作成

図４　４つの工業地帯の産業別出荷額割合

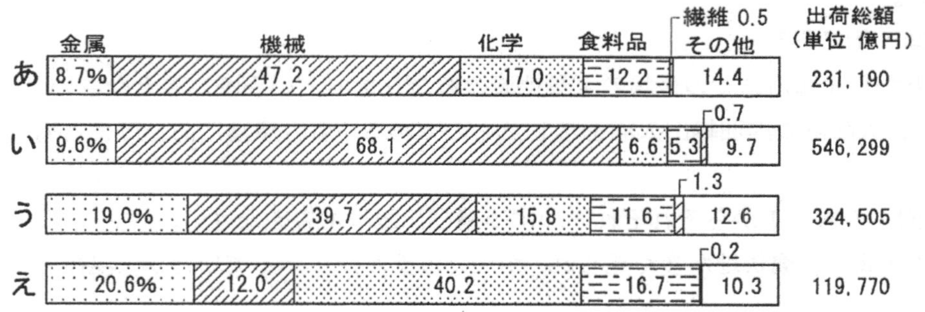

2020 年

『日本国勢図会 2023/24』により作成

図５　港別輸出入額

	輸出	輸入
ア	46,981	50,967
イ	64,938	122,281
ウ	124,805	52,892
エ	128,215	161,145

2021 年，単位は億円

『日本国勢図会 2023/24』により作成

問１　中部地方に隣接する県の中で，**図１**に**X**で示した県の名前を答えなさい。

問２　**図１**の島①は，江戸時代を中心に金が採掘されたことで知られる。この島の名前を答えなさい。

問３　**図１**の**Y**は三つの大きな河川の下流にあたることから土地が低く，堤防で囲まれた土地が広がっている。こうした構造の呼び名を答えなさい。また，「三つの河川」として**誤っているもの**を，下の**ア**～**エ**から一つ選び，記号で答えなさい。

ア　木曽川　　**イ**　長良川　　**ウ**　天竜川　　**エ**　揖斐川

問４　世界遺産に登録されている富士山の位置として正しいものを，**図１**の**a**～**d**から一つ選び，記号で答えなさい。

中外
令6

香川誠陵中学校　県外入学試験

社会問題

＊解答はすべて解答用紙に記入しなさい。

問５　**図２**の雨温図は，**図１**の**ア**～**ウ**のうちのいずれかの都市のものである。あてはまる都市を，**ア**～**ウ**から一つ選び，記号で答えなさい。

問６　日本海に沿う**Ａ・Ｂ・Ｃ**などの県の気候とその影響について説明した以下の文の（　Ⅰ　）～（　Ⅲ　）にあてはまる語句の組み合わせを，あとの**ア**～**カ**から一つ選び，記号で答えなさい。

冬の（　Ⅰ　）の季節風に，沿岸を流れる暖流である（　Ⅱ　）海流からの水蒸気が加わることで，この地方は世界的な豪雪地帯となっている。こうした雪は，春になるととけて，米の（　Ⅲ　）作や水力発電に利用されている。

	ア	イ	ウ	エ	オ	カ
Ⅰ	北東	北東	北東	北西	北西	北西
Ⅱ	日本	対馬	日本	対馬	日本	対馬
Ⅲ	単	単	二期	単	二期	二期

問７　**図１**の県**Ｃ**の伝統的工芸品を，下の**ア**～**エ**から一つ選び，記号で答えなさい。

ア　九谷焼　　**イ**　有田焼　　**ウ**　備前焼　　**エ**　信楽焼

問８　**図３**は，県**Ｅ**で生産のさかんな「ある農作物」の都道府県別生産割合を示したものである。この農作物を，下の**ア**～**エ**から一つ選び，記号で答えなさい。また**Ｐ**にあてはまる県の名前を答えなさい。

ア　みかん　　**イ**　りんご　　**ウ**　茶　　**エ**　米

問９　県Ｉを中心とする中京工業地帯に関する以下の問いに答えなさい。

(1) **図４**は，三大工業地帯と，東京都から千葉県の沿岸地帯に位置する京葉工業地域の産業別出荷額割合を示したものである。中京工業地帯にあてはまるものを，**図４**の**あ**～**え**から一つ選び，記号で答えなさい。

(2) **図４**の**あ**～**え**について述べたものとして**誤っているもの**を，下の**ア**～**エ**から一つ選び，記号で答えなさい。

ア　**あ**の金属工業の出荷額は，**い**よりも少ない。
イ　機械工業の出荷額が最も多いのは，**い**である。
ウ　**う**の化学工業の出荷額は，**あ**よりも多い。
エ　重化学工業の出荷額割合が最も多いのは，**え**である。

(3) **図４**の**あ**～**え**がすべて含まれる，関東地方から北九州までの帯状の工業地域の連なりを何というか，答えなさい。

(4) **図５**は，成田国際空港，東京港，名古屋港，大阪港の港別輸出入額を示したものである。名古屋港にあてはまるものを，**図５**の**ア**～**エ**から一つ選び，記号で答えなさい。

問10　次の(1)～(3)の記述が説明している県を，**図１**の**Ａ**～**Ｉ**からそれぞれ一つずつ選び，記号で答えなさい。

(1) 県名と県庁所在都市名とが異なる県の一つである。扇状地が多く見られ，かつては桑畑が広がっていたが，現在では日本有数の果樹栽培県として知られている。

(2) 県内には伊豆をはじめとする多くの観光資源があり，多くの観光客が訪れる。太平洋沿岸には県庁所在都市のほか，遠洋漁業の基地である焼津市や，ピアノやオートバイの生産で知られる浜松市が点在している。

(3) 上越新幹線と北陸新幹線の２本が県内を走るなど，東京との結びつきが強い。また耕地面積は全国で２番目に広く，米の生産は全国最多となっている。

中外
令6

香川誠陵中学校　県外入学試験

社会問題

＊解答はすべて解答用紙に記入しなさい。

2　次の図を見て，あとの問いに答えなさい。

図１　東南アジアの地図

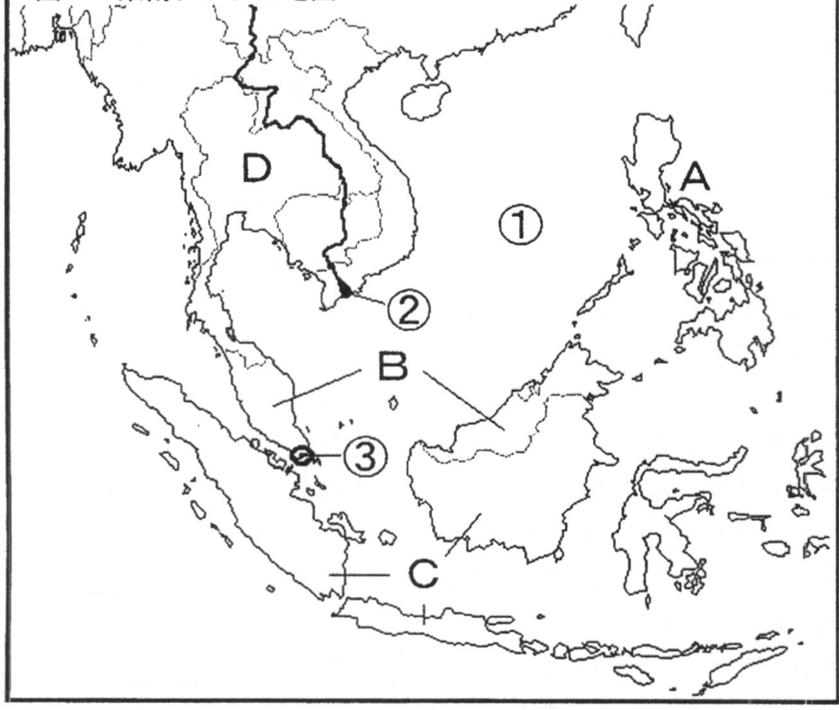

図２　オーストラリア・ニュージーランドの地図

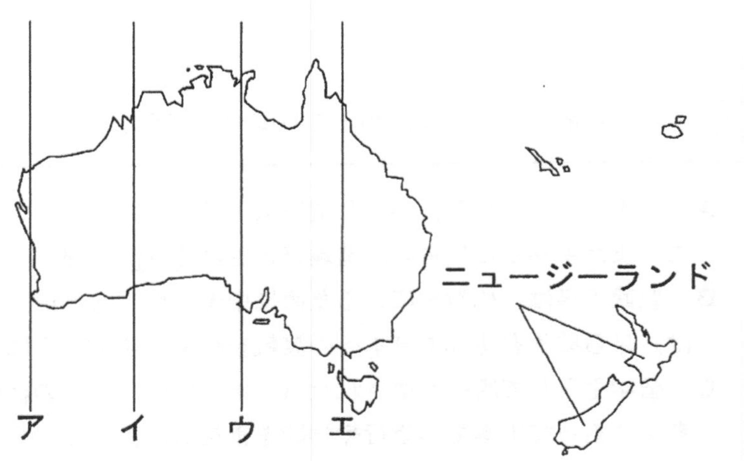

問１　**図１**の海①について説明した以下の文の（　Ⅰ　）～（　Ⅲ　）にあてはまる語句の組み合わせを，あとの**ア～カ**から一つ選び，記号で答えなさい。

> 数多くの小島やサンゴ礁が点在するこの（　Ⅰ　）海をめぐり，その領有権を主張して人工島建設などの開発を進める（　Ⅱ　）と，沿岸諸国が結成した（　Ⅲ　）という組織に加盟する国々との間に利害対立が生じている。またこの海域が世界貿易の大動脈であることから，アジア太平洋地域の国際社会全体を巻き込む問題となっている。

	ア	イ	ウ	エ	オ	カ
Ⅰ	東シナ	南シナ	東シナ	南シナ	東シナ	南シナ
Ⅱ	中国	中国	アメリカ	アメリカ	日本	日本
Ⅲ	EU	ASEAN	EU	ASEAN	ASEAN	EU

問２　**図１**の川②は東南アジアで最も長い川である。この川の名前を答えなさい。

問３　**図１**の③にある島国は，太平洋とインド洋を結ぶ交通の要地に位置することから，古くから中継貿易を発展させてきた。独立後は重工業を中心とする工業化を進めた結果，東南アジア有数の工業国となっている。この国の名前を答えなさい。

問４　**図１**の国**Ａ～Ｄ**に関する以下のＸ～Ｚの記述の組み合わせを，あとの**ア～カ**から一つ選び，記号で答えなさい。

Ｘ　スペインやアメリカ合衆国によって植民地支配されていたため，全人口の９割以上がキリスト教徒である。

Ｙ　オランダの支配から独立した，世界第４位の人口をもつ国で，全人口の９割近くがイスラム教徒である。

Ｚ　東南アジアで唯一，欧米諸国の植民地支配を免れた国で，全人口の９割以上が仏教徒である。

	ア	イ	ウ	エ	オ	カ
X	A	B	D	A	B	D
Y	B	C	A	C	A	B
Z	C	D	B	D	C	A

中外
令6

香川誠陵中学校　県外入学試験

社会問題

＊解答はすべて解答用紙に記入しなさい。

問5　図2で表されているオーストラリアやニュージーランドが属する州の名前を答えなさい。

問6　図2のア～エから，日本の時刻の基準となる経線にあたるものを一つ選び，記号で答えなさい。

問7　図2のニュージーランドは，地震が多く，火山活動も活発な，造山帯と呼ばれる地域に位置している。こうした地域の代表的なものは，日本やニュージーランドを含めて太平洋をとりまくように分布している。こうした地域の呼び名を答えなさい。

3　A～Fの各文を読んで，あとの各問いに答えなさい。

A　大王を助ける役職についた聖徳太子は，有力な豪族である（　a　）氏と協力して大王を中心とする政治のしくみを整えた。また現存する最古の木造建築とされる寺院を建てて，仏教の教えを広めようとした。

B　聖武天皇は，仏教を広めるために中国へ使者を派遣して，僧侶の日本への渡航を依頼した。唐の僧侶であった（　b　）は，自ら弟子を連れて日本への渡航を決め，苦労の末に日本に渡り，僧侶が学ぶための寺院を開いた。

C　留学生として唐に派遣された（　c　）は，多くの経典を持ち帰り，天台宗を開いて比叡山に寺院を建てた。のち密教の考えに沿って山奥での修行や学問を重視し，祈とうやまじないを取り入れたことから，天皇や貴族の信仰を集めた。

D　源氏のかしらであった源頼朝は，朝廷から征夷大将軍に任じられ，武士による新しい政治を始めた。それは，①将軍との間の御恩と（　d　）による主従関係によって結びついた武士に支えられるものであった。

E　室町時代に起こった応仁の乱以後，（　e　）の風潮が全国に広がり，守護大名にかわって②戦国大名が多数現れた。その後100年あまり続くこの戦乱の時代を終わらせたのが，全国統一を果たした③豊臣秀吉である。

F　④江戸時代後半，ききんによる物価上昇などで生活が苦しくなった町人が，米屋などの富豪を襲う（　f　）が全国で起こるようになった。こうした中で⑤元大阪町奉行所役人の大塩平八郎が乱を起こしたが，鎮圧された。

問1　（　a　）にあてはまる豪族の名，（　b　）・（　c　）にあてはまる人名を，それぞれ答えなさい。

問2　（　d　）～（　f　）にあてはまる語句を，それぞれ答えなさい。

問3　文A～Cの下線部の寺院にあたるものの組み合わせとして正しいものを，あとのア～カから一つ選び，記号で答えなさい。

	ア	イ	ウ	エ	オ	カ
文A	国分寺	国分寺	国分寺	法隆寺	法隆寺	法隆寺
文B	法隆寺	中尊寺	法隆寺	唐招提寺	中尊寺	唐招提寺
文C	延暦寺	金剛峯寺	金剛峯寺	延暦寺	延暦寺	金剛峯寺

問4　下線部①について，こうした武士の呼び名を答えなさい。

問5　文Dについて，こうした新しい政治は，朝廷との対立を生んだ。その結果起こった争いとして正しいものを，下のア～エから一つ選び，記号で答えなさい。

ア　保元の乱　　イ　承久の乱　　ウ　壬申の乱　　エ　平将門の乱

問6　下線部②のころには，ヨーロッパ人が来航し，スペインやポルトガルとの貿易も始まった。こうした貿易で，日本から輸出されたものと，日本に持ち込まれたものの組み合わせとして正しいものを，下のア～エから一つ選び，記号で答えなさい

	ア	イ	ウ	エ
日本から輸出されたもの	銀	銀	鉄砲	漆器
日本に持ち込まれたもの	鉄砲	漆器	銀	銀

中外
令6

香川誠陵中学校　県外入学試験

社会問題

＊解答はすべて解答用紙に記入しなさい。

問7　下線部③についての以下の問いに答えなさい。

(1) 豊臣秀吉が行った検地について述べたものとして**誤っているもの**を，下の**ア**～**エ**から一つ選び，記号で答えなさい。

ア　農民から確実に年貢を集める目的で行われた。

イ　農民には，田畑の広さを表す石高に応じて年貢を納めさせた。

ウ　その土地を実際に耕作している農民の名が，検地帳に記された。

エ　公家や寺社はそれまでの土地の権利を失い，荘園の制度は崩れた。

(2) 豊臣秀吉が全国統一の拠点とした城の位置を，下図の**ア**～**エ**から一つ選び，記号で答えなさい。

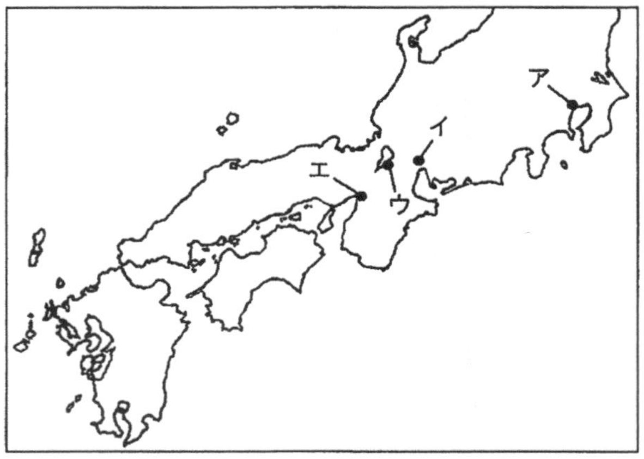

(3) この時期の文化である桃山文化に関する記述として正しいものを，下の**ア**～**エ**から一つ選び，記号で答えなさい。

ア　雪舟が水墨で日本の風景をたくみに描いた。

イ　狩野永徳らが金箔を使った豪華な絵を描いた。

ウ　松尾芭蕉が俳諧を芸術にまで高めた。

エ　『浦島太郎』などのお伽草子がつくられはじめた。

問8　下線部④の時代に活躍した本居宣長に関連することがらとして正しいものを，下の**ア**～**エ**から一つ選び，記号で答えなさい。

ア　『古事記伝』を書いて国学を大成した。

イ　全国を測量し，正確な日本地図を作成した。

ウ　オランダ語の本を翻訳して『解体新書』を出版した。

エ　東海道の名所風景を題材に『東海道五十三次』を描いた。

問9　下線部⑤の反乱から江戸幕府が滅ぶまでの間に起こった出来事に関する以下のX～Zの記述を，古いものから年代順に並べたものを，あとの**ア**～**カ**から一つ選び，記号で答えなさい。

X　坂本龍馬がなかだちとなって，薩長同盟が結ばれた。

Y　日米修好通商条約が結ばれ，外国との貿易が始まった。

Z　老中水野忠邦によって，幕府の強化をめざす改革が始まった。

ア　X→Y→Z　　**イ**　X→Z→Y　　**ウ**　Y→X→Z　　**エ**　Y→Z→X　　**オ**　Z→X→Y　　**カ**　Z→Y→X

問10　次の文章で説明している時代と同じ時代のものを，文**C**～**F**から一つ選び，記号で答えなさい。

> 米と麦の二毛作が広がり，牛馬の利用などが進み，農業生産力が高まった。それによって商工業の発達もうながされ，各地に都市が発展し，高利貸しを営む土倉や酒屋が多く現れた。村では農民たちが団結し，村の代表を決め，寄合を開いて独自におきてや行事を決め，自治を行うようになった。

中外
令6

香川誠陵中学校　県外入学試験

社会問題

＊解答はすべて解答用紙に記入しなさい。

4　次の年表を見て，あとの各問いに答えなさい。

年	主な出来事	
1868	①明治維新が始まる	
1877	西南戦争が起こる	
		↕ X
1890	②第１回帝国議会が開かれる	
1904	③日露戦争が起こる	
		↕ A
1931	満州事変が起こる	
		↕ B
1945	④広島に原子爆弾が落とされる	
1946	⑤日本国憲法が公布される	
		↕ C
1964	東京オリンピックが開かれる	
		↕ D
1989	⑥冷戦が終結する	

問１　下線部①の明治維新に関する以下のＸ～Ｚの記述について，内容の正誤の組み合わせとして正しいものを，あとの**ア～ク**から一つ選び，記号で答えなさい。

Ｘ　全国を府と県に分け，そのうえで大名に領地である藩と領民を天皇に返させた。

Ｙ　産業の発展をめざして，近代的な設備を整えた富岡製糸場のような官営工場が各地に建てられた。

Ｚ　６才以上の男子には教育を受けさせることを国民の義務とする学制が発布された。

	ア	イ	ウ	エ	オ	カ	キ	ク
X	正	正	正	正	誤	誤	誤	誤
Y	正	正	誤	誤	正	正	誤	誤
Z	正	誤	正	誤	正	誤	正	誤

問２　年表中Ｘの時期の出来事として正しいものを，下の**ア～エ**から一つ選び，記号で答えなさい。

ア　新橋・横浜間に鉄道が開通する。

イ　国の収入を安定させるため地租改正が行われる。

ウ　大久保利通らが欧米の国々を視察する。

エ　板垣退助が自由党を結成する。

問３　下線部②は衆議院ともう一つの議院の二院から成る。もう一つの議院の呼び名を答えなさい。

問４　下線部③以降に起きた出来事として正しいものを，下の**ア～エ**から一つ選び，記号で答えなさい。

ア　外務大臣の小村寿太郎が条約改正に成功し，関税自主権の回復に成功する。

イ　日本がイギリスと利害を一致させて，日英同盟が結ばれる。

ウ　外務大臣の陸奥宗光がイギリスを相手に交渉し，領事裁判権の撤廃に成功する。

エ　日本が獲得した領土の一部をもとの国に返す三国干渉が行われる。

問５　下線部④の都市では2023年５月に先進国首脳会議が開催された。これはＧ７サミットと呼ばれ，世界的な大国である７か国の首脳が１年に１度集まって，さまざまな問題について議論する会議である。この７か国に含まれる国として**誤っているもの**を，下の**ア～エ**から一つ選び，記号で答えなさい。

ア　イギリス　　　**イ**　ロシア　　　**ウ**　カナダ　　　**エ**　イタリア

中外
令6

香川誠陵中学校　県外入学試験

社会問題

＊解答はすべて解答用紙に記入しなさい。

問６　下線部⑤には三つの原則がある。これらの原則として**誤っているもの**を，下の**ア**～**エ**から一つ選び，記号で答えなさい。

ア　国際交流　　**イ**　基本的人権の尊重　　**ウ**　平和主義　　**エ**　国民主権

問７　下線部⑥と同じ年に起こった，それを象徴する出来事として最も適当なものを，下の**ア**～**エ**から一つ選び，記号で答えなさい。

ア　日中平和友好条約が結ばれる。

イ　アメリカで同時多発テロが起こる。

ウ　ベルリンの壁が壊される。

エ　ヨーロッパ連合（ＥＵ）が発足する。

問８　次の(1)・(2)の記述は，年表中の**Ａ**～**Ｄ**のどの時期の出来事か。正しいものをそれぞれ一つずつ選び，記号で答えなさい。

(1)　ソ連と日ソ共同宣言が調印されることでソ連との国交が回復し，日本の国際連合加盟が実現した。

(2)　日本初のラジオ放送が始まり，日本放送協会（ＮＨＫ）が発足した。

令和六年度　中学校県外入学試験

国語解答用紙

受験番号

氏名

（7枚のうち7枚目）

＊

※120点満点
（配点非公表）

一

問一　ア　かに　イ　ウ　ら　エ　オ　え

問二　A　B　C

問三

問四

問五

問六　(1)　あ　い　う　(2)　初め　終わり

問七

問八

問九　初め　終わり

問十

二

問一　ア　イ　ウ　え　エ　オ

問二　A　B　C　D

問三

問四

問五

問六

問七

問八

問九　あ　い　う　え

問十

問十一　60

＊　＊　＊　＊　＊　＊　＊　＊

令和6年度　中学校県外入学試験

算数解答用紙

受験番号		氏名	

*
※120点満点（配点非公表）

＊欄には記入しないこと。

1

(1)		(2)		(3)		(4)	
(5)		(6)		(7)		(8)	

＊

2

(1)	個	(2)		(3)	個
(4)	時間	(5)	円	(6)	通り

＊

3

(1)	日	(2)	日

＊

4

(1)	通り	(2)	通り

＊

5

(1)		cm^3	(2)	が　　　cm^2 大きい
(3)	①	cm^2	②	度

＊

令和６年度　中学校県外入学試験

理　科　解　答　用　紙

受験番号		氏名	

*
※80点満点（配点非公表）

*欄には記入しないこと

1

(1)		(2)		(3)	
(4)		(5)			
(6)	①： g	②： g			

*

2

(1)	気体A		気体B		(2)	
(3)	④		⑤		(4)	g
(5)	分解した重ソウの重さ： g	固体Cの重さ： g				

*

3

(1)		(2)		(3)	
(4)		(5)		(6)	

*

4

(1)		(2)		(3)	
(4)	倍	(5)	10時___分___秒		

*

5

(1)	A：	B：	(2)		(3)	

*

令和６年度　中学校県外入学試験

社 会 解 答 用 紙

受験番号		氏名	

※80点満点（配点非公表）

＊欄には記入しないこと

1

問1	県	問2			
問3	呼び名	記号	問4		問5
問6		問7		問8	記号 / 県名　　県
問9	(1)	(2)	(3)	(4)	
問10	(1)	(2)	(3)		

＊

2

問1		問2	川	問3			
問4		問5	州	問6		問7	造山帯

＊

3

問1	a	b	c
問2	d	e	f

問3		問4		問5		問6	
問7	(1)	(2)	(3)				
問8		問9		問10			

＊

4

問1		問2		問3		問4	
問5		問6		問7			
問8	(1)	(2)					

＊

福岡県

- ①[国立]福岡教育大学附属中学校（福岡・小倉・久留米）
- ②[県立]
  - 育徳館中学校
  - 門司学園中学校
  - 宗像中学校
  - 嘉穂高等学校附属中学校
  - 輝翔館中等教育学校
- ③西南学院中学校
- ④上智福岡中学校
- ⑤福岡女学院中学校
- ⑥福岡雙葉中学校
- ⑦照曜館中学校
- ⑧筑紫女学園中学校
- ⑨敬愛中学校
- ⑩久留米大学附設中学校
- ⑪飯塚日新館中学校
- ⑫明治学園中学校
- ⑬小倉日新館中学校
- ⑭久留米信愛中学校
- ⑮中村学園女子中学校
- ⑯福岡大学附属大濠中学校
- ⑰筑陽学園中学校
- ⑱九州国際大学付属中学校
- ⑲博多女子中学校
- ⑳東福岡自彊館中学校
- ㉑八女学院中学校

佐賀県

- ①[県立]
  - 香楠中学校
  - 致遠館中学校
  - 唐津東中学校
  - 武雄青陵中学校
- ②弘学館中学校
- ③東明館中学校
- ④佐賀清和中学校
- ⑤成穎中学校
- ⑥早稲田佐賀中学校

長崎県

- ①[県立]
  - 長崎東中学校
  - 佐世保北中学校
  - 諫早高等学校附属中学校
- ②青雲中学校
- ③長崎南山中学校
- ④長崎日本大学中学校
- ⑤海星中学校

熊本県

- ①[県立]
  - 玉名高等学校附属中学校
  - 宇土中学校
  - 八代中学校
- ②真和中学校
- ③九州学院中学校
- ④ルーテル学院中学校
- ⑤熊本信愛女学院中学校
- ⑥熊本マリスト学園中学校
- ⑦熊本学園大学付属中学校

大分県

- ①[県立]大分豊府中学校
- ②岩田中学校

宮崎県

- ①[県立]五ヶ瀬中等教育学校
- ②[県立]
  - 宮崎西高等学校附属中学校
  - 都城泉ヶ丘高等学校附属中学校
- ③宮崎日本大学中学校
- ④日向学院中学校
- ⑤宮崎第一中学校

鹿児島県

- ①[県立]楠隼中学校
- ②[市立]鹿児島玉龍中学校
- ③鹿児島修学館中学校
- ④ラ・サール中学校
- ⑤志學館中等部

沖縄県

- ①[県立]
  - 与勝緑が丘中学校
  - 開邦中学校
  - 球陽中学校
  - 名護高等学校附属桜中学校

もっと過去問シリーズ

北海道

北嶺中学校
7年分（算数・理科・社会）

静岡県

静岡大学教育学部附属中学校
（静岡・島田・浜松）
10年分（算数）

愛知県

愛知淑徳中学校
7年分（算数・理科・社会）
東海中学校
7年分（算数・理科・社会）
南山中学校男子部
7年分（算数・理科・社会）
南山中学校女子部
7年分（算数・理科・社会）
滝中学校
7年分（算数・理科・社会）
名古屋中学校
7年分（算数・理科・社会）

岡山県

岡山白陵中学校
7年分（算数・理科）

広島県

広島大学附属中学校
7年分（算数・理科・社会）
広島大学附属福山中学校
7年分（算数・理科・社会）
広島学院中学校
7年分（算数・理科・社会）
広島女学院中学校
7年分（算数・理科・社会）
修道中学校
7年分（算数・理科・社会）
ノートルダム清心中学校
7年分（算数・理科・社会）

愛媛県

愛光中学校
7年分（算数・理科・社会）

福岡県

福岡教育大学附属中学校
（福岡・小倉・久留米）
7年分（算数・理科・社会）
西南学院中学校
7年分（算数・理科・社会）
久留米大学附設中学校
7年分（算数・理科・社会）
福岡大学附属大濠中学校
7年分（算数・理科・社会）

佐賀県

早稲田佐賀中学校
7年分（算数・理科・社会）

長崎県

青雲中学校
7年分（算数・理科・社会）

鹿児島県

ラ・サール中学校
7年分（算数・理科・社会）

※もっと過去問シリーズは国語の収録はありません。

教英出版

〒422-8054
静岡県静岡市駿河区南安倍3丁目12−28
TEL 054-288-2131
FAX 054-288-2133
詳しくは教英出版で検索
教英出版　検索
URL https://kyoei-syuppan.net/

④[府立]富田林中学校
⑤[府立]咲くやこの花中学校
⑥[府立]水都国際中学校
⑦清風中学校
⑧高槻中学校（A日程）
⑨高槻中学校（B日程）
⑩明星中学校
⑪大阪女学院中学校
⑫大谷中学校
⑬四天王寺中学校
⑭帝塚山学院中学校
⑮大阪国際中学校
⑯大阪桐蔭中学校
⑰開明中学校
⑱関西大学第一中学校
⑲近畿大学附属中学校
⑳金蘭千里中学校
㉑金光八尾中学校
㉒清風南海中学校
㉓帝塚山学院泉ヶ丘中学校
㉔同志社香里中学校
㉕初芝立命館中学校
㉖関西大学中等部
㉗大阪星光学院中学校

兵庫県

①[国立]神戸大学附属中等教育学校
②[県立]兵庫県立大学附属中学校
③雲雀丘学園中学校
④関西学院中学部
⑤神戸女学院中学部
⑥甲陽学院中学校
⑦甲南中学校
⑧甲南女子中学校
⑨灘中学校
⑩親和中学校
⑪神戸海星女子学院中学校
⑫滝川中学校
⑬啓明学院中学校
⑭三田学園中学校
⑮淳心学院中学校
⑯仁川学院中学校
⑰六甲学院中学校
⑱須磨学園中学校(第1回入試)
⑲須磨学園中学校(第2回入試)
⑳須磨学園中学校(第3回入試)
㉑白陵中学校
㉒夙川中学校

奈良県

①[国立]奈良女子大学附属中等教育学校
②[国立]奈良教育大学附属中学校
③[県立] 国際中学校
　　　　青翔中学校
④[市立]一条高等学校附属中学校
⑤帝塚山中学校
⑥東大寺学園中学校
⑦奈良学園中学校
⑧西大和学園中学校

和歌山県

①[県立] 古佐田丘中学校
　　　　向陽中学校
　　　　桐蔭中学校
　　　　日高高等学校附属中学校
　　　　田辺中学校
②智辯学園和歌山中学校
③近畿大学附属和歌山中学校
④開智中学校

岡山県

①[県立]岡山操山中学校
②[県立]倉敷天城中学校
③[県立]岡山大安寺中等教育学校
④[県立]津山中学校
⑤岡山中学校
⑥清心中学校
⑦岡山白陵中学校
⑧金光学園中学校
⑨就実中学校
⑩岡山理科大学附属中学校
⑪山陽学園中学校

広島県

①[国立]広島大学附属中学校
②[国立]広島大学附属福山中学校
③[県立]広島中学校
④[県立]三次中学校
⑤[県立]広島叡智学園中学校
⑥[市立]広島中等教育学校
⑦[市立]福山中学校
⑧広島学院中学校
⑨広島女学院中学校
⑩修道中学校
⑪崇徳中学校
⑫比治山女子中学校
⑬福山暁の星女子中学校
⑭安田女子中学校
⑮広島なぎさ中学校
⑯広島城北中学校
⑰近畿大学附属広島中学校福山校
⑱盈進中学校
⑲如水館中学校
⑳ノートルダム清心中学校
㉑銀河学院中学校
㉒近畿大学附属広島中学校東広島校
㉓AICJ中学校
㉔広島国際学院中学校
㉕広島修道大学ひろしま協創中学校

山口県

①[県立] 下関中等教育学校
　　　　高森みどり中学校
②野田学園中学校

徳島県

①[県立] 富岡東中学校
　　　　川島中学校
　　　　城ノ内中等教育学校
②徳島文理中学校

香川県

①大手前丸亀中学校
②香川誠陵中学校

愛媛県

①[県立] 今治東中等教育学校
　　　　松山西中等教育学校
②愛光中学校
③済美平成中等教育学校
④新田青雲中等教育学校

高知県

①[県立] 安芸中学校
　　　　高知国際中学校
　　　　中村中学校

神奈川県

①[県立] 相模原中等教育学校
　　　　平塚中等教育学校
②[市立]南高等学校附属中学校
③[市立]横浜サイエンスフロンティア高等学校附属中学校
④[市立]川崎高等学校附属中学校
✿⑤聖光学院中学校
✿⑥浅野中学校
⑦洗足学園中学校
⑧法政大学第二中学校
⑨逗子開成中学校（1次）
⑩逗子開成中学校（2・3次）
⑪神奈川大学附属中学校（第1回）
⑫神奈川大学附属中学校（第2・3回）
⑬栄光学園中学校
⑭フェリス女学院中学校

新潟県

①[県立] 村上中等教育学校
　　　　柏崎翔洋中等教育学校
　　　　燕中等教育学校
　　　　津南中等教育学校
　　　　直江津中等教育学校
　　　　佐渡中等教育学校
②[市立]高志中等教育学校
③新潟第一中学校
④新潟明訓中学校

石川県

①[県立]金沢錦丘中学校
②星稜中学校

福井県

①[県立]高志中学校

山梨県

①山梨英和中学校
②山梨学院中学校
③駿台甲府中学校

長野県

①[県立] 屋代高等学校附属中学校
　　　　諏訪清陵高等学校附属中学校
②[市立]長野中学校

岐阜県

①岐阜東中学校
②鶯谷中学校
③岐阜聖徳学園大学附属中学校

静岡県

①[国立]静岡大学教育学部附属中学校（静岡・島田・浜松）
② [県立]清水南高等学校中等部
　 [県立]浜松西高等学校中等部
　 [市立]沼津高等学校中等部
③不二聖心女子学院中学校
④日本大学三島中学校
⑤加藤学園暁秀中学校
⑥星陵中学校
⑦東海大学付属静岡翔洋高等学校中等部
⑧静岡サレジオ中学校
⑨静岡英和女学院中学校
⑩静岡雙葉中学校
⑪静岡聖光学院中学校
⑫静岡学園中学校
⑬静岡大成中学校
⑭城南静岡中学校
⑮静岡北中学校
⑯ 常葉大学附属常葉中学校
　 常葉大学附属橘中学校
　 常葉大学附属菊川中学校
⑰藤枝明誠中学校
⑱浜松開誠館中学校
⑲静岡県西遠女子学園中学校
⑳浜松日体中学校
㉑浜松学芸中学校

愛知県

①[国立]愛知教育大学附属名古屋中学校
②愛知淑徳中学校
③ 名古屋経済大学市邨中学校
　 名古屋経済大学高蔵中学校
④金城学院中学校
⑤椙山女学園中学校
⑥東海中学校
⑦南山中学校男子部
⑧南山中学校女子部
⑨聖霊中学校
⑩滝中学校
⑪名古屋中学校
⑫大成中学校
⑬愛知中学校
⑭星城中学校
⑮名古屋葵大学中学校
（名古屋女子大学中学校）
⑯愛知工業大学名電中学校
⑰海陽中等教育学校（特別給費生）
⑱海陽中等教育学校（I・II）
⑲中部大学春日丘中学校
新刊⑳名古屋国際中学校

三重県

①[国立]三重大学教育学部附属中学校
②暁中学校
③海星中学校
④四日市メリノール学院中学校
⑤高田中学校
⑥セントヨゼフ女子学園中学校
⑦三重中学校
⑧皇學館中学校
⑨鈴鹿中等教育学校
⑩津田学園中学校

滋賀県

①[国立]滋賀大学教育学部附属中学校
②[県立] 河瀬中学校
　　　　守山中学校
　　　　水口東中学校

京都府

①[国立]京都教育大学附属桃山中学校
②[府立]洛北高等学校附属中学校
③[府立]園部高等学校附属中学校
④[府立]福知山高等学校附属中学校
⑤[府立]南陽高等学校附属中学校
⑥[市立]西京高等学校附属中学校
⑦同志社中学校
⑧洛星中学校
⑨洛南高等学校附属中学校
⑩立命館中学校
⑪同志社国際中学校
⑫同志社女子中学校（前期日程）
⑬同志社女子中学校（後期日程）

大阪府

①[国立]大阪教育大学附属天王寺中学校
②[国立]大阪教育大学附属平野中学校
③[国立]大阪教育大学附属池田中学校

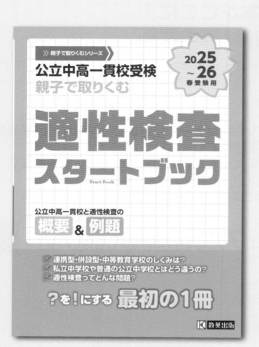

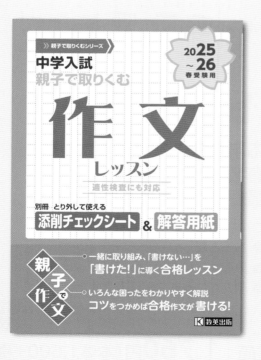

■ ご使用にあたってのお願い・ご注意

（１）問題文等の非掲載

著作権上の都合により，問題文や図表などの一部を掲載できない場合があります。

誠に申し訳ございませんが，ご了承くださいますようお願いいたします。

（２）過去問における時事性

過去問題集は，学習指導要領の改訂や社会状況の変化，新たな発見などにより，現在とは異なる表記や解説になっている場合があります。過去問の特性上，出題当時のままで出版していますので，あらかじめご了承ください。

（３）配点

学校等から配点が公表されている場合は，記載しています。公表されていない場合は，記載していません。

独自の予想配点は，出題者の意図と異なる場合があり，お客様が学習するうえで誤った判断をしてしまう恐れがあるため記載していません。

（４）無断複製等の禁止

購入された個人のお客様が，ご家庭でご自身またはご家族の学習のためにコピーをすることは可能ですが，それ以外の目的でコピー，スキャン，転載（ブログ，ＳＮＳなどでの公開を含みます）などをすることは法律により禁止されています。学校や学習塾などで，児童生徒のためにコピーをして使用することも法律により禁止されています。

ご不明な点や，違法な疑いのある行為を確認された場合は，弊社までご連絡ください。

（５）けがに注意

この問題集は針を外して使用します。針を外すときは，けがをしないように注意してください。また，表紙カバーや問題用紙の端で手指を傷つけないように十分注意してください。

（６）正誤

制作には万全を期しておりますが，万が一誤りなどがございましたら，弊社までご連絡ください。

なお，誤りが判明した場合は，弊社ウェブサイトの「ご購入者様のページ」に掲載しておりますので，そちらもご確認ください。

■ お問い合わせ

解答例，解説，印刷，製本など，問題集発行におけるすべての責任は弊社にあります。

ご不明な点がございましたら，弊社ウェブサイトの「お問い合わせ」フォームよりご連絡ください。迅速に対応いたしますが，営業日の都合で回答に数日を要する場合があります。

ご入力いただいたメールアドレス宛に自動返信メールをお送りしています。自動返信メールが届かない場合は，「よくある質問」の「メールの問い合わせに対し返信がありません。」の項目をご確認ください。

また弊社営業日（平日）は，午前９時から午後５時まで，電話でのお問い合わせも受け付けています。

2025春

株式会社教英出版

〒422-8054　静岡県静岡市駿河区南安倍３丁目 12-28

TEL　054-288-2131　　FAX　054-288-2133

URL　https://kyoei-syuppan.net/

MAIL　siteform@kyoei-syuppan.net

中外
令 2

香川誠陵中学校 県外入学試験

算 数 問 題

※ 解答はすべて解答用紙に記入しなさい。

---

5 Tさんは遊園地に遊びに行く計画を立てています。アトラクションに移動するのにかかる時間や待ち時間，プレイ時間などを考えて計画を立てます。下の図は，入場門Oと3つのアトラクションA，B，C，および，それらの距離《きょり》の関係を表したもので，下の表は，各アトラクションの待ち時間とアトラクションのプレイ時間をまとめたものです。Tさんの歩く速さを分速50 mとし，各アトラクションに移動した際は必ずプレイするものとして，次の各問いに答えなさい。ただし，同じアトラクションを続けてプレイした場合の移動時間は0分として，再び表に書かれた待ち時間を経《へ》て，アトラクションをプレイするものとします。

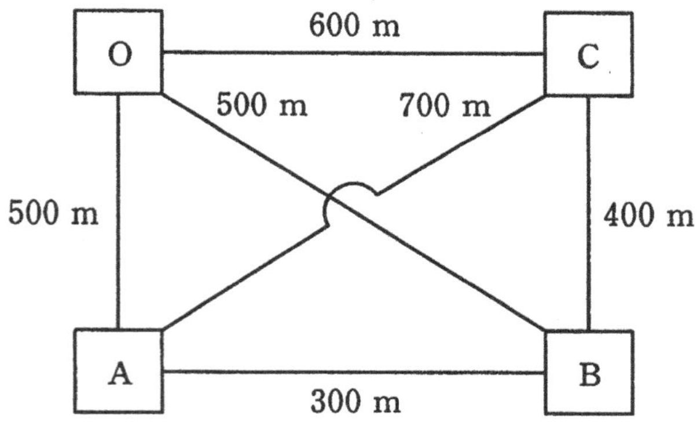

図

	待ち時間(分)	プレイ時間(分)
入場門O	0	0
アトラクションA	4	3
アトラクションB	6	4
アトラクションC	4	4

表

(1) 入場門Oから出発し，すべてのアトラクションをちょうど1回ずつプレイして，入場門Oに戻《もど》ってくる経路のうち，途《と》中で入場門Oを一度も経由しないものは全部で何通りありますか。

(2) (1)の経路のうち，移動距離が最も短くなるときの移動距離は何 m ですか。

(3) O→C→B→O→A→A→Oの順番でアトラクションを回った場合にかかる時間は何分ですか。

(4) 3時間以内に，入場門Oから出発し，すべてのアトラクションをちょうど同じ回数ずつプレイして，入場門Oに戻ってくるとき，アトラクションは最大何回ずつプレイすることができますか。

(5) 2時間以内に，すべてのアトラクションをちょうど2回ずつプレイして，入場門Oに戻ってくる経路を考えます。途中で入場門Oを経由して次のアトラクションに行くことを2回までとする場合，最後に入場門Oに戻ってくるまでにちょうど2時間かかる道順はいくつかあります。そのうちの1つを，解答らんの順番に続けて答えなさい。

香川誠陵中学校　県外入学試験

算数問題

※　解答はすべて解答用紙に記入しなさい。

3　お父さんからもらったお金をＡさん，Ｂさん，Ｃさんの３人で次のように分けました。

Ａさん：私がもらったお金は，全体の $\frac{1}{2}$ より 500 円少ないです。

Ｂさん：私がもらったお金は，全体の $\frac{1}{3}$ より 200 円少ないです。

Ｃさん：私がもらったお金は，全体の $\frac{1}{4}$ より 100 円少ないです。

(1)　お父さんからもらったお金はいくらですか。

(2)　３人がもらったお金から同じ額だけお金を出し合って，お母さんに花を買ったところ，Ａさんの残りのお金はＣさんの残りのお金の２倍になりました。花の値段はいくらですか。

4　次の問いに答えなさい。

(1)　右の図は長方形と正方形を組み合わせたものです。かげをつけた部分の面積は何 cm^2 ですか。

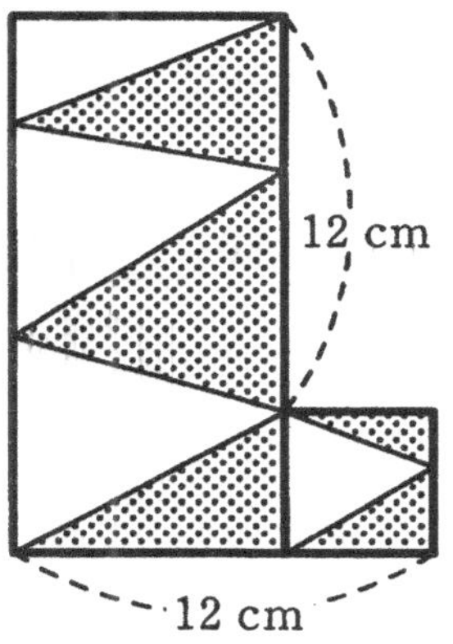

(2)　右の図のように，上から見ると１辺が３ｍの正方形 ABCD の小屋があり，Ａから１ｍはなれた地点Ｅに長さ６ｍのひもで犬がつながれています。この犬は小屋の中には入れませんが，小屋の周りを動き回ることができます。犬が動くことのできる範囲《はんい》の面積は何 m^2 ですか。ただし，円周率は 3.14 とします。

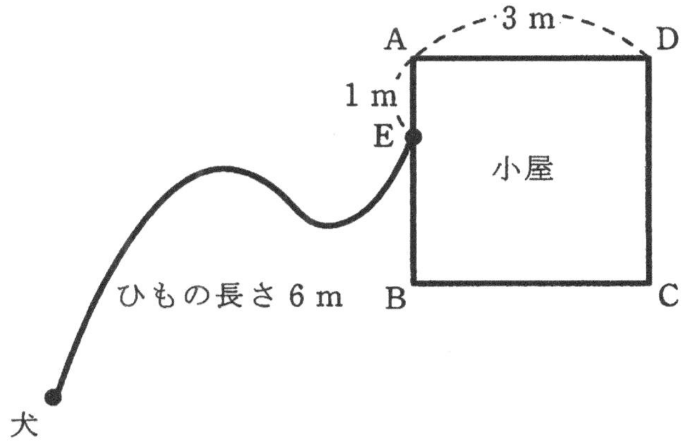

中外
令 2

（50分）

香川誠陵中学校　県外入学試験

算数問題

※　解答はすべて解答用紙に記入しなさい。

受験番号		氏名	

1　次の計算をしなさい。

(1)　$3376-1988+632$

(2)　$104\div78\times12$

(3)　$1-\frac{1}{2}-\frac{1}{4}-\frac{1}{7}-\frac{1}{14}$

(4)　$\frac{36}{35}\times\frac{100}{99}\div\frac{120}{119}$

(5)　$100-(32\div12+4)\times15$

(6)　$2.3\times42+37\times4.2$

(7)　$1\frac{3}{4}\div0.7+\left(2\frac{1}{3}-\frac{5}{6}\right)\times0.6$

(8)　$19\times0.375+38\times1.5-57\times0.125$

2　次の□にあてはまる数を答えなさい。

(1)　1から50までの整数の中に，□の倍数が12個あります。また，この12個の数の和は□です。

(2)　ある学校の中学1年生200人に通学方法の調査《ちょうさ》をしたところ，バスを使って通学している生徒は150人，電車を使って通学している生徒は100人，バスと電車の両方を使って通学している生徒は70人でした。バスも電車も使わないで通学している生徒は□人です。

(3)　Aさんは家から3kmはなれたBさんの家へ自転車で向かいました。Aさんの家から1200mの所まで分速200mで走り，Bさんの家までの残りの道のりを分速□mで走ったので，合計で16分かかりました。

(4)　$\frac{55}{73}$の分子と分母に同じ数□をたして約分すると$\frac{7}{9}$になります。

(5)　年中無休の店に，Cさんは3日ごとに，Dさんは5日ごとに買い物へ行きます。2人は，2020年1月7日の火曜日にいっしょに買い物へ行きました。2人がいっしょに買い物へ行く日のうち，最初の土曜日は□月□日です。ここで，3日ごととは，7日，10日，13日，…… のことをいいます。なお，2020年はうるう年です。

(6)　赤，青，黄，緑の異《こと》なる4色の色をすべて使い，右の図をぬり分けます。となり合う区画が同じ色でないぬり方は全部で□通りあります。ただし，同じ色を2回使ってもよいものとします。

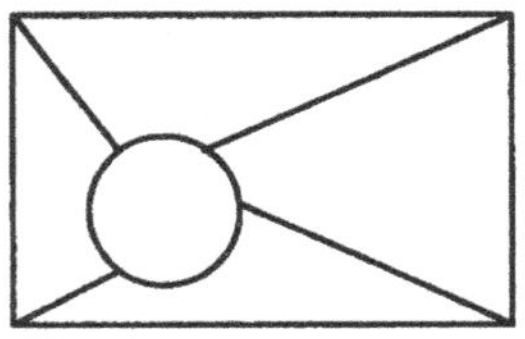

(7)　右の図は同じ正方形を6つつなぎ合わせた図です。かげをつけた角の大きさは□度です。

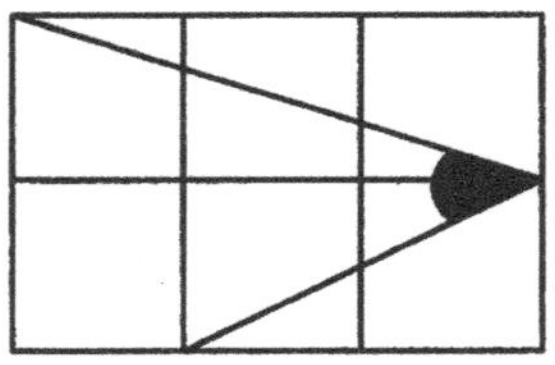

国語問題

※解答はすべて解答用紙に記入しなさい。

問一　＝＝線部**ア**～**オ**の漢字の読みを、ひらがなで書きなさい。

問二　[Ⅰ]～[Ⅳ]にあてはまる最も適切な言葉を次の中からそれぞれ選んで、記号で答えなさい。（同じ記号は一度しか使えない。）

ア　とっくに　**イ**　のっそり　**ウ**　ちゃんと　**エ**　さっぱり　**オ**　きっちりと

問三　＝＝線部**X**「の」と使い方が同じものを、……線部**A**～**E**から一つ選んで、記号で答えなさい。

問四　——線部①「正司さんの宝物じゃろ」とあるが、『輝く都市』が「正司さん」にとっての「宝物」であることが分かる部分を文章中から四十字以上四十五字以内で見つけ、初めと終わりの五字をぬき出して答えなさい。

問五　——線部②「正司さんの期待」とあるが、その説明として最も適切なものを次の中から選んで、記号で答えなさい。

ア　自分のような勘にたよらない建築家になって、誰もが今より便利で快適に暮らせる建物を世界中につくってほしいということ。

イ　どんなことがあっても努力して建築家になって、戦争が終わったら日本に誰もが共存できる都市をつくってほしいということ。

ウ　ル・コルビュジエに負けない建築家になって、フランスにあるようなみんなが快適にすごせる建物をつくってほしいということ。

エ　『輝く都市』の本を読んで建築家になって、原爆が落とされた町を夢のような美しい場所によみがえらせてほしいということ。

問六　——線部③「どことなくさびしそうな笑みを浮かべると」とあるが、この部分での「父」の気持ちの説明として最も適切なものを次の中から選んで、記号で答えなさい。

ア　当時は高価だったフランス語の原書を捨ててしまい、続けていた建築の勉強も途中でやめてしまったことを思って後悔《こうかい》している。

イ　戦争で自分は建築家になれなかったし、また多くの人たちが夢をかなえられずに死んでいったことを思って悲しくなっている。

ウ　娘が『輝く都市』を読みたがっているのに、自分はその本を手放してしまったことを思って娘に対して申し訳なくなっている。

エ　正司さんがくれた本を手放してしまい、結局、戦争が終わっても自分は建築家にならなかったことを思って切なくなっている。

問七　——線部④「まるで敵でも討つように読んでいた」とあるが、ここでの「私」の思いとして最も適切なものを次の中から選んで、記号で答えなさい。

ア　父が若いころから憧れていた建築家の仕事をあきらめてしまった原因が、『輝く都市』にあるようなのでぜひとも突き止めたい。

イ　ル・コルビュジエが本の中で描いていた都市像を自分が再現してみせて、建築家にならなかったことを悔《く》やむ父の慰《なぐさ》めにしたい。

ウ　正司さんから受け継ぎ父も強い影響を受けたル・コルビュジエの『輝く都市』をよく読んで、その考えを自分のものにしたい。

エ　今ではあまり知られておらず、父の手元にもない『輝く都市』という本には、どんなことが書いてあったのか確かめてみたい。

問八　——線部⑤「黒一色の表紙の本を載せた」とあるが、この理由として最も適切なものを次の中から選んで、記号で答えなさい。

ア　大学時代に買った『輝く都市』の本を見せ父と同じ本を自分も読んでいたことを示すことで、父と話すきっかけをつくるため。

イ　なくしてしまった『輝く都市』の本の表紙を示して、建築家にならなかったことを今も気にしている父を少しでも励《はげ》ますため。

ウ　「私」の言葉にまだ腹を立てている父に、娘の自分も『輝く都市』を読んでいたと伝えることにより機嫌《きげん》をなおしてもらうため。

エ　自分も『輝く都市』を読んでいることを見せつけることで、「私」に対する非難は見当違いのものであると父に気づかせるため。

問九　——線部⑥「父は、走った」とあるが、その理由を説明した次の文の空らんにあてはまる言葉を文章中からぬき出して答えなさい。ただし、かっこ内の字数にしたがうこと。

> [あ（四字）]ことが確実だと思われる戦地で、たとえ[い（二字）]であっても[う（四字）]の[え（五字）]することなく[お（十字）]と考えたから。

問十　——線部⑦「掘って、掘って、掘って、埋めた」とあるが、父はなぜ『輝く都市』を砂に埋めたのか。文章中の言葉を使って、七十字以上七十五字以内で説明しなさい。

問十一　この文章から読み取れる父の考え方として最も適切なものを次の中から選んで、記号で答えなさい。

ア　自分がどんな状況でも生き延びることができたように人生は何とかなるものだから、若い時からすぐにあきらめるのは損だ。

イ　これからの建物はただ住むためのものではなく、世界中で人々が便利に暮らしている都市のようなものでなければならない。

ウ　たとえ戦争で何もかもが破壊《はかい》されても人間はやり直すことができるのだから、物事を始めるのに遅すぎるということはない。

エ　自分は実現できなかった理想の建物は、他の多くの偉大な人たちに受け継《つ》がれたのだから、才能のなさを悲しむ必要はない。

国語問題

※解答はすべて解答用紙に記入しなさい。

鉛筆《えんぴつ》で書き込《こ》みもしてあった。④まるで敵《かたき》でも討《う》つように読んでいたなあと思い出し、微笑《ほほえ》ましくなった。

本を手に、私は[エ]階下へと戻《もど》った。父は、居間のソファに座って、[オ]老眼鏡をかけ、新聞を広げていた。その紙面[A]の上に、私は、何の前置きもなく、⑤黒一色の表紙の本を載《の》せた。

「おお。どうしたんなら、こりゃあ」

父は、思わず笑みをこぼして、本を手に取った。

「いま、部屋の本棚眺めてたら、みつけたんだよ。大学時代に、何度も読んだ本」

そうか、と父は言ったが、本を開こうとはしなかった。

「あれ、読まない[B]の？」と訊くと、

「ええんじゃ。わしのんは、砂に埋《う》めてきたけえ」

不思議なことを言う。私は首を傾《かし》げた。

「お父さんのって……あ[C]の、正司さんにもらったとかという、宝物の原書？」

「なんじゃ、お前。よう覚えとるのう。そんなこと、［Ⅲ］忘れたかと思うとったわ」

父は笑って、

「わしなあ。あれ、終戦の直前に南方の前線に飛ばされたとき……持っていったんじゃ。で、砂の中に埋めた」

意外な告白に、えっ、と私は声を上げた。

ル・コルビュジエを……『輝く都市』を、砂の中に？

「わしも若くて、まっすぐじゃったけえのう」と、父は、少々照れくさそうな顔になった。

「どうしても、どうしてもな。この本だけは、生き延びてほしい。そう思うてな」

陸軍の一兵卒だった父は、終戦直前に、南方の最前線へと配属が決まった。戦況《せんきょう》は日を追うごとに悪くなる[D]のがわかる。国民注6総玉砕《そうぎょくさい》の噂《うわさ》も聞こえてくる。南方へ行ったらもう生きて還ってはこられまいと、覚悟《かくご》を決めた。

お守りや家族の写真を詰《つ》め込むべきリュックの中に、父は、ただ一冊、本を忍《しの》ばせた。『輝く都市』を。

外国語の本など持っていることがバレれば、取り上げられてしまうかもしれない。注7千人針の日の丸で何重にもくるんで、戦地へ赴《おもむ》いた。

そこは、ほんものの地獄《じごく》だった。四方を敵軍に包囲され、もはや逃げ場もなかった。父は、殺されるためだけに自分が戦火のただ中に放り込まれた[E]のだと悟《さと》った。

海へ逃げるしかない、と父はとっさに判断した。

決して逃げるな、殺されるまえに突撃《とつげき》して玉砕せよと、上からの命令だった。しかし父は、海へ逃れて溺死《できし》しようと考えた。それがたとえ敵兵であっても、自分の死に誰《だれ》かを巻き添《ぞ》えにしたくはなかった。

⑥父は、走った。はまべへ向かって、全速力で。弾《たま》がヘルメットの頭すれすれをかすめていく[X]のを幾度《いくど》となく感じた。はまべにたどり着いたとき、父は背負っていたリュックのふたを開けた。そこから一冊の本を取り出した。砂を掘《ほ》った。⑦掘って、掘って、掘って、埋めた。

そして、海へと飛び込んだ。

すぐに溺死するか、敵に撃《う》たれるだろうと思った。が、父の強靭《きょうじん》な運命が、浮遊《ふゆう》する木片《もくへん》をつかませた。父は、はかない木片につかまったまま、三日三晩、海を漂《ただよ》った。やがて、見知らぬはまべにたどり着いた。

どこをどうさまよったのか、［Ⅳ］わからない。しかし、父は、たどり着いた島の人々に助けられた。それから何日かして、日本が敗《ま》けたと知った。故郷の町に原爆《げんばく》が落とされたと知ったのは、もっとずっとあとのことだった。

「おかしな話じゃけどなあ。あのとき、わしにとっては、自分の命よりも、あの本一冊のほうが重かったんじゃ」

たとえ自分が死んでも、この本には生き延びてほしい。もっとずっとあとになってでもいい。この本に書いてあることが、全部現実になって、「輝く都市」が日本に、世界のあちこちにできたらいい。みんな、笑って、幸せに暮らせたらいい。

「戦争で、なんもかんもなくなってしもうたけど……きっとまたやり直せる、きっと、輝く都市を作り上げられる。それが人間ちゅうもんじゃ。そんなふうに、思ったんかもしれんなあ」

父は、また、少し照れくさそうな顔をして、笑った。

(原田マハ『本をめぐる物語 一冊の扉』所収「砂に埋もれたル・コルビュジエ」KADOKAWAによる。一部改めたところがある。)

注1 自嘲気味に＝自分で自分をばかにするように。 注2 棟梁＝親方。 注3 インテリ＝知識人。知識階級。

注4 ユートピア＝この世には存在しない、理想が実現されている世界。 注5 漫然と＝特に目的もなく、ぼんやりと。

注6 国民総玉砕＝国民全員が、戦争で戦っていさぎよく死ぬということ。

注7 千人針＝千人の人たちに赤い糸で一針ずつ縫《ぬ》って結び目を作ってもらった布。戦地に行った兵隊のお守りとされた。

国語問題

※解答はすべて解答用紙に記入しなさい。

日本の片田舎《かたいなか》に暮らす少年が、どうして建築家になりたいなどと夢描《えが》いたのか。そのきっかけについても、教えてくれた。

父の父、つまり私の祖父は、地元ではちょっと名の知れた大工の注2棟梁《とうりょう》だった。仕事が終わると職人さんたちを家に連れてきて、ガヤガヤとやったそうだ。子供の父は職人さんたちにかわいがられて育った。その中に、家庭の事情で東京の大学の建築科を中退した注3インテリの職人がひとり、いたという。名前を「正司さん」と言った。

どちらかというと勘《かん》をたよりに建物を組み立てていく職人が多い中で、正司さんは［　Ⅰ　］図面を読み、実にていねいに仕事をした。祖父の信頼《しんらい》も厚かったという。正司さんは結婚《けっこん》しているものの、子供がいなかったせいか、特別に父をかわいがってくれたという。

父は、正司さんに憧れた。そして、正司さんがなれなかった建築家とやらになりたいと、夢描いた。中学生になってからは、正司さんに「建築の勉強がしたい」「建築家になるにはどうしたらいいか」と打ち明けもした。戦争がもうイ間近に迫《せま》り、父の夢はかなえられないと知っていたに違いない。それでも正司さんは、父に言ったそうだ。

これから、日本は難しい時期になる。それでも、あきらめずにやってみたらええ。途中《とちゅう》で放り出して、わしみたいになったらおえんぞ。

そして、一冊の本を手《て》渡《わた》したという。

大きなサイズの、横文字の本。広げてみると、建物のスケッチや、まるで未来都市のような風景が、ウ独特の筆致《ひっち》で描かれ、フランス語の文章が並んでいた。

本のページは、よれて、手あかで汚《よご》れていた。正司さんが、繰《く》り返し繰り返し読んだ形跡《けいせき》があった。まるで本の中から太陽が昇《のぼ》ったように、すべてのページが輝《かがや》いて見えた。

それはな。『輝く都市』ゆう本じゃ。書いたのは、フランスの天才建築家でな。ル・コルビュジエ、ちゅう人じゃ。

ル？　……ル、コル、コルジュ……？

そう。ル・コルビュジエ。次の世代の、世界中の人たちにとって、楽しく、住みやすい、注4ユートピアみたいな都市を作る。建築家は、家とか建物ばっかりじゃのうて、これからは、みんなで共存する都市そのものを作っていかにゃあおえん。そんなふうに言うとる、偉大《いだい》な建築家じゃ。

日本にも、この人の弟子になった人が何人かおる。ほんまのことを言うと、わしも、この人の弟子になりたかったんじゃけどな……まあ、かなわん夢じゃった。

それから、正司さんは父に言った。その本はお前にやる、と。

わし、とうとう読み切らんかった。じゃけえ、お前にやる。大人になったら、うんと勉強して、読んでみたらええ。

じゃけど、これ、①正司さんの宝物じゃろ？　ぼくがもろうたら、困るんじゃねえん？

ええんじゃ。そのほうが、この本のためになる。——日本のためにもな。

……日本のため？

ああ、日本のためじゃ。お前が、大きくなって、建築家になったら、この本に書いてあることを、将来の日本で実現したらええ。

「輝く都市」を、作ったらええ——。

けれど、結局、②正司さんの期待を自分は裏切ってしまった、と父は私に言った。

建築家になれなかったのは、時代のせいかもしれん。でも、ほんとうのほんとうに、ル・コルビュジエになりたければ、戦争から還《かえ》ってきて、「輝く都市」を作るために、もっとどうにかできたかもしれんかったのにな。

わしは、自分の夢から逃《に》げたんじゃな。建築家になれなかったんじゃのうて、結局、なろうともしなかったんじゃけえ。

その本、どこにあるの？　と十八歳《さい》の私は、好奇心《こうきしん》いっぱいで父に訊《き》いた。

父の甘酸《あまず》っぱい青春時代の話よりも、ル・コルビュジエの本の行方《ゆくえ》が気になった。建築方面に興味を持っていた当時の私は、ル・コルビュジエという名前も［　Ⅱ　］知っていた。ただし、『輝く都市』という本は、本屋でも図書館でも目にしたことはなかったが。

父は、③どことなくさびしそうな笑《え》みを浮《う》かべると、答えた。

ここには、もうねえんじゃ。

南の島に、置いてきてしもうたけえ……。

自室の本棚を注5漫然《まんぜん》と眺《なが》めるうちに、ル・コルビュジエ著『輝く都市』が目に留まった。

東京の美大へ進学してから、生協でみつけて購入《こうにゅう》したのだった。黒一色の装丁《そうてい》、和訳本で、難なく読むことができた。

もちろん、ル・コルビュジエという人が偉大な建築家であったことはわかっていた。本の内容は、新しい都市論で、どこかしら哲学《てつがく》書めいていた。彼《かれ》の思い描いた都市像は、いまでは別段目新しくもないようにも思えたが、考えてみると、この人が最初に理想とした都市像が、その後、多くの後継者《こうけいしゃ》の努力によって実現したのだ。まさに革命的な、偉大な先人だったのだ。

父親に向かってレベルが違うのなんだの、さっきはちょっと言い過ぎたな。

私は、本棚からその一冊を抜《ぬ》き取った。学生時代に、私は、この本を繰り返し繰り返し読んだ。ページはよれて、あちこち汚れていた。

国語問題

※解答はすべて解答用紙に記入しなさい。

(2) ここでの「定義」と「意味」を説明したものとして最も適切なものを次の中から選んで、記号で答えなさい。

ア 「定義」とはあるものごとについての特定の世界でしか通用しない特殊《とくしゅ》な意味内容であるが、「意味」とはあるものごとについての多くの人々に納得される普遍的価値を表したものである。

イ 「定義」とはあるものごとについての特定の世界で一時的に定めた仮の意味内容であるが、「意味」とはあるものごとについての世の中で永久に受け継《つ》がれる不変の真理を表したものである。

ウ 「定義」とはあるものごとについての特定の世界で定められた正確な意味内容であるが、「意味」とはあるものごとについての日常的な範囲におけるあいまいな内容を表したものである。

エ 「定義」とはあるものごとについての特定の世界で取り決められた一定の意味内容であるが、「意味」とはあるものごとについての多くの人々が共有している捉え方を表したものである。

問十 ――線部⑤『厳密』がことばとして『正しい』とは限らない」とあるが、筆者がこのように述べるのはなぜか。その理由として最も適切なものを次の中から選んで、記号で答えなさい。

ア 厳密さを求めて難解な表現を用いることで、かえって他者に伝わらないことがあるから。

イ 厳密さを求めて数値化したときに、その他の条件を満たしていないことがあるから。

ウ 厳密さを求めるあまり、かえって多くの人々の感覚からずれてしまうことがあるから。

エ 厳密に細かい所まで決めたとしても、日々の生活には特になにも影響《えいきょう》がないから。

問十一 本文の特色を説明したものとして最も適切なものを次の中から選んで、記号で答えなさい。

ア 辞典編集者と辞典読者の言葉に対する向き合い方の相違《そうい》を様々な事例を挙げつつ明らかにし、言葉の辞書上の意味と日常的な意味との違いに注意することの必要性を、人々に呼びかけている。

イ 辞書作りに携《たずさ》わる辞典編集者の立場から、世の中で使われるうちに変化したり広がりをもったりするものとして言葉をとらえることの大切さを、さまざまな具体例を交えながら訴《うった》えている。

ウ かつては一般の人々が行っていた言葉の意味付けを特定の世界の限られた人々が行うようになったため、言葉の意味付けがより厳密なものになったという経緯《けいい》を、丁寧《ていねい》に説き明かしている。

エ 言葉の乱れが目立つ現在において、明確な言葉の定義づけを行うことによってその乱れを抑制《よくせい》し本来の正しい意味用法を取り戻すべきであることを、辞典編集者の立場から主張している。

二 次の文章を読んで、後の問いに答えなさい。答えに句読点や記号がふくまれる場合はそれらも一字と数えます。

《現在、東京で働いている、三十代の「私」は帰省した時、今の仕事は自分が元々やりたかったことではないと、父に不平を言った。》

「私、インテリアデザイナーになりたかったんだよ。大学でだって、インテリアデザインを勉強したんだし……ほんとうは、自分でデザインを手がけて、自分でモノを作れる人になりたかったんだよ」

そう言ってから、「もう遅《おそ》いけどね」と注1自嘲《じちょう》気味に付け加えた。

「なんでもう遅いんじゃ？」と父が言った。

「遅うねえじゃろ。自分でモノを作るんなら、わしだってやっとるくらいじゃけん……」

頭にかっと血が上った。そして、自分でもびっくりするくらいの大声を出してしまった。

「お父さんの日曜大工とはレベルが違《ちが》うんだよ！」

言い捨てて、私はア居間を飛び出した。三階の自室へと上がり、ベッドに身を投げた。

私の自室は、私が大学に入学するために出ていったときのまま、残されていた。父が設計した部屋。父が作った机と椅子《いす》。本棚《ほんだな》には、高校時代や大学時代に買い揃《そろ》えた建築やインテリアやデザインの本と雑誌。ときおり母が掃除《そうじ》をしてくれるのだろう、埃《ほこり》も被《かぶ》らずに、ただ色あせていた。

父の日曜大工とレベルが違うんだ、と私は父に向かって言い放った。が、父の影響《えいきょう》があって、デザインの世界に憧《あこが》れるようになったのは、間違いなかった。

地方都市に生まれ育って、インターネットもなかった時代に、情報源はといえば、幾《いく》ばくかの本や雑誌、そしてすぐ近くにいる父だった。

わしゃあ、ほんまのことを言えば、建築家になりたかった。

高校三年生になって、東京の美大に進みたい、と打ち明けたとき、父が言った。

ほんでもなあ。わしらの時代、建築家になるなんて、夢のまた夢じゃった。そんでも、十代の時分、憧れて憧れてのう。でもまあ、時代が時代じゃった。戦争中、なんもかもがぶっ壊《こわ》されていく中で、建築やるなんちゅうことは、とてもとても……。憧れて、それっきりじゃったわ。十八で、兵隊に取られての。何かを作るどころか、壊し続けた……。

国語問題

※解答はすべて解答用紙に記入しなさい。

義されています。例えば、「一時」は「現象[注4]が連続的に起こり、その現象の発現期間が予報期間の四分の一未満のとき」であり、その「連続的」とは「現象の切れ間がおよそ一時間未満」の場合を言うのだと取り決めているのです。ただ傘《かさ》が要《い》るかどうかを知りたいだけのときでも、天気予報はこんなに正確に、こんなに窮屈《きゅうくつ》に、発表されているのですね。

気象庁は理由があってそうしているわけですが、私たちは、そこまで頑張《がんば》らなくてもよいのにと思う場面で、あるはずの正解を求めようとすることがあります。厳密な正しいことばを求めようとするあまり、つい、その正解はただ一つで、他はオアヤマりと思いがちです。X漢字の使い分け、送り仮名、漢字を手書き（筆写）する時の止めや撥《は》ね。

困ったことに、学校教育の現場でも、指導上の便宜からか、正解が一つしかないような教え方がされることがままあります。「テストで辞書通りに書いて、うちの子どもが×をもらった。なぜか」というような電話が、学校の先生にではなく辞書編集部にかけられることは少なくありません。ことばの教育とは何か、そのそもそもについて、専門家である先生方に是非《ぜひ》とも考えていただきたい、切実にそう思います。

ことばについて、こうなくてはならぬという一つだけの正解がないと同時に、絶対的な間違いということも非常に少ないものです。ことばはそんなYやわなものではない。ある制約がありながらも、その中で自由にできる余地のことを、「遊び」とか「はば」とか言うことがあります。ことばには「はば」があるのです。

（増井　元『辞書の仕事』岩波新書による。一部改めたところがある。）

注1　逸脱＝本筋からそれること。　注2　普遍＝すべてにあてはまること。　注3　便宜＝便利なこと。　注4　現象＝観察できることがら。

問一　——線部**ア〜オ**のカタカナを漢字に直し、楷書《かいしょ》でていねいに書きなさい。

問二　次の一文はもともと文章中にあったものである。文章中の（Ⅰ）〜（Ⅳ）のどこに入れるのが適切か。記号で答えなさい。

一方、ことばを定義している辞書は専門分野の事典や用語集に見られます。

問三　［ i ］・［ ii ］・［ iii ］・［ iv ］にあてはまる言葉の組み合わせとして最も適切なものを次の中から選んで、記号で答えなさい。

ア　i 石　ii 石　iii 砂　iv 砂　　**イ**　i 砂　ii 砂　iii 石　iv 石
ウ　i 砂　ii 石　iii 砂　iv 石　　**エ**　i 石　ii 砂　iii 石　iv 砂

問四　——線部**X**「漢字の使い分け、送り仮名、漢字を手書き（筆写）する時の止めや撥ね。」と同じ表現技法が用いられているものを次の中から選んで、記号で答えなさい。

ア　だれだ、わたしを呼ぶのは。　　**イ**　急がば、回れ。
ウ　行く手をはばむ、高い壁《かべ》。　　**エ**　光る地面に竹が生え、青竹が生え。

問五　——線部**Y**「やわな」の意味として最も適切なものを次の中から選んで、記号で答えなさい。

ア　柔《やわ》らかく扱《あつか》いやすい　　**イ**　弱々しく壊れやすい　　**ウ**　あいまいでいい加減な　　**エ**　厳格で堅苦《かたくる》しい

問六　——線部①「辞典読者が辞典編集者よりずっと楽天的だ」とあるが、筆者がこのように述べるのはなぜか。その理由として最も適切なものを次の中から選んで、記号で答えなさい。

ア　辞典編集者は言葉の乱れを正すことは不可能だと考えるが、辞典読者は努力をすれば可能だと考えるから。
イ　辞典編集者は言葉を変化していくものだと考えるが、辞典読者は永久に変わらないものだと考えるから。
ウ　辞典編集者は言葉の乱れを正したいと考えるが、辞典読者は乱れた言葉も使いようだと考えるから。
エ　辞典編集者は言葉には絶対的に正しい意味など存在しないと考えるが、辞典読者は存在すると考えるから。

問七　——線部②「それ」の指す内容を文章中から十五字以内でぬき出して答えなさい。

問八　——線部③「信仰」とあるが、ここではこの言葉はどのような意味で用いられているか。その説明として最も適切なものを次の中から選んで、記号で答えなさい。

ア　特に裏付けもないようなものごとを、信じて疑わず尊ぶこと。
イ　神から与《あた》えられたものごとを、謙虚《けんきょ》に受け入れ信じること。
ウ　一般的なものの見方に左右され、自分の考えを持たないこと。
エ　いつでもどこでも通用するものごとを、求めてやまないこと。

問九　——線部④「国語辞典はことばの意味を記述しますが、定義はしません」とあるが、これについて次の各問いに答えなさい。

(1)　ここでの「定義」と「意味」の具体例として最も適切なものを次の中から選んで、記号で答えなさい。

ア　「老人」の定義は「年とった人」、意味は「六十五歳以上の人」である。
イ　「砂」の定義は「細かい岩石の粒の集合」、意味は「径二ミリメートル以下、一六分の一ミリメートル以上の粒子」である。
ウ　「未明」の定義は「午前〇時から午前三時頃まで」、意味は「まだ夜が明けきらないころ」である。
エ　「一時、雨」の定義は「一時間未満の切れ間を置いて一日に六時間未満の間雨粒が降ること」、意味は「傘が必要な天気」である。

中	外
令	2

香川誠陵中学校　県外入学試験

国語問題

(50分)

※解答はすべて解答用紙に記入しなさい。

受験番号	
氏名	

(7枚のうち1枚目)

一．次の文章を読んで、後の問いに答えなさい。答えに句読点や記号がふくまれる場合はそれらも一字と数えます。

辞典の読者と辞典編集者とが行き違《ちが》うことがあるとすれば、一番の理由は、おそらく、ことばの正しさについて、①辞典読者が辞典編集者よりずっと楽天的だという点にあると思われます。

古典文学などに現れて以後まったく使われないようなことばでなく、現代社会の中で生きていることばであれば、今に到《いた》るまでに必ずなんらかの変化を受け、また今も変化し続けている――いささかでもことばを観察すれば、それは明らかです。

その変化とは、もとの意味・用法からの注1逸脱《いつだつ》です。それを「乱れ」と呼ぶのであれば、ことばはいつも「乱れ」ています。しかし、ことばの正しさとはいつの時点でのすがたを言うのでしょうか。いまの日本語は乱れているから、奈良時代のことばに戻《もど》れ、とおっしゃる方はいません。現在から見て少し過去のアアタりの日本語を「正しい」として、そこからの「変化」を「乱れ」として嘆《なげ》かれるのです。

ことばが絶えず変わっていることを、辞典編集者は仕事柄《しごとがら》忘れることができません。しかし、辞典を使う方は時折②それに気付いては、不快に思ったり怒《おこ》ったりされるのです。変化することこそ通常のあり方であることばについて、辞典が忠実であろうとすれば、現時点で大ぜいが使っていることばをそのままに記述し、せいぜい変化してきた経過について言及《げんきゅう》する、といったイシセイをとるほかにはありますまい。

辞典を使われる方が「正しい日本語を」と言われる内容は、「変化」「乱れ」を抑《おさ》えようということの他に、実は、もう一つあるようです。それは、ことばの意味はいつも「正確」「厳密」であるべきだ、とすることです。正しいことば（単語）は、いつどんな場面においても、きちんとその単語に対応した注2普遍《ふへん》かつ不変の意味ウリョウイキを持つべきだ、とでも言うような③信仰《しんこう》です。

そのような深い信仰心を持つ方は、辞典に「正しい日本語」というよりは「厳密な定義」を要求されるのです。「辞典はことばを定義するもの」とおっしゃる方もいますが、それは違います。④国語辞典はことばの意味を記述しますが、定義はしません。

「老人」とは厳密には何歳《さい》からを言うのか、「未明」は何時から何時までか、「岩」と「石」と「砂」、あるいは「湖」と「沼《ぬま》」と「池」とはどう定義されるのか。そこを厳密にしたからといって、日々の生活が特に変わることもないという問題が大半ですが、気になると、きちんとしないではいられなくなるもののようです。電話でいきなり「夜中に日付が変わる瞬間《しゅんかん》は、今日の内に入るのか翌日か（一二時か〇時か）」などと聞かれると、とっさに何のことかととまどうのですが、辞典編集部にこうした問い合わせは少なからずあります。徹底的《てってい》に厳密にしたいのであれば、すべて定義づけたことばだけで、その定義が通用する閉じた世界の中で生きるほかないのですが、厳密屋さんはそうしたことが可能だと思っておられるようなのです。（Ⅰ）

「定義」というのはある特定の世界の中での約束のことです。このことばはこういう時にこういう意味で使うことにしましょうという取り決めに他なりません。私たちは時としてその世界の中で会話することもありますが、いつもはもっと広いのびのびとしたところで、特別に約束をしたこともないことばを使って、感じたり考えたり表現したりしています。そのことばを、人工言語に対して自然言語と言うこともあります。一般《いっぱん》の国語辞典はその自然言語の辞書なのです。（Ⅱ）

先の「老人」について、普通の国語辞典は「年とった人。年寄り。」くらいしか書いてありません。何歳から、などという明確な取り決めは自然言語にはありません。それは、行政上の都合とか統計をとる注3便宜《べんぎ》とかのために役所や法律が、例えば「老人福祉《ふくし》法」では六五歳以上を「老人」とする、と決めただけのものであって、「老人」の意味ではありません。にもかかわらず、「老人」ということばの意味が曖昧《あいまい》だなどということはないのです。「老人」の語は、さまざまの場面でさまざまの対象（人）を指すことが可能ですが、その対象（人）をどう捉《とら》えようとしているか、それらに向けた視線の方向は共通で、多くの人々に共有されているのです。対象を捉えようとして向けた視線、その向きがことばの意味というものであろうと思うのです。（Ⅲ）

「砂」は、『広辞苑《こうじえん》』によれば、「細かい岩石の粒《つぶ》の集合。主に各種鉱物の粒子《りゅうし》から成る。通常、径二ミリメートル以下、一六分の一ミリメートル以上の粒子をいう。」とあります。岩石学ではこのように取り決めているのですが、それが「通常」かどうかは疑問です。そんな数字を知らなくても、物差しを持ち合わせていなくても、私たちは日常の場で即座《そくざ》に「石」か「砂」かを判別し、何のエシショウもなく会話することができます。投げるのは［ i ］、［ ii ］は撒《ま》く。時として［ iii ］には躓《つまず》き、また［ iv ］を嚙《か》む思いもするでしょう。ことばが表す世界は思いのほか広くて、がちがちの定義では捉えきれないふくらみを持っているものです。（Ⅳ）

日常普通に使っている日本語なのに、ふと自信が持てなくなって、辞書で意味を確かめるということはあります。それに答えるのが辞書の仕事です。しかし、そこで辞書の記述が不満だとして、とたんに「正確」で「厳密」な「定義」の方向に向かってしまう方がおられるのが残念でなりません。⑤「厳密」がことばとして「正しい」とは限らないのです。

例えば、天気予報や新聞の報道では、「未明」を「午前〇時から午前三時頃《ころ》まで」と決めていますが、「未明」の語の本来の意味（まだ夜が明けきらないころ、明け方）に比してずいぶん早過ぎはしないでしょうか。厳密に言うためと称《しょう》して、正しい意味を壊《こわ》してしまってよいはずがありません。

天気予報と言えば、私たちが何気なく聞いている「曇《くも》り、一時、雨」の「曇り」「一時」「雨」の用語は、それぞれが驚《おどろ》くほど厳密に定